U0592746

本書出版得到國家古籍整理出版專項經費資助

宋元珍稀地方志叢刊

乙編

三

李勇先　王會豪　周　斌等　點校

四川大學出版社

宋元珍稀地方志叢刊

四川大學歷史地理研究所學術叢書

無錫縣志

（元）佚　名　纂修
周　斌　校點

前言

《無錫縣志》四卷，元佚名撰，元至正年間修。該志爲現存最早無錫縣之志書，記事内容止於元至正六年。

無錫縣置於漢初，新莽時改稱有錫縣，東漢時復舊。元元貞二年陞縣爲州，至明洪武二年復改爲縣。《四庫全書總目》認爲該志稱「縣志」而不稱「州志」，應是「洪武中書」，而非元代修纂。然是志子目有州境、州署等，且學校三之四記載「州學即舊縣學也」。綜觀此志記述，雖偶有稱縣者，然以稱州者居多。另是志鄉舉記載之時間下限至元至正元年，離元末尚有二十七年，若爲明洪武年間所修，定當增補至元末，故疑是志修於元至正年間。是志原名《無錫州志》，至明初無錫改州爲縣後，版刻此書者遂將書名改爲《無錫縣志》，而内容並無增删。

是志共分四門二十一目，卷一邑里共九目，卷二山川共二目，卷三事物共八目，卷四辭章共二目。體例嚴謹，爲志書之佳構，且引用元代及元以前詩文較明清所修無錫志爲多，故文獻價值較高。

是志有明刻本、鈔本、四庫全書本、民國十一年鉛印《錫山先哲叢刊》第一輯本，今據四庫全書本整理。然四庫全書所據底本亦非善本，文中多有缺略，而以「闕」字標識，今據弘治《重修無錫縣志》補足。所引詩文亦多有訛誤，今據現存所引各書及光緒《無錫金匱縣志》訂正。間有詩文作者名誤題或刪落者，今一一據其材料來源更正或補題。另四庫全書本遇清諱或避或不避，地名等專用名稱用字亦前後不統一，同一子目下並列條目，或提行，或不提行，凡此皆出校說明。

整理者

二〇〇九年三月

目錄

提要

四庫全書總目提要

臣等謹案，《無錫縣志》四卷，不著撰人名氏。考《千頃堂書目》，有元王仁輔《無錫縣志》二十八卷，與此本卷數不符，蓋别一書也。考《明史·地里志》〔一〕，洪武二年四月始改無錫州爲縣，是志《古今郡縣表》末雖止於陞無錫縣爲州，然標題實稱爲無錫縣，已爲明初之制。又《郡縣表》止元貞，而學校類中已載至正辛巳鄉舉陸以衜，則所紀已逮元末，是洪武中書矣。

第一卷爲邑里，第二卷爲山川，第三卷爲事物，分上下二子卷，第四卷爲詞章，亦分上中下三子卷，中又分小類二十一。詞簡而事該，亦地志之善本。惜首卷原序已佚，其撰次本末不可得而考也。

《元史·地里志》稱成宗元貞二年陞無錫爲州，此志乃云元年〔二〕，作志者紀錄時事歲月必確，以是推之，知《元史》疎漏多矣。是亦書貴舊本之一驗也。

乾隆四十六年十一月恭校上。

總纂官：臣紀昀，臣陸錫熊，臣孫士毅。

總校官：臣陸費墀。

【校勘記】

〔一〕地里志：里、理古今字，故「地理」常作「地里」。下同。

〔二〕元年：原作「二年」，與上下文義相左，據本書卷四下《無錫陞州記》改。

無錫縣志卷一

邑里第一

古者封建諸侯，錫以爵土，分布九州。秦漢縣邑天下，古法遂廢。唐置十道，宋設十五路。元併爲十一省，縣統於路，路統於省。無錫爲邑，歷世雖久，文獻尚存，而所損益猶可考見，故歷敘縣邑廢置、地里廣狹、城池高深，作邑里第一。

古今郡縣表一之一

按《史》《漢書》，無錫，《禹貢》揚州之北境，在天官星紀爲斗牛女之分布，無錫實當女之辰，於古爲荒服。自周太王長子太伯以其弟季歷賢而有聖子昌，因知太王欲立季歷以及昌，於是太伯與仲雍奔荊蠻，文身斷髮以避季歷。季歷立，是爲王季。昌繼立，是爲文王。於是太伯處荊蠻，自號句吳，荊蠻義之，從者千餘家，立爲吳太伯。太伯遭殷之末，中國侯王數用兵，恐及於荊蠻，起城周三里二百步，外郭三百餘里，在吳之西北隅，名曰故吳墟，即今無錫梅里之太伯城是也。周武王克商，求太伯、仲雍之後，得周章，周章已君吳，因而封之。至春秋魯成公七年，晉使行人於吳，吳於是始大通吳於上國。自襄公時，會中國之諸侯矣。周敬王六年，闔閭用伍子胥之謀伐楚入郢，師還，始城姑蘇而遷都焉。魯哀公二十年，越滅吳，無錫自是歸於越。周顯王三十五年，楚滅越，則無錫隨以屬楚。楚考烈王元年，以黄歇爲相，封爲春申君，賜淮北路十二縣。後十五歲，黄歇言之楚王曰：「淮北地邊齊，其事急，請以爲郡便。」因併獻淮北十二縣，請封於江東。考烈王許之。春申君因城故吳墟，以自爲都邑。秦併天下，置三十六郡，以其地屬會稽郡。前漢因之。陸羽《惠山寺記》云：「惠山當秦時，大産鉛錫，至漢興，錫方殫，故創無錫縣。」是無錫爲縣自前漢始。王莽世，錫復出，改曰有錫縣。漢中興，錫止，仍復舊名。東漢光武時，始陞無錫爲侯國。至順帝時，分會稽置吳郡，縣仍隸焉。武帝時置刺史部十三州，以揚州領會稽郡。晉明帝太康初平吳，分天下爲十九州，既又分吳郡置毘陵，其地仍爲揚州之封域。厥後，以避東海王世子諱，改毘陵爲晉陵，或治於丹徒，或治於京口。又僑置南蘭陵郡於武進郡。雖遷革不一，而縣邑如故。陳後主禎明二年，又改無錫縣爲吳州。隋高祖罷天下郡爲州以統縣，煬帝復置郡罷州，而縣如故。最後於常熟置州，遂名常州，尋復故，縣隸毘陵郡。唐太宗貞觀初，分天下爲十道，尋增改爲十五道，縣無所更易。代宗大歷中〔一〕，陞無錫爲望縣。至僖宗朝，竊據不常，郡縣每陷於僭逆。宋太祖平五代之亂，至太宗初，分天下爲十五路，而常隸兩浙路，縣因屬焉。元一海宇，縣歸版圖，置十一省，以常屬江浙省。元貞間，陞天下大縣爲州，而無錫以民齒之夥，遂得爲中州云。

歷代	州	國	郡	縣
唐	揚州。			
虞	揚州。			
夏	揚州。			

歷代	州	國	郡	縣
殷	揚州。	始號句吳。《史記》：「太伯奔荊蠻，自號句吳。」		
周	揚州。	吳。《史記》：「武王克商，求太伯、仲雍之後，得周章。周章已君吳，因而封之。」《毘陵志》云：「賨，章少子，繼封爲安陽侯。其地在無錫縣安陽山下。」		
敬王六年丁亥		吳王闔閭元年，始城姑蘇而遷都焉。		

歷代	州	國	郡	縣
元王元年乙丑		越王句踐二十二年，爲吳王夫差之十九年，實春秋魯哀公二十年，越滅吳，吳入於越。		
顯王三十五年丁亥		楚威王六年，楚滅越，殺越王無彊，吳自是入於楚。		
赧王五十三年己亥		楚考烈王元年。		春申君黄歇封江東，因城故吳墟，以自爲都邑。
秦始皇二十六年庚辰			置會稽郡。是年兼併天下，分天下爲三十六郡，以吳屬會稽郡。	

歷代	州	國	郡	縣
前漢高帝				置無錫縣。按，唐陸羽《慧山記》云〔二〕：「是山當周秦間大産鉛錫，至漢興錫方殫，遂創無錫縣。」
六年庚子		荊國。《史記·荊世家》謂，六年廢楚王信，分其地爲二國，以東陽鄣郡、吳郡五十二城封劉賈爲荊國。		

歷代	州	國	郡	縣
十二年丙午		吳國。《史記・荊世家》：「十二年立沛侯濞爲王。」本傳：「上患會稽輕悍，無壯王鎮之，乃立濞。」		
景帝前四年戊子		江都國。《史記》：「孝景前二年，用皇子為汝南王。吳楚反，上書願擊吳。吳破二歲，徙爲江都王，卒，子建立。」		
武帝		國除		
元封元年辛未		以無錫縣封東越將軍多爲侯國。		

歷代	州	國	郡	縣
五年乙亥	揚州。初置刺史部十三州，以會稽郡屬揚州。			
新室王莽				改無錫縣爲有錫縣，至是錫復出。
東漢光武		以無錫爲侯國。		復有錫縣爲無錫，至是錫累竭。
順帝永建四年巳巳			分會稽置吳郡。	

歷代	州	國	郡	縣
魏 大帝黃初二年辛丑。明年吳王權改元黃武。明帝青龍二年甲寅，吳嘉禾二年。			封孫權爲吳郡王。	
晉				省無錫縣，初置毗陵典農校尉。
明帝太康元年庚子	揚州。是年平吳，分天下爲十九州。			復置無錫縣。

歷代	州	國	郡	縣
二年辛丑			初分吳郡置毘陵郡。	
懷帝永嘉五年辛未			改毘陵郡爲晉陵郡，避東海王世子諱。	
宋 文帝元嘉八年辛未	置南徐州。是年初於江南置南徐州，治京口，以晉陵郡及南蘭陵屬焉。			

歷代	州	國	郡	縣
陳 後主禎明二年戊申				陞縣爲吳州，尋復舊縣。
隋 高祖				罷天下郡，以州統縣。
開皇九年己酉	省南徐州。		罷晉陵郡置常州。按：是年嘗罷縣置州於常熟。	
煬帝大業三年丁卯			改常州爲毗陵郡。按：是年罷州置郡，毗陵郡仍置於常州。	

歷代	州	國	郡	縣
恭帝義寧二年戊寅			吳興郡沈法興據毘陵，改郡爲州。	
唐			常州。尋又改爲晉陵郡。	
高祖武德二年己卯			李子通自稱帝，取晉陵。杜伏威得子通地，尋歸欵，封吳王。	
三年庚辰			伏威歸國，改毘陵郡爲常州。	

歷代	州	國	郡	縣
六年癸未			常州陷於輔公祏。	
七年甲申			平輔公祏，復常州。	
太宗貞觀元年	置江南道。是年初分天下爲十道。			
玄宗開元二十一年癸酉	分江南爲東西道，常州屬東道。是年，增置十五道。			

歷代	州	國	郡	縣
天寶元年壬午			改常州爲晉陵郡。是年，改州爲郡。	
肅宗至德二十載丙申			晉陵郡改爲常州。是年，復諸州名。	
乾元元年戊戌			置浙江西道節度使。	
代宗大曆十二年丁巳				陞無錫爲望縣。
十四年己未	合浙江東西道，置團練觀察使。			

歷代	州	國	郡	縣
德宗建中元年庚申	分浙江東西爲二道，常州屬西道。			
憲宗元和二年丁亥	陞浙江西道都團練觀察使爲鎮海軍節度使。			
武宗會昌四年甲子			陞常州爲望州。	
僖宗光啓二年丙午			正月，鎮海軍將張郁陷常州。四月，武寧軍將丁從實陷常州。	

歷代	州	國	郡	縣
三年丁未			杭州刺史錢鏐遣杜稜陷常州。	
昭宗龍紀元年己酉			十月，宣州觀察使楊行密遣田頵等取常州。十二月，孫儒陷常州。	
大順元年庚戌			九月，行密復常州。閏月，儒復遣劉建鋒陷常州。	
二年辛亥			甘露鎮將陳可言陷常州。	

歷代	州	國	郡	縣
景福元年壬子			行密復遣張訓取常州。	
天復二年壬戌			僞吳楊行密有常州之地。《五代史》：是歲，昭宗拜行密東面諸道行營都統，封吳王。行密卒，子渥立。渥卒，弟隆演立，改元武義。	

歷代	州	國	郡	縣
後晉 高祖天福二年丁酉			僞唐李昪據江南，有常州之地。	
後周 世宗顯德三年丙辰			三月，取常州。四月，常州復入於僞唐。	
宋 太祖開寶八年			常州平。	
太宗雍熙四年丁亥			詔常州屬江南道。	

歷代	州	國	郡	縣
至道三年丁酉	置兩浙路。是年初，分天下爲十五路。			
神宗熙寧七年甲寅	五月初，分兩浙東西路，以常州屬西路。九月，詔毋分路。			
九年丙辰	詔復分兩浙爲二路。			
十年丁巳	詔復合兩浙爲一路。			

歷代	州	國	郡	縣
高宋建炎元年丁未			以常州爲沿江次要郡。	
建炎四年庚戌			烏琳破常州而去。	
少帝德祐元年乙亥元世祖至元十三年			三月，守臣王良臣以常州降元，尋復之。	
元 世祖至元十三年乙亥			常州平。	

歷代	州	國	郡	縣
至元十四年丙子			置常州路總管府。	
成宗元貞二年丙申			陞無錫縣爲中州。	

風俗一之二

無錫爲浙右名邑之冠，當南北之衝會，土地沃衍，有湖山之勝、泉水之秀、商賈之繁，集冠蓋之駢臻。其民多聞習事，故其習尚夸美。然自三代以來，承太伯之高蹤，踵季子之遐躅，其後才賢輩出，孝義迭見，猶足有可觀采。其平原曠野盡爲良田，川澤足以資灌溉之利，魚米足以益富羨之饒，男耕女織，生業是勤，歲産之盛，實登侯封，是以衣食足而禮義備，民生敏於習文，疎於用武，蓋其性然耳。凡風俗之可見者如此云。

戸口一之三

按地志，無錫縣戸口之數，自晉宋至唐，率統郡以計，不得其詳。舊稱：縣之主客戸共一萬六千九百有一，而主戸嘗二倍於客。紹興初，無錫之戸口始以縣計，可考，實二萬三千三百一十四戸，一十萬五千六百二十一口。南渡後，復加以三分之一，爲戸三萬四千三百一十，合口一十三萬五千八百二十有七。淳祐間，詔計天下民數，無錫得三萬七千九百一十六戸，二十三萬五百六十八口。元兵南下，殘擄之餘，十去其四，既又大減於疫，存者僅十分而五。厥後，平治既久，生聚日繁，至元二十七年，天下郡縣上版籍，無錫得戸七萬二百四十二上之，其數蓋已三倍於古。常所統縣五，戸口之羨皆有不逮矣，不既庶矣乎？

貢賦一之四

禹別九州，任土作貢，其來尚矣。無錫本爲吳地，在揚州之域，田之下下，厥賦下上，上錯，載在《夏書》。驗之於今，猶可徵也。至其貢則未見焉。舊云：當周秦時，錫山常産錫。豈亦在揚貢惟金之内歟？今錫則殫矣，而貢亦隨泯焉。厥草則《圖經》稱有蘋蘗之貢，而今亦無矣。考之《唐書·地里志》，止言常州之貢，而無錫以貢名者，不知果何物。惟稉秫菽麥，土地所宜，自唐立二税之法，而無錫之賦至今不能變焉。蓋夏以税輸者二麥，總一萬七百九十四石；秋以糧入者一十九萬二千二百一十石有奇。以歲之豐凶羨餘不足而高下其數焉，然大率不甚相遠也。總以一縣之土計之，得一萬五千八百六十頃三十八畝有奇，而田居十分之九，山水共得其一，故貢賦之出莫不尚於勤農，以爲邦本，雖易世不能變。其他若瓜果桑麻蔬菜花卉因人而培植者，不繫乎土産。若夫禽蟲鳥獸魚蝦蚌鼈，山林川澤之利，在乎逐末者一時之所趨，又不足以紀方物。茲特著其産於土者爲賦之常，而著爲貢賦云爾。

州境一之五

公侯之國皆方百里，古之制也。按《後漢書·地里志》：無錫，侯國。則知舊邑乃循古制。自漢迄唐，雖廢置不同，而是邑封域之廣蓋未嘗變。按，今州在常州東南九十里外。州之境内，東西一百一十五里。南北一百二十七里，是爲提封之境。

四正之境

東六十五里，入平江路常熟州宛山。

西四十七里，入晉陵縣五牧橋。

南七十七里，入平江路吴縣烏山。

北五十里，入江陰州陳溝。

四隅之境

東南四十三里，入平江路長洲縣烏角溪。

西南五十一里，入晉陵縣白石塘。

東北七十四里，入江陰州嶺村。

西北五十里，入晉陵縣五湖口。

境内道路

出州南門，迤邐望東南行，過新安鎮主望亭烏角溪口通吳橋，與平江路長洲縣界驛道接，從此徑平江城，爲州之向南驛道。

出州北門，過高橋，轉石塘灣，迤邐望西北，由洛社市至五牧橋，與晉陵縣界驛道接，從此徑本路城，爲州之向北驛道。

出州北門，望北行，經五步塘，過張塘橋，歷長堽，至陳溝上馬鎮小橋，與江陰州界路接，爲徑江陰之驛道。

出州西門，從五里街西行，經惠山前，循山而北，至胡山下稍，望西南過閭江橋，至孤村，與晉陵縣界路接，抵百瀆，爲入義興之路。

出州東門，東行，越隆亭，過張公橋，從鴻山至甘露，與常熟州界接，爲入常熟之路。

城闕一之六

《吳越春秋》云：「太伯城周三里二百步，外郭三百餘里，在吳之西北隅，名曰故吳墟。」《南徐記》云：「縣舊城基也，舊城下築濠，闊一丈五尺。或云：舊羅城周回四里三十七步，子城周回一百三十步。」宋乾興初，縣令李晉卿重築舊子城一百七十七步，東接運河，西距梁溪。考《吳越春秋》所稱，迺太伯之古城在今梅里，《南徐記》所載即今之州城。按，今州城雖廢，迹猶可見。城有七門，併敘如左。

四正門

東爲熙春門。徑常熟路。

西爲梁谿門。徑宜興路。

南爲陽春門。徑平江路。又名朝京。

北爲蓮蓉門。徑郡城路。

三偏門

顧橋門。通南門下塘。

新塘門。通南市橋。在南市橋西堍下。

董家門。通南禪寺前。

公署一之七

州縣設官舊矣，自秦漢以來，歷世相承，因之不變。雖井邑廢置，職官異稱，據今證古，損益可知。姑舉其端，以備官紀。若夫員置之數，爵祿之等，則有司存，非志所載。

無錫州

儒　學。

醫　學。

蒙古學。

鎮守無錫管軍官。

稅課司二處：

在城。

甘露。

億豐倉。

豐積庫。

巡檢司四處：

甘露。

膠山。

華藏。

新安。

站二處：

新安。

洛社。

鋪一十四處：

州前。在城內。

南門。

九里。

東藪。

新安。

馬墓。已上在州城外南去通平江驛道上。

五里亭。

潘藪。

石塘灣。

洛社。

五牧。已上在州城外北去通本郡驛道上。

塘北。

張塘。

長　堽。已上在州城外東北通江陰路。

鄉坊一之八

鄉黨之名見於《禮經》，由來遠矣。周制：萬二千五百家爲鄉。而鄉有大夫，有士，猶漢之縣也。唐循秦漢之舊，縣邑天下，高祖以百戶爲里，五里爲鄉，四家爲鄰，四鄰爲都，在邑爲坊，在野爲村。宋神宗用王安石之策，行保甲之法，以五家爲小保，五小保爲一大保，十大保爲都，都統於鄉。由是鄉保之名著稱於世。今備錄如左，而茲邑之阸塞瞭然可見，津梁所以通徒行者，併附錄焉。

城隅凡四

東南：南至顧橋門，北至第六箭河，東至弓河，西至運河。

東北：南至第六箭河，北至蓮蓉門，東至弓河，西至運河。

西南：南至陽春門，北至水碓橋河，東至運河，西至新橋門南茅場。

西北：南至水碓橋河，北至營河外北門下塘，東至運河，西至西溪。

總　坊

懷仁坊。即鎮巷，在鳳光橋南轉東。

天井巷。即通濟巷，在鎮巷西。

廣濟坊。即倉橋巷，在中市橋東垸下。

邵家巷。在稅務南。

烈帝廟巷。在景雲坊北。

景雲坊。即樊家巷，莊巷相對。

禮遜坊。即唐家巷，在烈帝廟巷南。

楊家巷。廟巷對。

永興坊。即沙巷，通廣濟坊，元名潁興坊。宋儒有三陳四沈居其中，陳望潁川，沈望吳興，故以名坊。

菜園巷。在南禪寺前。

董家巷。對邵巷。

莊　巷。樊家巷對。

遺愛坊。即郗家巷，因縣令郗漸居此，故名。在唐家巷南。

泥巷。沙巷對。

邊家巷。在莊巷南。

張花木巷。在董家巷底。

鳳仙巷。在董家橋南垸。已上屬東南隅。

玄文坊。在鳳光橋下。

遵義坊。即樓巷，在大市橋下。

崇安坊。在崇安寺前。

金墩巷。在樓巷內，通金匱山，故名。

扒兒巷。即斛把巷，在樓巷內。

崇安寺前矮巷。通樓巷。

資糕巷。在崇安坊南。

雞鵝巷。在資糕巷南。

戴墓巷。樓巷相對，內有戴氏墓，故名。

都子巷。即福田巷，通戴墓巷。

東門泥巷。通戴墓巷。

箬葉巷。即黄狗巷，在東門裏。

閶窰四郎君廟巷。在東門裏。

朱知軍巷。在都子巷南。

盛巷。韓修橋下。

楊家巷。在北門橋内。

孫郎中巷。楊家巷南。

道堂巷。孫郎中巷南。已上屬東北隅。

睦親坊。即新街巷，在水塔橋南。

思禪坊。中市橋西堍下，即北禪寺巷。

三登坊。虹橋北堍下，宋有三登倉在彼，故名。

卞家巷。通官街。

吴打繩巷。通官街。

新橋坊。即新橋門巷。

泥　巷。通官街。

新街内小巷。通水碓河。

女貞觀東巷。通新街巷。

蕭都官巷。在茅子橋南。

北禪寺前小巷。對寺。

州學西巷。在學西。

毛桃巷。在新街巷西。

鎮基四郎君廟巷。通新街巷。

鑄冶巷。在女貞觀西。

繡座四郎君廟巷。在新橋門。

斷頭巷。在下家巷内。已上屬西南隅。

狀元坊。在大市橋西垸，宋嘉定間蔣重珍擢大魁，故立此坊。

太平坊。在大市橋下。

興仁坊。即沈家巷，在大市橋西。

誉　巷。在沈家巷内。

開明坊。即明堂巷，在大市橋西。

古唐巷。通興仁坊。

尿　巷。在拘攔前。

健兒巷。明堂巷西。

平政坊。在州前大街西。

愛民坊。在州前大街東。

和豐坊。即州巷對州治。

迎溪坊。即石灰巷。

崇義坊。在女貞觀巷口。

魚腥巷。在迎溪橋東。

館驛巷。在橋司側〔三〕。

城濠巷。即沈家巷東口。

馮司法巷。古唐巷對。

打繩巷。在北倉橋南。

庵巷。在北倉橋北。

泥巷。在庵巷北。已上屬西北隅。

鄉二十有二舊二十六鄉，後併爲二十五，去震澤，今復省其三，曰茂苑、開寶、歸德。統都六十，保五百八十有五，詳見總村下。

天授。在州東三里，茂苑併入，南至在城及景雲鄉界，北興寧東交山、興寧西萬安鄉界。

興寧。在州北四十六里，南天授，北江陰州金鳳鄉，東膠山，西興道鄉界。

興道。在州西北四十里，南招義、萬安，北江陰州界，東興寧，西晉陵縣、江陰州界。

萬安。在州西二十五里，南開元，北招義，東興道，西布政鄉界。

招義。在州西北四十里，南萬安，北興道，東萬安，西晉陵縣界。

青城。在州西北五十里，南神護，北招義，東招義鄉，西晉陵縣界。

神護。在州西北五十里，元名神龍，南布政，北青城，東布政，西晉陵縣安上鄉界。

富安。在州西五十里，元名永安，震澤併入，南晉陵縣界，北神護，東布政鄉，西晉陵縣界。

布政。在州西四十里，南太湖，北神護，東開元，西富安鄉界。

開元。在州西二里，南揚名，北萬安，東在城，西布政鄉界。

揚名。在州西南四十里，南開化，北在城東景雲，西開元太湖界。

開化。在州西南六十里，南太湖，北揚名，東新安鄉，西太湖。

新安。在州南五十里，南太湖，北揚名，東太伯，西開化鄉界。

太伯。在州東七十里，南長洲縣界，北景雲，東垂慶鄉，西運河。

垂慶。在州東五十里，元名垂拱，南太伯，北延祥，東長洲縣界，西上福鄉界。

延祥。在州東七十里，南垂慶，北常熟州宛山塘，東常熟州界，西上福鄉界。

上福。在州東五十里，南梅里，北宅仁，東延祥，西梅里鄉界。

宅仁。在州北六十里，元名光宅，南梅里，北江陰州界，東懷仁，西交山鄉界。

懷仁。在州東北六十里，南上福，北江陰州界，東常熟州界，西宅仁鄉界。

膠山。在州東五十里，南梅里鄉，北江陰州界，東宅仁，西興寧鄉界。

梅里。在州東三十五里，南太伯，北宅仁，東上福，西景雲鄉界。

景雲。在州東二十八里，南太伯，北天授，東梅里鄉，西在城。

總村凡保分所該村墅，並從一二順數，至十止，仍著所攝都分於下，餘可例推。

胡村。一保。

前王。二保。

蔡家渡。三保。

馮窑。四保。

埄村。五保。

後祁。六保。

高橋。七保。

梨花莊。八保。

塘頭。九保。

下王。十保。一都。

楊　莊。一保。
倪　村。二保。
觀　莊。三保。
龍　陽。四保。
斗　門。五保。
下　墟。六保。
富　村。七保。
居莊灣。八保。
嚴　埭。九保。
俟　莊。十保。二都。並天授鄉。
西張村。
王　莊。
後　湯。
路東寺頭。

前姑裏。
後姑裏。
張村。
小李墅。
成塘。
長堽。三都。
東皇。
前馬鎮。
後馬鎮。
俞村。
開原莊。
麻碕。
陳村。
西高山下。

西戴碕。

新塘。四都。

大李墅。

包李。

胡家渡。

西高山下西。

西高山下東。

西高山。

高魯堰。

丁塔。

鄒祁。九、十保。五都。並屬興寧鄉。

袁巷。

俞巷。

蓮蓉。

干柯。
南碕。
章村。
浮舟。
麻塘。
吳村。
方前。六都。
吳家。
柘塘。
花巷。
前舟。
唐村。
鄧巷。
伯墅。

周村。

大劉。

繆家。七都。

奚村。

曹坊。

大墩。

東陳。

玉祁。

西陳。

楊莊。

黄巷。

後曹。

吕舍。八都。並屬興道鄉。

陳村。

惠符。
萬壽。
青墩。
徐村。
吳蔣。
東孟。
西孟。
陳城。
張高莊。九都。
嚴莊。
弓村。
潘葑。三保、四保。
社埄。
新涇河。

下徐。

錢村。

西張。九、十保。十都。並屬萬安鄉。

直湖。

羊巷。

陳巷。

下湖。

張巷。

寺巷。

洛社。

姚莊。

謝村。

乙虞橋。十保。十一都。

盛村。

曹市。

安莊。

下塘。

五牧。

梅巷。

歐塘。

彭店。

高廟。

新村。十保。十二都。並招義鄉。

西村。

志公橋。

吳村。

彭村。

曹村。

楊村。

張村。

閔巷。

張塘坊。

下祈。十三都。

楊橋。

強家渡。

王巷。

侯巷。

匡村。

余村。

左村。

嚴坊。

大橋。

秦巷。十四都。並屬青城鄉。

上舍。

鄭店。

陽莊。

安陽。

弗莊。五保、六保。

修浦。

開原莊。八保、九保。

馮橋。十五都。

郭莊。

蘆橋。

尹城。

張莊。

徐舍。

寺前。

買山。

嚴塔。

蓮干。

買村。十六都。並屬神護鄉。

刁莊。

堵村。

謝巷。

曹村。

俞巷。

陸墟。

黃巷。

吳村。

張舍。

前邵。十七都。

孟村。

張村。

胡干。

花村。

段莊。

西溪。

後吳。

巷頭。

馬巷。

西山灣。十八都。

章山。

閬江。

前言村。

桑村。
邵巷。
倉峴嶺。
蔡村。
胡山。
歸山。
楊灣。十九都。並屬富安鄉。
陳村。
新豐。
後莊。
蓮干。
賁巷。
韓村。
上倉。

西丁村。
東丁村。
華藏。二十都。
奚村。
三家村。
廟塘。
官瀆。
唐巷。
石橋。
聖山。
徐塘。
歷村。
毛村。二十一都。並屬布政鄉。
莫塘。

下虞橋。
浬湖。
錢橋。
陶墟。
龍山。
烏涇橋。
河滸。
五里堦。
許陂。二十二都。
雞坑。
石步。
卞家灣。
嶧峢。
斗城。

明陽。

丁村。

蝦蟆橋。

常庵。

戴社。二十三都。並屬開原鄉。

倉干涇。

板橋。

河莊。

下曹。

路耿。

大浮。

漆塘。

周村。

胡戴。

張莊。二十四都。

大橋。

梁塘。二保、三保。

沿塘。

章村。

連垛。

丁巷。

塘北。

後溪。

蘇秦。二十五都。

茅場。

獨山。

半淹。

青祁。

方東。
青山莊。
南橋。
馬蠡。
蘆村。
永勝橋。二十六都。並屬揚名鄉。
許墓。
李山。
軍將。
横山。
許舍。
葛埭。
楊橋。
前張。

陶墅。

唐干。二十七都。

沙頭。

根上。

南辛。

倉前。

吳塘。

白茅。

長太。

瀆東。

庵塘。

丁澤。二十八都。

徐店。

横塹。

方湖。
後吳。
上顧。
萬步。
湖沙港。
趙舍。
楊橋。
唐干。二十九都。並屬開化鄉。
店涇。
袁巷。
戈村。
趙垛。
茅墳。
前陳。

楊木橋。

曹店。

廟橋。

後陳。三十都。

唐店。

余村。

焦莊。

蠡東。

沿塘。

東張。

西許。

張村。

溪橋。

張莊。三十一都。

望亭。

沿塘。二保、三保。

下庫。

湖頭。

徐陶。

新安城。

浄慧寺。

溪西。

新橋。三十二都。並屬新安鄉。

漕湖。

方橋。

泗洲寺。

虞巷。

青墩。

袁巷。

泥潭。

徐塘。

下莊。

孫村。三十三都。

大車堰。

劉村。

楊墓。

柘社。

商巷。

朱村。

南蠡莊。

萬團橋。

望亭。

沈瀆。三十四都。

包莊。

南河。

金鵝墩。

何店。

觀莊。

華莊。

唐莊。

鼇塔。

馬頓。

沿塘。三十五都。

白泥墩。一保。

丁村。二保。

虎盆。三保。

道士莊。四保。

東黄。五保。三十六都。並屬太伯鄉。

張塘橋。

小茅涇。

應店。

丁秦。

胡村〔四〕。

磚橋。

途林。

狄澤。

胡堰。

楊墓。三十七都。

毛塘橋。

東莊。

觀前。東朱。胡莊。三黄子。馬橋。廟橋。後淹。新涇〔五〕。三十八都。並屬垂慶鄉。丁舍。白茅墩。白石。横涇。上朱。莊巷。

圓通。

廟橋。

陳巷。

潘巷。三十九都。

毛莊。

蓬墩。

費橋。

莊前。

寺南。

甘露鎮。

塘涇。

蔡灣。

黃塘。

胡橋。四十都。

新涇巷。
趙莊。
東黄。
湯巷。
濠上。
後塘。
栢橋。
北黄。
馬巷。
西城。四十一都。
鴻山。
杜莊。
浦巷。
東蘸。

曹墓塘。

斷塘。

朱莊。

石室。

唐賈橋。

尤村。四十二都。並屬延祥鄉。

東莊。

板村。

宋村。

白塔山。

殷巷。

西安。

羅莊。

許巷。

太平橋。

嵩山。四十三都。

河北。

華巷。二保、三保。

支巷。

戈家浜。

東村。

西村。

西後村。

寨裏。

胡巷。四十四都。並屬上福鄉。

興塘。

管莊。

虞村。

許村。

膠山。

走馬塘。

顧巷。

華陂。

上村。

楊巷。四十五都。

唐巷。

東方莊。

杜馬橋。

袁店。

馮堰。

貴村。

萬村。

尤村。

陳村。

楊鄧。四十六都。

岳莊。

顧馬墅。

苧澤。

蘇塘河。

下虞。

梓堰。

袁巷。

南庵。

施村。

黄土塘。四十七都。並屬宅仁鄉。

羊尖。

前市。
周莊。
千牛莊。
東許。
舍上。
顧市。
莊頭。
弓巷。
前村。四十八都。
利國。
顧莊。
封侯。
鄧莊。
單宅。

羊梓。

吳戴。

前戴。

後戴。

黄莊。四十九都。

胡唐。

蕩上。

下莊。

後祁。

淩店。

菖蒲涇。

潘市。

陸市。

張村。

城塘。五十都。並屬懷仁鄉。

前山。一保。

羊墅。二保。

回村。三保。

丁村。四保。

西斗村。五保。五十一都。

牛塘。六保。

白土。七保、八保。

顧莊。九保。

西袁。十保。五十二都。

上舍。

范巷。

木村。

杜村。

道場巷。

李巷。

殷巷。

王村。

廟下。

坎莊。五十三都。

下馮。

羅橋。

北塘。

上店。

惠巷。

寺莊。

下徐。

翁巷。

于巷。

前王。五十四都。並屬膠山鄉。

滕莊。

戴墅。

席祈。

莊頭。

隆庭。

鴨城。

阪橋。

祁陀。

安澤。

後羅。五十五都。

蠡頭。

尤車垛。

張公橋。

石埭。

堠山。

宋村。

社洞。

小呂。

梅村。

丁村。五十六都。

蘆尖。

萬村。

秦村。

毛塘。

香涇。

袁墅。

破塘。
許巷。
冷村。
堠陽。五十七都。並屬梅里鄉。
沿塘。
吳村。
孫道村。
後蘇巷。
鮑巷。
黄村。
鐵柱岸。
黄草岸。
前蘇村。
冷瀆村。五十八都。

石澤。一保。

時窑。二保。

江陂。三保。

王莊。四保。

羊橋。五保。

坊前。六保。

杜村。七保、八保。

下楊。九保、十保。五十九都。

周涇村。

黄土。

何墓。

袁墅。

沈莊。

白土。

張塘。

新安村。

歐村。

華莊。六十都。並屬景雲鄉。

津梁

染涇橋。在裏路。

董家橋。跨弓河。

蜆子橋。跨弓河。

度僧橋。通南禪寺。並屬東南隅。

鳳光橋。跨第六箭河，唐武德七年與鳳光寺同建。

斜橋。跨第六箭河之中，唐咸亨二年造，宋崇寧間重建〔六〕，亦名崇寧橋。

韓修橋。一名闤肆橋，在洞虚觀東。

通濟橋。即青石橋，在韓修橋東。

通濟石洞橋。跨第六箭河，在鳳光橋東。

青牛橋。跨弓河。

洞虚觀橋。在觀前。

盛巷橋。舊名興寧橋，跨億豐倉河，通驛道，東晉哀帝興寧中造，或云唐貞觀六年建。

倉東泥橋。在盛巷底。並屬東北隅。

中市橋。一名倉橋，跨運河，在大市橋之南，南市橋之北，故名；因三登倉，近又稱倉橋。

南市橋。在中市橋南，跨運河，唐武德中鑿運河時建，欄楯上刻爲人形，俗稱爲孩兒橋。

虹　橋。跨東帶河。

水碓橋。跨水碓河。

女貞觀橋。在女貞觀東。

州學橋。在學前。

將軍堰橋。在女貞觀南，唐單雄信提兵道此，以鎗止水爲堰，故名。並屬西南隅。

州　橋。一名中門橋，在州前譙樓外三步。

大市橋。一名通濟橋，跨運河，隋大業八年二月建，宋嘉定中縣令鄭之悌易以石梁。

胡　橋。一名東橋，跨州後營河口，唐咸亨二年造，宋嘉熙初，邑令趙公重修，故又名趙公橋。其曰胡橋者，橋下有胡統軍廟，意者取名之義以此。橋邊沈姓所居，故又名沈橋。

北倉泥橋。在倉西，跨運河。

泰定橋。在胡橋北。

迎溪橋。在州西南，以其橋迎溪，故名。

茅子橋。在州南。並屬西北隅。已上在城。

蓮蓉橋。唐貞觀三年造。

三里橋。

淩涇橋。

高　橋。跨五瀉河。

排涇橋。並通常州驛道。

廟　橋。在東門外百步。

下田橋。在九頃岸。

塘南橋。在五步塘南。

塘北橋。在塘頭中。

老鴉橋。在下墟村南。
師姑橋。即塘頭北橋。
顧橋。在北門外。
嚴埭橋。
塔子涇橋。並屬天授鄉。
張塘橋。在張村，江陰路。
馬鎮小橋。通江陰路。
高魯堰橋。
胡家渡橋。江陰水路上。並屬興寧鄉。
麻塘橋。
塘頭橋。並跨麻塘港。並屬興道鄉。
潘葑橋。通大塘。
萬壽從村橋。
茅瀆橋。

蠡口橋。

黄渚瀆橋。並屬萬安鄉。

洛社橋。

郭瀆橋。

石瀆橋。並通常州驛道。

界涇橋。在晉陵界口。

小石橋。在洛社大橋北。

躭蟹橋。在寺巷北。

乙虞橋。在躭蟹橋北。

花渡橋。

大　橋。在彭瀆橋南。

柳堰橋。在五牧鋪東。

曹塘渡橋。在歐瀆。

彭瀆橋。並屬招義鄉。

五牧橋。通大塘。

志公橋。通西村。

嚴坊渡橋。通花渡。

下田橋。並屬青城鄉。

鄭店橋。跨梢塘。

東塘橋。跨直湖港。

黄灣涇橋。在修浦。

新瀆橋。跨東塘河。並屬神護鄉。

狀元橋。即胡埭橋，宋蔣狀元嘗居是，因名，通負耒橋。

負耒橋。在花村橋南。

花村橋。在新瀆莊橋近。

張　橋。通陸墟。

張舍橋。通胡埭。

廟　橋。通花村橋。

孟春橋。通陽山路。

陸墟橋。

閭江橋。跨閭江河，通晉陵縣界。並屬富安鄉。

藕蕩橋。跨梢塘。

梢塘橋。

劉塘橋。通開元路。

韓村橋。通負耒橋。

馬家橋。通梢塘橋。

新瀆莊橋。跨直湖港。並屬布政鄉。

西門橋。一名梁清橋，一名梁溪，一名清溪，一名跨溪，在西門外，隋大業中建。

新板橋。在西門外。

大德橋。在五里街。

錢　橋。通萬安路。

烏涇橋。通藕蕩橋。

兌　橋。通錢橋。
下虞橋。通兌橋。
許陂橋。通横山路。並屬開元鄉。
孤瀆橋。跨塘河。
何巷橋。
曹黄涇橋。
梁墓涇橋。
團涇橋。
鋪涇橋。並在大塘。
中　橋。
南　橋。並在馬蠡。
新涇橋。沿塘。
陳公橋。通大橋。
善堰橋。通梁塘橋。

梁塘橋。通新安。

仲八郎橋。通大橋。

大　橋。在落星塘。

薛石橋。通開化路。

石塘橋。跨石塘。並屬揚名鄉。

橫山橋。通丁澤。

丁澤橋。通軍將路。

沙木橋。跨吳塘門。

葛埭橋。通沙頭。

後吳橋。在後吳村。

上顧橋。在上顧村。

橫塹橋。通周村。

周圍橋。通新安。

南板橋。通葛埭橋。

陶墅橋。通揚名。並屬開化鄉。

東葑瀆橋。

周涇橋。

率瀆橋。

白龍橋。

徐陶涇橋。

馬墓橋。

午干涇橋。

急水橋。

通吳橋。一名望亭橋，又名風波，唐永淳間造。並跨大塘。

蠡橋。

新橋。並跨蠡瀆。

新安溪橋。跨溪。

楊木橋。通湖上。

巡塘橋。跨巡塘。

管塘橋。跨新涇。

袁巷橋。跨黃泥涇。

廟橋。

周倉橋。並通揚名。

高橋。通開化。並屬新安鄉。

麋城橋。跨長洲縣界。

徐塘橋。通麋城橋。

楊墓橋。在楊墓。

何店橋。通南河。

唐莊橋。通徐塘橋。

南河橋。通望亭。

沈瀆橋。跨瀆。並屬太伯鄉。

張塘橋。通馬橋。

馬　橋。通望亭。

磚　橋。通平江路。

胡堰橋。通平江路。

塗林橋。通常熟路。

界涇橋。通長洲界。並屬垂慶鄉。

蘇舍塘橋。通平江路。

朱舍橋。通鴻山前。

曹墓塘橋。通太平橋。

東西濠橋。在甘露市。

市　橋。在甘露市。

蔡師橋。甘露市東。

蔡　橋。甘露市南。

師姑橋。甘露市北。

唐巷橋。在甘露市。

虹　橋。甘露市内。

夏　橋。通江陰界。並屬延祥鄉。

太平橋。在華巷。

九里橋。跨太平河。

吕巷橋。跨延祥大河。

芙蓉塘橋。跨走馬塘。

杜家橋。通延祥路。並屬上福鄉。

萬村橋。

馮堰橋。

唐　橋。

梓堰橋。

沈蘇橋。並跨新河。

石灰橋。跨蘇塘河。

管莊橋。

和塘橋。

雙涇橋。並跨包鹽河。並屬宅仁鄉。

陸墅石橋。

香花橋。在羊尖，常熟界。

羅家橋。在後墅。並屬懷仁鄉。

白土橋。即永豐橋，在顧莊東。

復興橋。

太平橋。通江陰路。

上舍寺橋。並跨吳瀆港。並屬交山鄉。

永安橋。在隆庭。

新塘橋。跨大河。

鴨城橋。

張公橋。

坊　橋。

梅村橋。並跨伯瀆河。

福塘橋。通張公橋。

毛塘橋。通延祥路。

潭塘橋。並屬梅里鄉。

東門橋。在東門外。

塔水橋。橋下有塔，影汎水面，故以名橋。

黄婆橋。在蘇村。

黄團橋。在黄婆橋南。

冷瀆橋。

顧　橋。南禪寺前。

保安寺橋。顧橋門外。

新　橋。

江陂橋。

百千瀆橋。

王莊橋。
驢　橋。
羊　橋。並跨伯瀆。並屬景雲鄉。

【校勘記】

〔一〕大歷：本當作「大曆」，避清諱改。又，本書「玄」或作「元」，「弘」或作「宏」，亦避清諱改。凡此皆一仍其舊。下同。

〔二〕慧山：山名，本書或作「慧山」，或作「惠山」。另，地名「丘」或作「邱」（避孔子諱），「梅里」或作「梅李」，「湖埭」或作「胡埭」，「開元」或作「開原」，「具區」或作「巨區」，「北湖」或作「上湖」，凡此皆一仍其舊。

〔三〕橋司側：弘治《重修無錫縣志》卷一無「司」字，疑是。

〔四〕胡村：原注「闕」字，據弘治《重修無錫縣志》卷二補。

〔五〕新涇：原注「闕」字，據弘治《重修無錫縣志》卷二補。

〔六〕崇寧：原作「景寧」，據弘治《重修無錫縣志》卷三改。

無錫縣志卷二

山川第二

《易》曰：「天險，不可升也；地險，山川邱陵也。王公設險以守其國。」自古城郭莫不因山川之險以爲之固，無錫屈乎浙右之地，無名山大川之限，而其所恃一本於先王之教化，體天地尊卑之義，民生習爲禮法，以固其封域，而山川之佳秀者適足爲邑人遊衍之娱，有不足以恃其險焉，然亦職方之所不可缺也。作山川第二。

總山二之一

地里家言，山亦多岐矣。雖其言之不經，要亦有其理。其言江南諸山皆自西蜀而來，逾河導江，並入於海。蓋以地勢言之，莫高於西北，由是指西北之山爲天下之根本脊脈，順其性而下，以至於東而止，論其勢然耳。或言浙之諸山悉本天目之來脈，此據浙之一境而言，蓋杭爲兩浙之都會，天目居杭之境，内界乎浙之兩間，巍然傑出，莫之與京。地里家言，凡山低者多，則高者爲主。故以天目爲浙之主山，則兩浙之山皆附屬矣。其他不足論也。且以無錫一邑言之，既以錫山爲主，自錫山西北，由惠山、龍山周回起伏，缺而爲峒嵊，走而爲青山。大穹或斷或屬，行五十餘里，入於太湖。由錫山而南，蓄而爲獨山，引而爲石塘、軍將，蜿蜒盤礴，亦五十里而入於湖。其他若鴻、堠、膠、顧、芙蓉、石窒等山，率皆孤邱獨巘，東西望於錫山，有拱輔之勢。此無錫諸山之大略也。

錫　山。去州西七里開元鄉，在惠山之東，本惠山之脈也。惠山至是中斷，伏而爲山岡，缺半里許，復起爲錫山。至錫山而山脈始絕。唐陸鴻漸《惠山記》云：「惠山東峰，當周秦間大産鉛錫，所以謂之錫山。至漢興錫方殫。」後有於山下得《銘》云：「有錫兵，天下爭；無錫寧，天下清。有錫沴，天下弊；無錫乂〔一〕，天下濟。」至王莽之時，錫復出。光武至順帝之世，錫累竭。自是以來，不復有錫，故東峰至今謂之錫山。考之銘記，則知是山古嘗出錫，有關於世也。又按，無錫諸山皆高，惟錫山獨低。地理家言：凡山高者多，則低者爲主。故世以錫山爲主山，惠山雖高，不得並稱也。俗云：客山高，利客不利主。理或然耳。其山得以主山稱，故擅名浙右。山上有小石，圓廓若盆，引竅潛通山谷，積水常滿〔二〕，雖大旱，飲千人不竭，俗呼爲仙人洗面石。山前有蕩，曰月子蕩。山下有澗，曰錫山澗。二泉之派，由澗引入梁溪。元延祐間，里姓倪文光創精舍於山之陰，名清微，築隄遏澗爲水簾，作潺湲之聲，晝夜不輟。山根有聖水井，宋盧至柔隱山中學道時所鑿，環甃以甓，上悉書符篆，以爲汲飲可以愈疾，至今邑人信之。山側有塢，曰秦王塢。《惠山記》云：「始皇東遊，望氣者以金陵、太湖間有天子氣，故掘而厭之。」其東復有塢，曰烏腰塢。皆與山近。春申君廟在山下。

惠　山。在州西境内，去州七里，當錫山之西。《南徐記》云：「其南北數十里，嶺東西各有泉，皆合梁清溪水，西南入太湖。」唐陸鴻漸《惠山記》云：「惠山，古華山也。是山連亙二百餘里。」《吴地志》云：「華山在吴城西一百里，晉宋時號曰歷山。」《郡國志》云：「南朝多以北方山川郡邑之名權創其地，又以此山爲歷山，以擬帝舜所耕者。山北有石田曰舜田，有石井曰舜井，其村因謂之歷村。」

《寰宇記》云：「無錫有古歷山，下有春申君祠，又有范蠡城。」釋寶唱《名僧傳》云：「沙門僧顯，宋元徽中過江，住京城彌陀寺，後入吳，憩華山精舍。華山上有方池，池中千葉蓮華，服之羽化〔三〕，與華州華山所産同。」老子《枕中記》云：「華山者，吳西神山是也。」《郡國志》又云：「無錫有九龍山，亦曰冠龍山。」鴻漸《記》云：「是山一名九隴，一名九龍，一名鬭龍。九龍者，謂山九起，若龍虯縹螭合沓之狀；鬭龍者，隋大業末，山上有龍鬭六十日，因以名之。」按今山有九峰，下有九澗，其第一峰有寺曰普利院。寺後有若冰洞、冰泉及天下第二泉。山西復有古洞，潛通包山，即古洞陽觀，今亦擁閉。山下有羅漢泉，今不見其迹。山側有黄公澗，因黄歇以名。去黄城八里，自錫山東第一峰曰惠山，由惠山而北曰龍山，自龍山龍尾斷曰峒嶙口，舜山又在其北，又名舜柯山，即所謂歷山也。其上有舜田，不種而禾，歲恒産一二穗，並舜井在焉。自惠山北至龍山凡九起，止峒嶙口，而山脈始微斷。至舜山復起，北走迤邐入湖，皆惠山之脈。故昔人併稱之耳。不然則《寰宇記》何以言歷山下有春申君祠及范蠡城哉？今春申君祠廟基在錫山，當惠山之東；范蠡城即所謂斗城者是也，在惠山之西，去春申君廟六七里。而所謂舜山者，從惠山自南而北，相去懸絕十里，在九峰之外，不應與惠山混稱也，特以惠山之名著，故併稱之無疑矣。然觀《南徐記》所云「是山南北數十里」，則縣西之山與惠山同脈者，皆可以惠山稱。而陸羽《記》又云「是山連亙二百餘里」，則又知太湖諸山與惠山勢若相接者，皆可稱爲惠山，又不獨指同脈之山也。而謂之歷山，則當自南朝始。曰舜山、舜柯者，後人因歷山之名，故附會其說。舜田、舜井，不過假舜之名以神其事耳。茲山得泉水之勝，爲錫之名峰，高人逸士既多卜築，若孟信安之別墅，尤遂初之齋居，皆在焉。其他僧坊仙館，若孟氏之時思，倪氏之清微，凡以菴若院名，率皆占山之勢，指爲佳境。四方遊衍之人，舟車隘塞，攜觴挈榼，歲無虛日。而茲山之名，將與湛茂之、陸鴻漸同爲不朽矣。其山雖爲一邑之名勝，然無深林大谷之藏，奇葩異草之產，惟鴻漸所品之泉實爲天下第二，及金蓮花世亦罕有，《圖經》雖稱出石香茮，然亦不見采錄。馬鞍嶺在山上。

燦　山。去州西七里，在惠山東南，亦惠山之脈。山之麓有明陽觀，云即古洞陽觀基也。觀中有亭曰横翠，以望諸峰。山半有閣曰望湖，下瞰太湖，蒼蒼渺渺，一瞬彌矚。旁有半山之亭，亦可遐睇。山上有泉曰洞酌泉，由觀而上可到泉，上有亭，可坐可睡。山下有大塚，元延祐間，邑士強以德買地附山築爲大隴，凡有死而無以爲殯者給以葬穴，至今號爲義塚。春暮之月，邑人祭掃，率往遊焉，亦爲邑之名境。山後有義興嶺，由此可徑義興大池塢。牛來塢即遊來塢。皆在山南。龍腿塢在大池塢北。

章山。在惠山之西南，與璨山前後相向，皆惠山之來脈。

龍山。迺惠山之北尾，一名龍山，蓋惠山自南而來，其中爲馬鞍嶺，自馬鞍嶺而北，至龍山，而惠山之岡斷矣。《越絕書》所謂縣西有龍尾陵道，春申君初封吳所築者，即此是也。至今山尾呼曰龍尾山。上有龍潭。周氏《風土記》云：「龍山去縣十八里，上有三峰。」有白龍潭。東晉時有家其上者，妻妊三年，忽産一龍，色如銀，七日昇天去。龍母死，葬於山頂。龍父併所居成潭，號曰白龍潭。自後遇龍一歸，歲則大熟，山由是名。按此山春申君時已稱龍尾陵道，則龍山之名又恐不止於東晉産龍之後也。山下有精舍曰悟空，宋宗姓若嵓之小隱，長松茂林，深蒨蓊鬱，可以遊處。有軒曰翫雲，當惠山西來第七峰之下，朝霏夕陰，宛若圖畫，方外張伯雨及往來之士皆有留題。山西有澗曰回龍澗，其水從山之西循山而北，轉龍尾東流注於河。

峒嶁山。在龍山西，去州一十八里。惠山諸峰至龍山龍尾稍斷數十步，然後突起爲峒嶁山，其斷處曰峒嶁口。由峒嶁口以通湖上諸山。

舜山。與峒嶁山相指。舜山去州西北三十里，一名柯山，俗合而名之曰舜柯山，即所謂歷山也，與龍山、峒嶁皆相近，中斷處即峒嶁口。《風土記》及陸羽《惠山記》云：「西神山聯峰疊嶂之中有柯山者，吳公子仲雍六世孫柯相所治之處，故山以柯名。」《郡國志》稱，南朝多以北方山川郡邑之名權創其地，故以惠爲歷山。今歷山不云惠山，而此山其獨指爲歷山者，豈此山與歷山之形真肖，特表而出之耶？惠山之脈相去固不甚懸絕也，蓋惠山西來，山勢連亙四十里，蜿蜒盤礴，至是始得其半，豈四十里之山皆得爲惠山稱？是山居適其中，惠山既改爲歷山，故指此山界乎兩間者總而名之耶？而所謂舜山，豈亦因歷山之故而變稱耶？山上有舜田、舜井，豈亦因是耶？抑以舜田、舜井之故，後人妄指此山爲歷山，而呼爲舜山耶？不可必其説也，故併疏之，以俟知者辯焉。

東孔山。去州西一十八里，舜山之陰，其上有宋端明尤袤墓。

西孔山。去州二十里，與東孔山相屬，皆舜山之來脈。

石盆山。在舜山之西。

勝山。在石盆西，與舜山接，山下有煮狗嶺。

雞籠山。在勝山西，自石盆而下，皆舜山之連脈。

青山。去州西北三十五里，面太湖，山下有張循王墓及華藏寺，由青山嶺以入寺中。山下有小嶺、塔子嶺。唐灣去青山不遠。

唐灣山。在青山下，邊太湖唐灣上，蒼峴嶺在其側，皆青山之連脈。

大穹山。去州西北四十五里。

廣長山。在大穹山西。

白射山。又名白石山，去州西五十里，面太湖，在廣長山之西。

月牌山。在白射山西，與白石山連。

章山。在月牌山西，與月牌山連。

大雷山、小雷山。並在章山西，章山之連脈。《郡志》云：「雷山在太湖中馬跡山西。」《風土記》云：「震澤中大雷山、小雷山，或以爲舜漁之所。」按，今富安鄉有大雷、小雷二山，邊太湖，當在馬跡之東南，俗呼大秠山、小秠山。今吳縣洞庭山亦有大雷、小雷之名。《郡志》所錄當爲富安之二山，《風土記》所載乃洞庭之二山，特以名同誤指之耳。此山俗以雷爲秠者，蓋語訛也；或以爲大驢、小驢，失之遠矣。又名閶江山，其稱大驢、小驢，或因此耳。

陳灣山。在小雷山西。

胥　山。在小雷山之西，由陳灣而上曰廟渚山，即此山也。山下即閶江。《史記》曰：「吳王夫差殺子胥，取其屍盛鴟夷，浮之江中，吳人憐之，爲立祠，是曰胥山。」張晏曰：「胥山邊太湖，去江不遠百步，故云江上。」今閶江有闔閭城，下有伍員廟。山以廟渚名者此也。其山去州五十里，下有青山嶺。

韓灣山。在廟渚山下，與青山嶺接，自大穹而下，諸山悉連亙相屬，皆爲閶江山之連脈。

歸　山。去州西北四十五里。《風土記》云：「闔閭殺伍子胥，以鴟革裹之，浮於江中。子胥既死，吳人於此山猶望其歸，故命其山曰歸山。」

胡　山。與歸山相近。

平塔山。去歸山不遠，皆在閶江山東。

長腰山。去州西北四十五里，山上有嶺曰長腰嶺。

賈山。去州西北四十五里，在長腰嶺東。

苦奄山。去州西北四十五里，皆近安陽山。

安陽山。在州之西北。《寰宇記》云：「安陽山到州五十里，周回一十八里，高一百丈。」《風土記》云：「周武王封章子賨於無錫爲安陽侯，至今山下有周賨墓。」意者山之名義兆始於此。今人稱爲陽山，亦稱曰西陽山。《郡志》云：「山在陽湖之上，故名。」二説當有合也。其山平地拔起，高峰圓峻，四望如一，挹湖水之光，包林木之秀，若人之有文采然，故世易以美名曰文筆峰。山趾有翠微院，長廊邃宇甲於鄉，爲今名刹。山頂有龍池，廣袤三丈，深過一仞，歲旱禱之常驗〔四〕。山出大石，可爲礲臼，始見采於漢大夫陸端。旁近數州藉以用之，惟文質麄礪，不堪作他器也。然自漢至今，取之不竭，山之空嵌皆弊於掘鑿，故中多洞穴，舊稱三十六洞。今山多圮塞，不可尋究，但言九門洞、張公洞、甘草洞、清水洞而已，要皆爲取石之穴，非天成也。錫山之脈蜿蜒北走，至是始斷。

橫　山。在峒嵝西，周回十四丈，高九十丈，去州西二十里。其東與龍山勢若相附，中斷爲平田，通峒嵝口以出惠山，其西與管社山相望，中隔爲梁溪，太湖在其北。磻竜澗、大澗皆在山下。

許　山。去州西南二十七里，在橫山之西，鎮山在其東，月山在其西，是謂山之兩尾。

西巓山。去州西北三十里，在孔山之北，與橫山近。

雞坑山。去州西二十五里，邊太湖。

石步山。與雞坑山相連。

晶　山。與石步山近，俗呼爲甑匽山，謂山形之肖也。

管社山。去州西二十五里，西南入太湖，與獨山相峙，中匯爲浦嶺門，亦名廟門。其東望於橫山。溪流導二山，並注於湖。

獨　山。去州西南一十八里，其北與管社山相望，衝爲浦嶺門，南與充山對峙，中匯爲門，號曰獨山門。溪流入五湖，演漾而西，從門出太湖。

充　山。去州西南二十五里，與獨山相對。山下有灣曰曹灣，自曹灣而下，坦爲平壤，悉皆良田。相去不一里許，截然中斷爲獨山門，山東即五里湖，湖水由山下里，西流入太湖。

朱　山。一名朱墓山，在充山南，去州二十五里。

漆塘山。去州西南二十五里，與朱山相連，北臨五里湖。宋知州錢紳退老，卜築其間，遺趾尚存，遊者咸造焉。山南有塢曰狗腸塢，狗腸塢北曰南桃花塢，羅嶺又在其南。

石塘山。一名廟塘山，在漆塘山之北，去州西南二十五里。山西有徐偃王廟，山下有石塘枕。長廣溪一名廟塘。按《廟記》云：「錫山西南一舍而近，是爲五里湖，湖之陽有山，山之陽有廟，又云廟山。相傳曰廟塘，廟據其趾，石塘横其東，山是以名。」山北有嶺曰山門嶺，嶺後通漆塘、大浮二山。

路耿山。去州西南二十五里，在石塘山北，據揚名〔五〕、開化二鄉諸山之中。其山高聳，冠乎兩間，層巒疊嶂，四面環繞，若相朝拱然。前俯長溪，後背太湖，要名佳勝之境。山旁有塢曰董塢，與山相接。山下有嶺曰羅嶺，可徑石塘山。復有小山，無名，俗稱爲野山。由野山而度許舍。

許舍山。去州西南三十五里，在路耿山之南，横山之東。羣峰盤旋，結爲深谷。宋待制蔣諧、顯謨許德之、侍郎施坰、禮部尤袤，皆嘗卜築其内。山東有湯村嶺。

南横山。去州南四十里，當許舍山南。

白茅山。在南横山之南，與南横山接。山下有嶺曰赤石嶺。

羊祈山。與白茅山連。

軍將山。去州南四十里，邊太湖。南唐時嘗屯軍此山，以禦吴越之兵，故以軍將名其山。山北有塢曰甲仗塢，相傳所以貯兵器之地。南曰官材塢，俗稱爲官來塢。西曰竹弱塢。

五浪山。與軍將山連。山下有嶺曰芮家嶺，嶺下皆平田。吴塘門在其下，吴塘山相近焉。石人塢在山西。

廟山。

黿山。

裏山。

長太山。去州南四十里，在裏山北。山下有長太寺。

過山。在長太山南。

吳塘山。去州四十五里，邊太湖。其山與鵝鴣山南北相望。山下坦爲平田，去三里許始匯而爲川，號曰吳塘門，溪流從中瀉入太湖。門上駕横木爲略彴，名沙木橋，由是徑鵝鴣山，以通湖上之路。自充山至吳塘山，山勢連亙五六十里，或起或伏，獨路耿、軍將最高，要皆爲路耿、軍將之來脈。

鵝鴣山。去州南五十里，山下皆良田，離山一里許即吳塘門，其山與吳塘山南北相望。

沙頭山。一名廟山，在沙背上，邊太湖，與鵝鴣山相近，其沙背亦曰廟山背。

沙背山。在沙頭山南，其南即竹山。

竹山。在沙背山南。無錫諸山之南脈，至是而絶。

鴻山。去州東五十里，本名皇山。《吳地志》及《南徐記》云：「太伯宅東九里有皇山，太伯所葬即此山是也。」語訛，以皇爲鴻耳。一名梅李山，亦曰梅里平。墟高十丈，上有太伯墓。

白擔山。去州東四十五里。

佘　山。

奚　山。去州東四十五里，亦名晶山，俗呼爲諧山，奚字語訛也。

石窒山。去州東五十里。

嵩　山。去州東五十三里，嵩或作松。《南徐記》云：「松山一名少孤山。」

堠　山。去州東四十里。《吳地志》云：「堠山周回七里，高七十丈。」《南徐記》云：「堠山北有白石峴。」堠或作緱。龍腿山在其下，亦堠山之脈。

膠　山。去州東北四十里，在堠山東北，高九十丈，長九里。山上有梁蕭侍郎宅，今爲招提。旁有泉，出山竇中，味甘色白，名曰竇乳泉。又有滌硯泉，世傳蕭公肄業時，嘗滌硯是池，故名。池上有亭，曰硯水亭。山上有獸蹄痕，寺僧神其説，以爲金牛跡。是山與惠山相去四十五里，東西相望，宛若翠屏。其西小峰曰鳳凰山。甑匧山與鳳凰山連，插旗山與甑匧山連，皆膠山之來脈。

芙蓉山。或稱佘蓉山，或稱佘洪山，去州東三十里。其山周回八里，高三十丈。歲遇清明，遊衍之人畢萃此山，俗因目爲清明山。山上有二土邱，一號龍井峰，峰上有龍井，歲旱可禱，又名天一峰。復有頑石二，各高六七尺，人呼爲石公石母，二石對峙，中可通人往來。或云山下居民時望見石有光彩。又有金雞石，明澤可愛，與公母石相連。世傳每至歲旦昧爽，有金雞飛鳴其上，亦未見其必然。山之西趾有田一規，名彈子邱，中有土壠，隨田圓轉，宛若彈丸。環壠四旁之田，一犁可竟，不費周折，稱以爲異，土人不敢近壠而鋤，鋤輒蛇虺出焉。當芙蓉湖之未塞爲田時，登臨茲山，可以凝眺烟水山，由是名。其曰余容、曰余洪者，皆因吳人語訛謬稱之耳。

斗山。去州東北四十里，其山長九里。山頂自南至北有土邱七，象北斗形，故以斗名山。山之中有黃腰嶺，西通牛塘山，上有白堊朱石。

回山。在斗山之東，與斗山同派，里人併稱爲回斗山。

觀基山。在回山北，二山相連，本回山之派。山西有舊觀基、二井，現存〔六〕。碑無字。

枝柚山。或云梔子山，在回山西，其山多生苦梔。

黃文山。俗呼爲黃梅山，四山皆頑石，不宜樹木，在回山東。

前山。在回山東南，去回山不遠。

白石山。在前山東，與前山相近，皆斗山之餘脈。

西高山。去州東北二十五里興寧鄉，其山平淺，無深林邃谷。山之南峰頂上有仙人禮拜石，石上有迹，類人額痕及兩肘膝伏處。相傳人俯其上，不論老稚長短，其額與肘膝處皆當其穴，以爲異。山中有路可通興道鄉。其中峰曰靈龜山，北峰曰鳳凰山。山西世爲里姓高氏之居，山由是名。俗呼爲西膠山，蓋指膠山爲東，故誤稱耳。

東顧山。去州東六十五里，其山占江陰、常熟、無錫三州境。《寰宇記》云：「顧山東屬蘇州，西屬常州。」一名馬婆山。山上有寺及龍潭。

金匱山。又名紫金山，在州城東北隅第六箭河上鳳光橋東，周迴數十丈，當邑之中，邑之主山也。世傳有金匱藏書於山下，爲無錫之巨鎮，故名。今按此山負土所成，要非天設，屆邑之中，故指爲鎮山云。然亦總山之不可佚也，姑附之於篇末。

總水二之二

《周禮》載九州之浸，揚州其浸曰五湖，即今之太湖也。無錫據太湖之東，倚湖爲浸，環州之水皆出納於湖。旱則隄以遏之，滂則疏以浚之，此無錫之水利也。嘗考邑之水源出於惠山之泉，至山下分爲二道，一注於雙河，一下於梁溪，皆合於運河之水，湖流之出而通於運河者。其南皆自小五湖而入青祁淹，過大、小渲而會於梁溪，以達於河。餘若長廣、新安、烏角諸溪及蠡瀆之水，或竟出爲河流，或相會於溪水，至運河則皆合而爲一。其北閭江、陽湖之出，皆太湖之餘波。閭江之水悉會於雙河口，陽湖之流則貫直湖淹而出花渡、雙牌諸港，皆達於運河，而復合爲一。運河之水，其南皆東注於太伯瀆、鴨城河，而入蠡湖，以下東海；其北則東流爲五瀉水，支分脈拆，至江陰而達於大江。此無錫之水勢也。

太　湖。去州西南一十八里，自西而北，繞州之境四十五里，即古具區、震澤，所謂五湖者是也。《越絕書》云「太湖周回三萬六千頃」，《禹貢》之「震澤」，《爾雅》云「吴越之間巨區」。其湖周回五百里，襟帶吴興、毘陵諸縣界，東南水都也。《周官》揚州其浸五湖。張勃《吴録》：「五湖者，太湖之别名，以其周行五百餘里，故以五湖爲名。」郭璞《爾雅》「巨區」註云：「縣南，太湖也。中有包山，山下有洞庭，穴道潛行水底，無所不通，號爲地脈。」舊《經》云：「湖内有靈山，去北岸二百里，其山清秀。山中有靈山寺，舊屬無錫，後割入晉陵。南際有洞庭山，在蘇州、吴縣界，産柑橘，與瀟湘洞庭等，非船莫通。」《寰宇記》云：「太湖從湖州、長興，歷常州、義興、晉陵及無錫界。」今按，太湖南自平江、長洲縣入長興，與義興並行四十八里，東南至吴縣界，自烏山北沿湖西岸東行六十二里，又與吴縣爲界，沿湖屈曲，越常州界一百四十八里，與州之分水爲界，占州之新安、開化、揚名、開元、富安五鄉。由新安鄉烏角溪口自南而西，迤邐行至富安之閭江而止，爲是州之巨浸，西流之水皆會於獨山、吴塘、浦嶺諸門，而通太湖。

小五湖。在州南一十八里，一名五里湖。其北梁溪水順流而南二十里，其東南長廣溪迢迢二十餘里注於西北，皆至湖口，與梁溪水會，二水合流，由是湖過獨山門及廟門，而通於太湖。

青祁淹。去州西南二十里揚名鄉，東西二十里，南北一十八里。梁溪自州西迤邐西南流，分爲大渲小渲二淹，並行至青祁淹口，復合爲一，由淹入五里湖，從廟門、獨山門下太湖。

大渲淹、小渲淹。去州西南一十六里揚名鄉，梁溪由開元鄉自北而南直流，行五里至孤瀆口，分爲二道，其西爲大渲，東爲小渲，二水中隔平壤，相去五里餘，復行二十里許，至青祁淹始合。里人多植蓮芰於是，夏秋之月，荷花盛開，彌望不絕，好事者往往泛舟汀渚，爲煙水之遊，以謝炎暑。

梁溪。即梁清溪，距州城西四十丈，闊十丈，深三丈，源發於惠山之泉，入溪爲南北流，其南繞惠山西南三十里，自小渲淹西流，出浦嶺、獨山二門，入太湖；其北至五里橋與運河通，今謂之雙河口。《吳地志》云：「古溪極陿，梁大同中重浚，故號曰梁溪，南北長三十里。」《郡志》云：「梁溪去州一十八里。」按，今溪在西門外，去州治纔數十步，人止稱西溪，而不言梁溪。其云十八里者，併其發源處稱之耳。據溪側有將軍堰，今構石梁於上，遺趾尚存，去州南可一百五十步。《風土記》云：「唐景龍三年置堰，堰旁有梁蕭將軍墓。宋嘉祐中開運河，通梁溪，取太湖水，堰遂廢。」《毘陵圖經》云：「唐將軍單雄信提兵道此，以鎗止水爲堰，故號將軍堰。」舊有閘，今廢。二説不同，互有得也。凡歲澇則是邑之水由溪泄入太湖，旱則湖水復自此溪回，居民藉以溉田。俗云：州人不能遠出，出輒懷歸，以此溪水有回性所致。孤瀆、曹黃涇、梁墓涇，俱在州南揚名鄉，其水由溪東出運河。

長廣溪。去州南一十八里，廣二十五丈，長三十五里，占揚名、開化二鄉，亦惠泉之脈。《吳地記》云：「縣南有長廣溪，水深三尺。陳勳所導。」按，今溪由梁溪西南而下，從揚名鄉南至開化鄉，水分爲二道，其南出吳塘門，其北至揚名鄉，由五里湖出獨山門，並入太湖，溉田百餘頃，大旱不竭。

唐干淹。去州南二十里開化鄉，長五里，其水南自洪邱淹，東從五里湖，其西與北皆由太湖西流，而至中蓄爲浸，東北出於蠡河。

洪邱淹。去州南四十五里開化鄉，其水南自太湖演漾而來，蓄爲浸澤，東北出於蠡河。

蠡瀆。去州南三十里，在新安鄉。《寰宇記》云：「范蠡伐吳所開。」又云：「太伯瀆西帶官河，東達范蠡瀆，入蘇州界，澱淤年深。元和八年，孟簡開浚之，併導蠡湖，長八十里。」即此瀆也。按，今此瀆在新安鄉，通太湖，其地謂之蠡口。自蠡口北流十餘里，而與梁墓涇合爲一，今人稱爲蠡河。自涇口東出運河，與太伯瀆之水會爲河流。東蒔瀆、周涇皆自蠡瀆而來，達於運河。

赤城溪。長五里，去州南三十五里新安鄉太湖之上。南通太湖，北入於蠡淹。

烏角溪。長六里，去州東南四十五里新安鄉太湖之上。東出望亭入運河，西至於太湖。是溪中分爲平江，南北之限隔。

新安溪。長六里，去州東南四十里新安鄉，與太湖相近。東出運河，其南與西並通太湖。

閶江。在州西四五十里太湖上，即太湖之別浦也。《史記》云：「夫差殺伍子胥，取其尸盛鴟夷革，浮之江中。」即此地。其江與太湖合流，實太湖之區也，特別其名耳。江上有嵴凡十五，曰閶江嵴、錢家嵴、陳家嵴、蔣家嵴、奮家嵴、盤塢嵴、章山嵴、鹽亭嵴、大驢嵴、秦墓嵴、韓家嵴、後峴嵴、邵墓嵴、許峴嵴、奮横嵴，皆近江之島。又有惠家嵴、杜公嵴、蓮荷嵴，皆在湖上，去江不遠。

陽湖。去州西北四十里神護鄉，東西八里，南北三十二里，深五尺。《寰宇記》云：「陽湖在晉陵、無錫兩縣，去常州東六十四里，南入太湖，二縣中分爲界，北通蚊濤〔七〕、臨津等湖，謂之三湖。」《南徐記》云：「陽湖壅塞久壞，宋文帝元嘉中治湖之四旁，成良田數百頃，今存湖名。」北復有一湖，俗謂之北陽湖，亦曰宋建湖，度其地本臨津，以宋文帝嘗治，故名。

雙　河。在開元鄉，去州北門外一里，西溪之尾於此與運河合而爲一，曰雙河。其流從運河入越布政鄉，自西北而南，復引於西，貫直湖港，過張橋爲陸墟河，而與晉陵縣界長岸河接其流，通於太湖者，皆自直湖港而下秋子瀆、毛瀆，皆運河之旁流而西者，並注於雙河。

北渡港。在青城鄉運河之旁，流而西者貫直湖港入雙牌，而與雙河之水合而爲一。

直湖港。在青城鄉，由運河而入志公港，南下爲北洋湖，湖之南即港之脈，直南而下，貫於神護、富安二鄉，入晉陵縣界而下於湖。

雙牌港。在青城鄉，近晉陵縣界，越神護鄉，過黃灣橋而入於南陽湖。

運　河。東南自長洲縣界望亭入本州界，行四十五里，越州城迤邐西行四十五里，至五牧口出晉陵縣界，勝七百石舟。《大業雜記》云：隋大業六年十二月，勅開江南河，自京口至餘杭郡八百餘里，水面闊十餘丈，又擬通龍舟，並置驛館，草頓並足，欲東巡會稽。自唐武德以後至今，累浚，爲東南之水驛。城中河凡十有八，皆運河之支流別派。曰斥瀆，在北倉泥橋西垸；曰胡橋河，在州治後；曰州橋河，在州治前；曰營河，在州東。與州橋河、胡橋河並通，由胡橋河東出運河，曰水碓河，在大市橋南曰東帶河，河上即宋尤端明之故宅，河繞其居，故以東帶名。自斥瀆而下，皆引西溪水東入運河，曰倉前新河。元大德間鑿水通漕運，曰弓河，曰九箭河，皆縣之古河。運河舊通焉，今多堙塞。二河併疏，其説於後。自倉前新河而下，皆在運河東。

弓　河。本舊縣之羅城濠也，歲久無可驗，但稱東河。故老相傳云：弓河自閘口灣，灣由東門而南出，度僧橋通運河，如弓之背，故號弓河，以運河比之弓絃也。

九箭河。在弓河上，有河九道，皆通運河，若弓之有箭然。故老云：無錫有九龍峰，下有九澗城，中有九箭河應之。諺云：九箭通，出三公。今通者惟第六箭河，餘皆漸次堙塞。今列九箭河於左。

第一箭河。在東南隅邊巷西，止官街而絕，水常涸，不通舟。

第二箭河。在東南隅莊巷底，河面頗闊，衹長十餘丈耳，可停舟。

第三箭河。在東南隅染涇橋西，稍西而止，東向粗可通舟。

第四箭河。在東南隅楊家巷，頗深闊，西至大街而止，稍可停舟。

第五箭河。在東南隅董家巷，西止玄聖觀前，稍西而止，但一大溝耳。

第六箭河。在東南、東北兩隅界，東自玄元宫前而入，西出運河，稍通小舟。河北有善智尼寺，又名師姑河。

第七箭河。在東北隅福田巷底，惟存一溝，約長三四十丈，西至陳賢良墓右而止。

第八箭河。在東北隅，自東門橋北而入，西通洞虚觀前而止，可通小舟。

第九箭河。在東北隅盛巷底，惟存河口一二丈耳。

五瀉水。即五瀉河，去州北一十四里天授鄉，通運河，闊六丈，深七尺，其源上湖大陂。自五瀉口北岸行，泝流四十里，至江陰、晉陵兩縣界。雉尾口從界北四十七里，深三尺已上，至申浦上口北入大江，潮汐所至，可勝二百石舟，溉田一百七十餘頃。舊有堰，臨官塘，稱五瀉堰。宋元祐間既治蓮蓉湖爲田，因置閘於是，以備旱澇。今則架橋其上曰高橋，以通徒行。堰與閘俱廢矣。運河水由橋下北流，越興寧鄉入江陰界，由夏港而入於江。

長　渠。在州東北二十四里，北入江陰境，勝二百石舟。或云：在州西北一十五里。入五瀉渠，泝流六十里，北入江陰軍。按，此渠當與五瀉水同派而異名，驗其方隅之向背、地里之相去與泝流之遠近，水力勝載，一一可比而推，況出自北門入江陰之水道，莫此爲大，特以歲久，蔑有識者，姑辨其說，用闕其疑。

歐　瀆。去州西北四十里興道鄉，有減水石[illegible]斗門閘，宋元祐間置，蓋以芙蓉湖爲田，遇澇則開閘泄水，從閘口出，由江陰界以入江。

閘口河。其水從五瀉水東流而爲陸逐港，過蔡家渡分爲二道，其一循州城而東，越景雲鄉至梅里鄉界口而入於伯瀆，其一至膠山鄉界口東流，越膠山鄉而匯於南，與宅仁鄉新河合，又行數里北走，而入於江陰界，

五步湖。去州東北七里天授鄉，東西二十里，南北一十里。《南徐記》云：「五湖，其源濁而流清，溉田百餘頃。」或云即陶穀所隱之處。梁載《十道四蕃志》云：

「漢末錢塘縣陶穀有道藝，隱居五部湖，時大旱蝗，太守奉印綬請爲無錫令，穀退而歎曰：『郡界有災，安得懷道而不救之？』到城修六事，行弭災之術三日，雨，蝗盡死，穀乃遁去。」今此湖皆塞爲良田，惟所經之道稱五步塘，今之塘頭即其地。

芙蓉湖。在州東北興道鄉。《寰宇記》云：「上湖，一名芙蓉湖，亦謂之無錫湖，占晉陵、江陰、無錫三縣界，西去常州五十九里。東西四十五里，南北四十里，深五尺，東流爲五瀉水。」《毘陵志》云：「芙蓉湖在縣東五十五里，南北八十里南入無錫縣，北入江陰軍，東南入平江府，北入揚子江。」《吳地記》云：「無錫湖萬五千三百頃，爲晉陵上湖。」又云：「無錫湖通長洲，多魚而甚清。」《徐州記》云：「横山北曰上湖，南曰芙蓉湖。」陸羽《惠山記》云：「惠山東北九里有上湖，一名射貴湖，一名芙蓉湖。其湖南控長洲，東洞江陰，北掩晉陵，蒼蒼渺渺，迫於軒戶。」故惠山有望湖閣，蓋自山下百餘里，目極荷花不斷，以爲江南煙水之盛。於是皮日休買舟與陸龜蒙及毘陵居士魏不琢共爲煙水之樂，時乘短舫，載一甑酒，由五瀉逕入震澤，穿松陵，抵杭越，號其舟曰五瀉舟。《南徐記》云：「芙蓉湖，晉張闓嘗基其中〔八〕，洩湖水令入五瀉，注於巨區，欲以爲田，盛冬著赭衣，令百姓負土，值天寒凝沍，施功不成而罷。」至宋，居民因其舊迹隄岸堰水塞湖爲田，今悉南東其畝矣。湖之經界漫不可考，獨興道鄉麻塘橋至今有湖東、湖西之稱，亦皆良田，無復痕跡。以諸家傳記所載考之，則芙蓉湖占平江、常州、江陰，凡三郡，自無錫推之，其南當與延祥鄉鵝肫蕩接，爲控長洲之境，東入興道鄉麻塘港以北，爲洞江陰之界，北出興道鄉，越歐瀆，爲掩晉陵之域，其西則五瀉水，從東流入於湖。如此則南北不下七八十里，東西亦四五十里，始合傳記所載。獨《徐州記》稱横山北曰上湖，南曰芙蓉湖，按今南横山在州西南開化鄉，去惠山不下十里，北横山在州西北開元鄉，去惠山亦十五里，兩山相望，皆在運河之西，臨太湖。而《惠山記》稱東北九里有上湖，若在横山之北，不應與惠山遠近不倫。姑辯其説，合諸家傳記之載，並著《徐州記》之失，好事者或可因是以求古跡。

西瓜瀆。在興道鄉，其源出天授鄉。運河自蠡河西北至興道鄉，而始以瀆名，行二里而與麻塘港合。

麻塘港。自鹹塘河之西而爲鄒祁河，至興寧鄉界口名麻塘尖，而爲麻塘港，行二里許，與西瓜瀆會，而接於江陰界。

咸塘河。在天授鄉，出北門，運河之水入於高橋之南，而貫於五丫浜，爲河之起脈。北走，越興寧鄉，而通於江陰界。

嚴埭河。在天授鄉，由北門橋而下，出閘口河爲蔡家渡，從渡口向北直下，即河之起脈，入興寧鄉爲泰平港，入膠山鄉爲嚴埭河，河流由是入江陰界，其泰平港北流轉西，亦入於江陰之境，由夏港而達於江。其東則爲興塘港，其北則爲劉家河。

興塘港。嚴埭河下流，至宅仁鄉分爲二道，其東則爲興塘港，至宅仁鄉而絕，復引水東流而爲包堰河，至懷仁鄉而中貫爲南北流，南接於盛塘河，河水東入常熟之境，西通上福鄉芙蓉塘河，其包堰河北通於江陰界。

張塘河。在興寧鄉太平港之旁，注於西者，稍行至胡家渡，分爲二道，西爲張涇，通五瀉水，其南入天授鄉咸塘河，北通江陰界

太伯瀆。去州東五里，貫景雲、太伯、梅里、垂慶四鄉，西枕官河，東通蠡湖，又東達於漻湖，入平江界，歲久淤塞。唐元和間刺史孟簡浚之，長八十里，闊一丈二尺，深四尺，民獲霑溉之利。《唐書·地里志》云：「元和八年，孟簡開太伯瀆，東連蠡湖。」《寰宇記》云：「太伯瀆西帶官河；東達范蠡瀆，入蘇州界，澱塞年

深，粗分涯岸。元和八年，孟簡開浚之，併導蠡湖，長八十七里，廣十有二丈。自後太伯瀆謂之孟瀆，蠡湖謂之孟湖。」《孟簡傳》云：「元和中，簡爲刺史，有孟瀆，久淤，治道，溉田千頃。」盧仝有《謝諫議茶歌》云「安得百萬億蒼生〔九〕，命墮巔崖受辛苦」之句，正浚此瀆時爲其勞民也。此瀆始開於太伯，所以備民之旱澇，民德太伯，故名其瀆，以示不忘。瀆上至今有太伯廟。

鴨城河。在梅里鄉，其源自運河而來，東出江陂橋，過景雲鄉，越梅里、上福，至延祥鄉而止。其在景雲謂之王莊橋河、江陂河，在梅里謂之新塘河、鴨城河，在上福謂之信義瀆、杜家河，亦名太平橋河。至延祥鄉稍蓄而爲謝蕩，引流至甘露水，分爲二道，其一過濠橋而去，其一由月河而出，皆東注於濠湖。

破塘河。在梅里鄉，起於鴨城河，越太伯鄉，過大橋，南入於蠡湖。

潭塘河。在梅里鄉，鴨城河之旁，注而北者，至宅仁鄉爲劉家河，貫興塘港，與新河接。

新河。在宅仁鄉南，自尤村渡至江陰界，河面雖闊，底大淺，水常涸，惟通小舟。春夏水漲，巨艦始通。故老相傳云：建炎間，大金太子南征被困，一夕開此河，通大江而去。故名曰新河。河上有馮、梓二堰，今廢。

斷塘河。在上福鄉，太平橋河之別脈，至延祥鄉而貫於濠橋河。

横塘河。在上福鄉，信義瀆之旁，注於北者，漸流引東貫走馬塘，爲芙蓉塘河，至懷仁鄉爲盛塘河，而入於常熟界。

羊尖河、鯉河，俱盛塘河之别脈，顧市河亦包堰河之别脈，皆東會於羊尖河而入常熟界。

蠡　湖。在州東南五十五里，與平江、長洲縣分界，即今太伯鄉之漕湖也。郡志云：「蠡湖在縣東南五十五里，與蘇州、吳縣分界。」《寰宇記》云：「范蠡伐吳，開造蠡瀆通此湖，故號曰蠡湖。」《唐書·地里志》云：「元和八年，孟簡開泰伯瀆，併導蠡湖。自後太伯瀆謂之孟瀆，蠡湖謂之孟湖。」按，今漕湖在太伯鄉，當州之東南，去州五十餘里，東西十二里，南北六里，其地率皆占長洲之境，邊湖之旁，僅得一二里爲無錫之界，湖水泝流而西，與太伯瀆接，貫景雲、垂慶、梅里、太伯四鄉，而出於運河。至今梅里、太伯界口有河名蠡尖口，距湖三十里；平江城東餘門數里外亦有蠡口，去湖十餘里，今謂之漕湖，實古之蠡湖也。而郡志謂與蘇州、吳縣分界者，蓋唐以前未縣長洲，其地皆吳縣之境，而隸於蘇，至唐始分置長洲縣，故後人襲舊之文，不變其實。然謂之漕湖，則不知自何代始。其湖之浸皆長洲之利，無錫獨得其一區耳。

濠湖。在州東七十里，東西四里，南北三里，即今延祥鄉之鵝肫蕩也。謂之鵝肫者，取其形之肖，俗呼之耳。亦云河湖，語訛故也。自湖向東，稀墩與長洲縣界接，稀墩向北三十里至苑山，經湖中心與平江、常熟州分界，西南達於蠡湖。

【校勘記】

〔一〕乂：原作「義」，據本書卷四中陸羽《惠山寺記》改。

〔二〕常：原作「嘗」，據弘治《重修無錫縣志》卷一五改。

〔三〕羽化：原作「羽輕」，據本書卷四中陸羽《惠山寺記》改。

〔四〕常：原作「嘗」，據文義改。

〔五〕據：原作「得」，據弘治《重修無錫縣志》卷一五改。

〔六〕觀基二井現存：此六字原注「闕」，據弘治《重修無錫縣志》卷一五補。

〔七〕蛟濤：弘治《重修無錫縣志》卷一六作「蛟濤」。

〔八〕嘗：原脱，據《重修無錫縣志》卷一六補。

〔九〕「得」下原有「知」字，據《說郛》本删。

無錫縣志卷三上

事物第三

十室之邑，必有忠信。無錫自太伯肇基於前，其後才賢之著，代不缺人，其禮義之邦乎？若夫名泉舊迹，遺封故刹，因人而勝者，可以登臨弔古而想其風焉。災祥又繫乎一邑之休咎，庶善可勸，惡可戒也。作事物第三。

《吳太伯世家》三之一 《楚春申君列傳》附

余嘗讀《史記》，至《太伯世家》，而歎曰：嗚呼，讓，德之基也。至矣，太伯之讓也哉。方殷之未亡，而太王已有翦商之勢，太伯知文王之賢，乃不肯立，而文王竟以周興。太伯之讓也，厥後季札亦以國讓，而吳遂爲沼，不亦悲夫。嗚呼，太伯其可謂至德矣乎。

吳太伯、太伯弟仲雍，皆周太王之子，而王季之兄也。季歷賢，而有聖子昌，太王欲立季歷以及昌，於是太伯、仲雍二人迺奔荊蠻，文身斷髮，示不可用，以避季歷。季歷果立，是爲王季，而昌爲文王。太伯之奔荊蠻〔一〕，自號勾吳，荊蠻義之，從而歸之千餘家〔二〕，立爲吳太伯。

太伯卒，無子，弟仲雍立，是爲吳仲雍。仲雍卒，子季簡立。季簡卒，子叔達立。叔達卒，子周章立。是時周武王克殷，求太伯、仲雍之後〔三〕，封周章弟虞仲於周之北故夏墟，是爲虞仲，列爲諸侯。

周章卒，子熊遂立。熊遂卒，子柯相立。柯相卒，子彊鳩夷立〔四〕。彊鳩夷卒〔五〕，子餘橋疑吾立。餘橋疑吾卒，子柯盧立。柯盧卒，子周繇立。周繇卒，子屈羽立。屈羽卒，子夷吾立。夷吾卒，子禽處立。禽處卒，子轉立。轉卒，子頗高立。頗高卒，子句卑立。是時晉獻公滅周北虞公，以開晉伐虢也。句卑卒，子去齊立。去齊卒，子壽夢立。壽夢立，而吳始益大，稱王。

自太伯作吳，五世而武王克殷，封其後爲二：其一虞，在中國；其一吳，在夷蠻。十二世而晉滅中國之虞，中國之虞滅二世，而夷蠻之吳興。大凡從太伯至壽夢十九世。

王壽夢二年，楚之亡大夫申公巫臣，怨楚將子反而奔晉，自晉使吳，教吳用兵乘車，令其子爲吳行人，吳於是始通於中國。

二十五年，王壽夢卒。壽夢有子四人，長曰諸樊，次曰餘祭，次曰餘眛，次曰季札。季札賢，而壽夢欲立之，季札讓不可，於是乃立長子諸樊，攝行事當國。

王諸樊元年。諸樊已除喪，讓位季札。季札謝不從，吳人固立季札，季札棄其室而耕，乃舍之。

十三年，王諸樊卒，有命授弟餘祭，欲傳以次，必致國於季札而止，以稱先王壽夢之意，且嘉季札之義，兄弟皆欲致國，令以漸至焉。季札封於延陵，故號曰延陵季子。

王餘祭卒，弟餘眛立。王餘眛卒，欲授弟季札。季札讓，逃去，於是吳人曰：「先王有命，兄弟代立，必致季子。季子今逃位，則王餘眛後立，今卒，其子當代。」

乃立王餘昧之子僚爲王。

公子光者，王諸樊之子也。常以爲吾父兄弟四人〔六〕，當傳至季子。季子即不受國，光父先立。即不傳季子，光當立。陰納賢士，欲以襲王僚。

伍子胥，楚之亡臣也，奔吳，公子光客之。伍員知光有他志，乃求勇士專諸，見之光〔七〕，光喜，客伍子胥。子胥退而耕於野，以待專諸之事。

十二年冬，楚平王卒。十三年春，吳欲因楚喪而伐之，使公子蓋餘、燭庸以兵圍楚六、灊。使季札如晉，以觀諸侯之變。楚發兵絕吳兵後，吳兵不得還。於是吳公子光與專諸謀欲自立爲王，且曰：「我真王嗣，季子雖至，不吾廢也。」專諸不可，公子光強之曰：「我身，子之身也。」四月丙子，光伏甲士於窟室，而謁王僚飲。王僚使兵陳於道，自王宮至光之家，門階戶席，皆王僚之親也，人夾持鈹。公子光詳爲足疾，入於窟室，使專諸置匕首於炙魚之中以進食〔八〕。手匕首刺王僚，鈹交於胸，遂殺王僚。公子光竟立爲王，是爲吳王闔廬，乃以專諸子為卿。季子至，曰：「苟先君無廢祀〔九〕，民人無廢主，社稷有奉，乃吾君也。吾敢誰怨？」復命，哭僚墓，復位而待。

闔廬立，用伍子胥之計伐楚，與楚兵夾水而陳，吳王闔廬弟夫槩欲戰，闔廬弗許，夫槩遂以其部五千人襲冒楚，楚兵大敗，走。於是吳王遂縱兵追之，比至郢，五戰，楚五敗，遂入郢。

越聞吳王之在郢，國空，乃伐吳。吳使別兵擊越。楚告急秦，秦遣兵救楚擊吳，吳師敗。闔廬弟夫槩見秦越交敗吳，吳王留楚不去，夫槩亡歸吳而自立爲吳王。闔廬聞之，乃引兵歸，攻夫槩，夫槩敗，奔楚。

十九年夏，吳伐越，越王勾踐迎擊之檇李。越使死士挑戰，三行造吳師，呼，自剄。吳師觀之，越因伐吳，敗之姑蘇，傷吳王闔廬指，軍卻七里。吳王病傷而死。闔廬使立太子夫差。

王夫差立，常以報越爲志。二年，吳王悉精兵以伐越，敗之夫椒，報姑蘇也。越王勾踐乃以甲兵五千人棲於會稽，使大夫種因吳太宰嚭而行成，請委國爲臣妾。吳王將許之，伍子胥諫，不聽，聽太宰嚭〔一〇〕，卒許越平，與盟而罷兵去。

越王勾踐率其衆以朝吳，厚獻遺之，吳王喜。唯子胥懼，曰：「是棄吳也。」諫，不聽，使子胥於齊，子胥屬其子於齊鮑氏，還報吳王。吳王聞之，大怒，賜子胥屬鏤之劍以死。將死，曰：「樹吾墓上以梓，令可爲器。抉吾眼置之吳東門，以觀越之滅吳也。」

十四年春，吳王北會諸侯於黄池，欲霸中國以全周室。六月戊子，越王勾踐伐吳。乙酉，越五千人與吳戰〔一二〕。丙戌，虜吳太子友。丁亥，入吳。吳人告敗於王夫差，夫差惡其聞也〔一三〕。或泄其語，吳王怒，斬七人於幕下。太宰嚭諫，引兵歸國，於是乃使厚幣以與越平。十八年，越益彊，越王勾踐率兵使伐敗吳師於笠澤。二十年，越王勾踐復伐吳。二十一年，遂圍吳。二十二年十一月丁卯，越敗吳。越王勾踐欲遷吳王夫差於甬東，予百家居之。吳王曰：「孤老矣，不能事君王也。吾悔不用子胥之言，自令陷此。」遂自剄。越滅吳，取之。

春申君，楚人也，名歇，姓黄氏。遊學博聞，事頃襄王。頃襄王以歇爲辯，使於秦。秦昭王使白起攻韓、魏，敗之。韓、魏服而事秦。秦昭王方令白起與韓、魏共伐楚，未行，而楚使黄歇適至於秦，聞秦之計，恐秦壹舉兵滅楚，歇乃上書說秦昭王，昭王善其說，發使賂楚，約爲與國。

黃歇受約歸楚，楚使歇與太子完入質於秦，秦留之數年〔一三〕。頃襄王病，太子不得歸。而楚太子與秦相應侯善，於是黃歇乃說應侯，應侯以歇計聞秦王，秦王令楚太子之傅先往。楚太子用黃歇計，變衣服爲楚使者御以出關，而黃歇守舍，常爲太子謝病。度太子已遠，秦不能追，歇乃自言於秦昭王曰：「楚太子已歸，出遠矣。歇當死，願賜死。」昭王大怒，欲聽其自殺也。應侯勸止之，秦因遣黃歇。至楚三月，楚頃襄王卒，太子完立，是爲考烈王。元年，以黃歇爲相，封春申君，賜淮北地十二縣。

後十五歲，黃歇言之楚王曰：「淮北地邊齊，其事急，請以爲郡便。」因並獻淮北十二縣，請封於江東。考烈王許之。春申君因城故吳墟，以自爲都邑。

春申君相楚二十二年，諸侯患秦攻伐無已時，乃相與合從，西伐秦，而楚王爲從長，春申君用事。楚及諸侯兵爲秦兵所敗，楚考烈王以咎春申君，春申君以此益疏。

客有觀津人朱英，說春申君，楚於是去陳，徙壽春，而秦徙衛野王，作置東郡。春申君由此就封於吳，行相事。

楚考烈王無子，春申君所幸李園女弟有娠，李園乃與其女弟謀，園女弟承間以說春申君曰：「楚王之貴幸君，雖兄弟不如也。今君相楚二十餘年，而王無子，即百歲後將更立兄弟，則楚更立君後，亦各貴其故所親，君又安得長有寵乎？非徒然也，君貴，用事久，多失禮於王兄弟，兄弟誠立，禍且及身，何以保相印、江東之封乎？今妾自知有娠矣，而人莫知。妾幸君未久，誠以君之重而進妾於楚王，王必幸妾，有子則君之子爲王也，楚國盡可得，孰與身臨不測之罪乎？」春申君大然之，乃進李園女弟於楚王，幸之，遂生子男，立爲太子，以李園女弟爲王后。楚王貴李園，園用事，恐春申君語泄而益驕，陰養死士，欲殺春申君以滅口。

春申君相二十五年，楚考烈王病。朱英說春申君殺李園，春申君不聽，朱英知言不用，恐禍及身，乃亡去。後十七日，楚考烈王卒，李園果先入，伏死士於棘門之內，俠刺春申君，斬其頭，投之棘門之外，而盡滅其族。而李園女弟初幸春申君有娠而入之王所生子者遂立，是爲楚幽王。

春申君要亦楚之豪傑也，方說秦王合從之時，何其壯哉！及一旦爲李園所殺，身與國滅，由其好智不好學也，視太伯之風則遠矣。以其封國在吳，因附載其傳於

《太伯世家》之後，吳之興滅可以參考。

人物三之二

仲尼稱子賤爲君子，而贊之曰：「魯無君子者，斯焉取斯。」余傳無錫名世之士，古今得四十有五人，非流風之有所被歟？不然何賢才之多也。文雅彬彬，忠孝迭著，名邑之稱，可無愧矣。

前漢

虞　俊。字仲卿，無錫人也。少以孝友稱於鄉黨，明《春秋公羊》、《左氏傳》。漢哀帝時，爲御史，稍遷丞相司直。王莽執政，左遷新陂令，尋召爲司徒。俊欲遁歸，遂見脅迫，仰天歎曰：「吾漢人也，願爲漢鬼，不能事兩姓。」飲藥而卒。光武即位，高其節行，與二龔比，爲表塋墓。

後漢

王　閎〔一四〕。字選公，無錫人也，明《易》及天文。郡舉爲主簿。更始平，守山陰令，補侍御史，遷冀州。後拜謁者僕射，卒於陳留太守。不交豪彊，人號「王獨坐」。

高彪。字義方，無錫人也。家本貧。彪爲諸生，遊太學，有雅才而訥於言。後舉孝廉，試經第一〔一五〕。校書東觀，遷内黄令，卒有德政。靈帝詔東觀畫彪像，以勸學者。子高岱亦知名〔一六〕，並著《後漢書・獨行傳》〔一七〕。

晉

顧愷之〔一八〕。字長康。父悦之，爲州别駕，長康遂爲無錫人。博學有才氣，善圖畫，妙於一時，頗自矜伐，每過其實。少年因相稱譽，以爲戲弄。初在桓溫府，嘗云：「凱之體中癡黠各半，合而論之，政得平耳。」故俗傳凱之有三絶，謂才絶、畫絶、癡絶也。嘗爲虎頭將軍，人號顧虎頭。事並見《晉書》及《南史》。

唐

李紳。字公垂，無錫之梅里人。父悟，歷晉陵令，因家無錫。紳讀書惠山，少苦貧，每有著述，潛取寺中佛經竊識其後，爲主藏者所知，致被歐辱。後徙剡川天宫精舍。一日熟寐，舍前丹柰方結實，有蛇據其上，會老僧至，驅之，蛇入紳懷中忽不見，僧異其事。及覺，問紳，答曰：適夢在樹間食柰，甚美，似爲僧逼而悟。老僧以故陰異之，延致院中肄業，數年去。將赴解舉，僧分槖金助其行。元和中果擢進士第，釋褐國子助教。歸寧，李錡鎮江南，辟爲從事。錡叛，令紳草檄，紳不從，錡怒，囚之。後錡伏誅，獲免。穆宗召拜右拾遺〔一九〕、翰林學士，與元稹、李德裕同在禁中，時稱三俊。武宗時拜中書侍郎，同平章事。四年罷，調淮南節度使，拜尚書左僕射，封趙郡公，卒謚文肅。事見《唐史》。

宋

杜鎬。字文周，無錫人也。博學強記，少時將就試，有鼠銜《孝經疏》置榻前，鎬怪之，取以熟讀。及試，題出其內，遂預選。當南唐時，嘗爲集賢校理，及宋平南唐，授千乘簿，至國子監丞、崇文院檢討。將南郊，彗星見，宰相趙普問鎬，鎬曰：「當祭而日食猶廢祭，況彗見如此乎？」上聞，迺罷祭。翼日遷著作佐郎，累遷虞部員外郎。景德初置龍圖閣待制，首以鎬爲之。澶淵凱旋，遇懿德皇后忌日，或以軍中鼓吹爲疑，馳騎問鎬，鎬對曰：「武王載木主以伐紂，前歌後舞，可據也。」祥符二年，种放告歸，上宴餞於龍圖閣，賜詩，命侍臣皆賦，鎬辭以素不屬文。詔引名臣歸山故事，鎬即誦《北山移文》以譏放。其固直如此。真宗凡得古器異書，必詢鎬，悉能究其本末，令人閱其事在某書幾紙何行，未嘗少忘。鎬雖老，四鼓起，誦《春秋》，遲明已數卷，日以爲常。後除龍圖閣學士，至禮部侍郎。年七十六卒。子渥，生孫杞，字偉長，以鎬蔭補將作監簿，累遷太子中允。知建陽縣，除無名租萬計。性豪邁，遇事勇爲。稍遷至度支判官、虞部員外郎。廣西歐希範推蒙趕爲帝，而自號爲神武公，率其徒破環州，轉攻桂管，勢甚熾，仁宗患之，授杞廣西安撫使。杞至宜州，得州人吴香及獄囚歐世宏先往説之，杞乘怠擊其後，破白崖等寨及其五峒，斬首千餘級。復攻環州，焚其山林積聚，蒙趕等大恐，隨香出降，希範走保荔波峒〔二〇〕，併擒戮之。廣西平，除天章閣待制，知慶州。蕃酋孟香率部落内附，夏人以兵索香，詔許還之。杞言：「彼違約舉兵，香不可與。」因移檄問罪，夏人讋服。慶曆中，范仲淹參知政事，患諸路監司非才，多所更易，杞與張昷之首被擢用。杞博覽強記，通陰陽術，自推其數曰：吾年四十六死矣。卒如其言。袁默。字思正，無錫人。父繹，字子安，篤學至忘寢食，嘗升禮闈，人咸師之，早以《英華》教授諸子。默少卓犖，尤深於文。嘉祐八年中進士，擢京兆府教授，入爲司農簿。獻《無逸傳》。神宗召對，遷光祿丞、太學博士。哲宗即位，除湖北轉運判官。默學問淵深，卿士大夫宗爲師法。謝獻道解《論語》，嘗共辯確。三弟，點、植、正功，皆有名當世。點字思與，熙寧初在太學直講，爲學者領袖，與兄默共號二袁，名在諸儒右，中元豐八年進士第，累遷至通判杭州，知淮陽軍。致仕，喜佛老書。詩甚工，東坡見其所作，以爲有「驚心駭目」之歎。正功亦中兩科，官至右司郎中。植事見後。

凌浩。字直翁，無錫人，與同邑陳敏俱學於安定胡先生，以經術知名二浙，登治平二年甲科。嘗令蓬萊、武陟〔二一〕。以能名召拜太學博士〔二二〕，推安定之學以誨多士，咸敬服之。出倅辰州，守渠陽。致仕，年六十五。浩與敏皆不引年而告老，人謂得安定之傳而有所守者。

陳敏。字伯修，無錫人，髫丱喪父，廬墓哀毀，有芝生冢上。長從安定先生胡瑗學，與同郡袁默、凌浩、姑蘇孫載皆爲英特，時目爲安定四俊友。熙寧三年舉進士，王荊公嘉其才，薦敏堪大用。除太學正，從蘇軾遊，甚厚。嘗守台州，會朝廷命郡國立元祐黨籍碑，敏拒，守以爲不可。監司促之急，敏曰：「誣司馬公爲姦臣，是誣天也。」其倅卒立之，敏碎其石，或咎敏，敏曰：「我死且不辭，何劾之畏？」竟掛冠而去，自號濯纓居士。大觀中，以八行搜天下士，殿撰李夔，丞相綱之父也，時奉祠居梁溪，以敏行能薦於上，守令親爲勸駕，敏歎曰：「昔歸今往，何出處之戾也？」弗就。年八十一終。德行之美，時所欽慕。

錢　顗。字安道，無錫人。舉進士，熙寧間由烏程令召爲侍御奉史裏行〔一三〕。王安石初行新法，宰臣曾公亮依違不言。顗與侍御史劉琦上疏論安石：「歷官以來莫不言尊尚堯舜，故天下以爲賢，陛下亦聞而知之，遂致公輔。今乃首以財利之説務爲容悦，言行乖戾，剛狠自任，不知安石之心待陛下爲何如主？曾公亮位居丞弼，被遇三朝，自當悉慮竭忠，以身許國，反有畏避安石之意，更相稱譽，以固寵榮。」安石大怒，貶顗監衢州鹽稅。琦亦坐謫。顗行，謂御史孫昌齡曰：「君奴事安石以得御史，亦當少念報國。顗今得罪，分當遠竄，君爲美官，自以爲得策。即我視君，犬彘不若也。」聞者悚然，時人號「鐵肝御史」。

沈　初。字子深，無錫人，熙寧六年擢進士第。初始入國學時，試《周以宗強賦》爲第一，文詞典麗，時爭傚之。元祐間尚詞賦，朝廷常以林希佚《道使民》、沈初《周以宗強》、劉煇《堯舜性仁》、陳之方《恤民深者嚮其樂》、江衍《王道正則百川理》賦五篇頒天下爲格。初之賦後流至西夏，夏人織爲文錦，其珍賞如此。尉明之象山，入爲國子直講以終。兄弟四人，兄禋、揚皆中進士科。

王　罔。字壽祺，居無錫賈山，稱賈山王氏。世雄於財，至罔尤嗜學，躭玩經籍。父厚贈資貨，使之遊學，自是文益精。元符三年舉進士，除北京國子司業，通判揚州。時丞相呂頤浩統戎任，辟置幕下。高宗南渡，丞相拜御營使，以罔爲參議官，謀畫多用其計。後丐祠歸。紹興初，上思其人，召爲比部郎中，復歷金部，遷左司郎中。頤浩去國，罔請老，以朝散大夫、直秘閣致仕。與晉陵孫覿友善，覿尺牘中有稱王左司者，即罔也。其弟亦爲中興後都司。

孫　近。字叔諸，無錫人。父廷筠，嘉祐中進士。近幼警悟，號神童，七歲能屬文。崇寧二年擢進士第，五年中宏詞科，累遷至工部郎中。高宗即位，除秘書少監，起居郎，中書舍人，給事中。同章誼使金還，除吏部侍郎，直學士院。從上親征，書命悉委焉。凡所撰著，宣佈德意，武夫義士，讀者莫不感泣，一時比之陸贄。繼而參大政，兼樞密，居政地三年。金和議成，丐祠，上許之。未幾，時以和金有異論，謫授秘書監，分司南京，漳州居住，易南安，移贛州。薨，年七十八。弟建，舉遺逸，賜進士及第。

唐作求。字叔孝，無錫人，崇寧二年進士登第。公卿間有以作求薦於徽宗，召對稱旨，除御筆所禮制局檢討官，遷主客郎中，出守徽州，以朝散郎致仕。作求學術該敏，家訓嚴肅，勵後進以振文藝，唐氏由作求藹然以儒學名家。從弟孚，字益裕，亦志學，所見深遠，嘗歷謁元祐諸君子，談論移日，皆造其奥理。

李謨。字茂嘉，無錫人。幼孤，事母孝。家貧，感憤向學，從樂安先生遊。登崇寧五年進士第，又試中教官，有敏譽。徽宗知其才，擢廣東運判。入對，留爲太常丞，繼爲監司，徧歷河北。高宗即位，除直徽猷閣，知鎮江、臨安兩府，遷寶文閣，移鎮京口終。謨歷事三朝，皆蒙眷獎，屬當時艱，閱兵走馬於燕趙之間，而智略精敏，隨事制變，稱爲奇才。

施坰。字林宗，少力學，馳譽上庠。崇寧五年進士登第，再除爲太學博士。宣和末提刑江東，朝廷命鑿銀林河通大江，調役繁興。坰慮導江入浙，必漂溺蘇、秀，因抗疏極言其害，是役爲寢。徽宗下詔獎諭，進秩一等。累遷至禮部侍郎，皆有能聲。顯仁太后回鑾，坰爲考訂儀注，時以爲宜。後以敷文閣待制終。生平篤意孝友，在官得親庭書，必冠帶跪讀。遇恩奏補官，率推及弟姪，鄉里稱其賢。施之先本出武進，坰父南康公始徙居無錫，至坰遂爲無錫人。坰弟垓有吏績，紹興末累持節，終朝議大夫，湖北運使。

弗肅。字懿恭，無錫人，少穎秀拔俗，尤嗜學，中大觀二年進士第，復以薦除秘書正字。紹興初，大臣舉其賢行，與簡齋陳與義同召赴行在，時被召者三人，獨肅抗節引辭不起。子鍇亦中科第。

李端行。字正達，無錫人。幼與弟尚行入太學，俱有俊聲，同賜大觀三年上舍第，爲太學博士。高麗遣子入學，其禮不除，朝廷患之。丞相蔡京會議於學，語及端行，端行曰：「彼既遣子入學，未有不成禮者，當以國禮繩之。」遽趣賓贊引高麗士，即日成禮，儀注悉裁於端行，京與朝士服其得體。後以作詩詆京之失，出宰明之鄞縣，發憤丐閒，終身不復仕進。丞相呂頤浩嘗師學端行，逮貴猶執弟子禮。子霖，隆興進士。尚行字師尹，風神秀偉，賦性嚴憚。兄弟同學《易經》，深造淵妙，日抄萬言，筆不停手，閉戶讀書，人罕覯其面。登第後，爲文益進，而名甚高。爲越之蕭山，治行顯著。召爲太博，累遷司農、太常二少卿。高宗即位，出知信州。潘逵、趙琦起饒州，爲盜攻，入信境，尚行平之，高宗親書詔命奬譽，進直龍圖閣，遷江南東道轉運使。以言去職。參政張守、周葵，待制董棻，相與爲忘形交，皆一時名士。

沈松年。字性仁，無錫人。大觀三年舉進士，爲潤之金壇縣。以文學擢太博，會靖康之難，丐歸田里，以圖史自娱。有妹適洪忠宣公，忠宣使金且久，妹攜諸甥歸無錫，松年力勉以學，後皆中博學宏詞科。适拜相，遵至樞府，邁再入翰苑，名聞中外。時語：非松不能有甥若是。三子：自強，日新，有開。日新亦由上舍中進士第。

蔣芾。字子禮，本義興人。父及祖宣和中進士，至朝請大夫，知鎮江府。祖瑎，參政魏公之奇之孫，元祐擢第，大臣以經術薦爲太博，累遷至郡守，遭寇難，徙無錫，故芾爲無錫人。芾早以廕入仕，紹興間登進士第，授建康理官。秦檜欲羅致，拒之，檜怒，終其世不召用。及檜敗，附檜者皆竄逐，芾獨免。芾嘗官東宫，爲莊文太子所知，薦其賢於壽皇，命權直舍人院，因繳内侍梁珂，語徹德壽宫，上皇歎其忠。除簽書樞密院，條奏邊防軍功甚悉，孝宗尤極嘉獎，拜右僕射，同平章事。上方銳意恢復，芾力陳天時人事未可舉兵，凡二千餘言，忤旨，讒忌者乘之。既而丁內艱去職。朝廷起以左丞相，不赴，後判紹興，奉祠以終。

陳　篆。字師文，無錫人。氣豪邁，讀書一過不忘。爲文初若不經意，下筆即翩翩不休，語意俱到，爭傳誦爲楷式。經學尤該明，執弟子禮願學者遠近交至，一出規矩，皆爲良士。戴達先兄弟嘗師事之，所造就尤多。紹興間舉進士，官止州縣而終。子翥，亦登進士第。

呂克成。字世德，無錫人，有儁才，學問精愨，從遊者數百人。與同邑陳師文友善，兩浙士子稱師者必以世德、師文爲重。以恩科第一人，終蘄州教授。

宋尤袤。字延之，其先閩人，本姓沈，因避王審知諱，去水姓尤，來居無錫，至袤遂爲無錫人。弱冠入太學，魁監省，登紹興進士第。嘗從玉泉喻樗遊，樗，龜山先生高弟也，樗以所得龜山之學授之，由是學益進。紹興間宰泰興，金人犯境，士庶望風而遁，袤獨堅守不去。尋以薦除奉常，時高宗廟號未定，方議升配，公諏經訂古，悉有根據。平生博極羣書，同貫古今，時人號曰尤書廚，當世推爲人物之宗。爲内外制及内禪典冊，悉服其雅正。官至禮部尚書。袤形貌不逾人，而丰度端凝，孝宗嘗有「短小精悍」之褒。晚益嗜書不倦，所藏三萬卷。爲詩平淡，楊誠齋嘗列之四詩將。自號遂初居士。光宗嘗書遂初二字賜之，有遂初小藁等書數卷行於世。卒謚文簡。公子槩，孫焴，三世相繼，並登科第。焴字伯晦，以大父袤奏仕，累遷禮部尚書，端明學士，提舉秘書省，提綱史事，遍歷中外三十餘年，而後抗疏丐閒，年八十三以疾終於家，自號木石居士云〔二四〕。

戴達先。字子善，世居無錫之東城。父適，里中尊爲鄉先生。紹興初建太學，達先與弟幾先同中選，經藝俱優，每試必占前列，士爭傳誦其文以爲式，號二戴格。當時太學爲之語曰：「二戴一王，辟雍之光；先有王戴，後有陳蔡。」紹興間文體粹然爲之一變者，實自達先兄弟始。以上舍射策賜第，執政舉其賢。高宗召對，擢爲太博。孝宗即位，求直言，達先條天下利害、南北戰守宜以奏。召試館職，除正字，遷校書郎，知池州，易江陰軍，移袁州，爲政長者。終年六十二。達先心仁貌莊，平居恂恂，臧否不置口。其友何稱每曰：「吾同舍所愛者三人，芮燁、劉芮及達先。」時因號四賢。幾先字子微，性端謹，其學純正不雜。少與兄俱馳聲太學，登紹興十八年進士第。丞相陳康伯深器之，薦於朝，召教諸王。稍遷至國子司業，對便殿，論王安石、蘇軾之學功利仁義差別，上嘉之，擢禮部侍郎，兼侍講，累遷至直龍圖閣。號錫谷居士。自著生平行實爲傳以終。

陳之茂。字卓卿，無錫人。宣和初入太學，紹興二年與張九成同登進士第。廷對忤權臣，黜之，九成叩頭殿廷曰：「臣之學不如之茂，臣不當得。之茂能言人之所不敢言，宜奬不宜黜。」上覽對悚然，曰：「忠言也。」賜之茂同進士出身。調休寧尉，樞密王倫推其賢，召見，除秘書郎，累遷至知平江府。以督相魏公舉，陞直顯謨閣，知建康、隆興兩府，丞相洪公復薦，召對，擢吏部侍郎，兼中書舍人，直學士院終。之茂稟性剛果，立志英特，議論宏遠，深識治體。壽皇初鋭意天下，默察方正特立之士，期致事功，每深器待，將倚大用。及其沒，縉紳惜之。爲詩清勁，畫尤有法〔二五〕。弟之淵，字宗卿，習《左氏春秋》，與兄之茂同入太學，時號二陳，復聯中張九成榜，教授臨安府，擢秘書正字。後爲湖南運使，召還，與兄之茂同爲吏部郎中，朝士榮之。終秘書閣修撰，知宣州。爲人淵源溫粹，識度冲曠，文尤典縟。立朝涖官，不治貲産，澹泊自如，未嘗以名位矜驕，人服其厚德。

許德之。字振叔，無錫人也。父希道爲鄉之宿儒，四子皆傳一經。德之居長，最穎悟，紹興初登進士第，爲揚州法曹，與晁詠之、韓韶、蘇象先同爲掾，俱有美名，時號維揚四俊。侍臣薦其才於徽宗，召見便殿，德之對：治道無多術，惟進賢退不肖。有賢不能用與非賢而遽信，雖勤不治。上嘉納之。擢司門郎中，遷太常少卿，以顯謨閣知婺州。方臘起清溪爲寇，德之坐是得罪，貶賓州。高宗即位，復官，奉祠。石林葉夢得與德之友善，人比之黄叔度、徐孺子。弟倜衍、之伸，皆登高科，有聞於時。

李　祥。字元德，無錫人。隆興初登進士第，爲太學博士，遷國子祭酒。時韓侂胄用事，逐趙忠定公、朱文公。祥爲博士，上疏爭之，由是去國。後侂胄敗，朝廷以祥爲忠，除直龍圖閣。卒謚肅簡，公自號小山。

蔣重珍。字良貴，世居無錫之富安鄉胡埭。幼穎悟，讀書一覽輒記。嘉定十六年魁進士，擢承事郎，累遷至僉書奉國軍，召除秘書正字。入對，上七箴三疏，奏語剴切，忤丞相史彌遠意，遂謁告還家。端平初，上勵精更化，召爲秘書郎，累遷至集英修撰，皆不就。嘗築一梅堂、萬竹亭，聚書自娱，天下高之，號實齋先生，與魏了翁、真德秀深相友愛，其所講明皆聖賢正學。後以刑部侍郎卒，謚文忠公。

元

虞志道。字彦高，其先潤之丹陽人。父薦發，宋進士，愛無錫溪山之勝，遂徙居焉。志道自幼穎悟，家訓尤嚴，弱冠以茂異起爲校官。其學專以明體適用，爲文章必本於理。嘗教授湖學，趙承旨深器重之，與之爲莫逆交。後以嘉興尹致政。爲人踐履篤實，愛親事長，克盡誠敬，撫弟姪若己出，待後進如儕輩，遇賢子弟詢詢引導之若不及，遇人有急難，雖傾産救之弗吝。然於義利之辨甚明，鄉里推尊爲鄉先生云。

才賢之出，由乎山川之間氣，發而爲英靈，鍾而爲秀特，粹而爲文章，激而爲忠義，靡不由之。然亦有風化之理焉，無錫得山水之清氣，故其發爲文辭，藴爲德業，自漢以來，賢令迭出，亦風教之有自也。由漢而下，著於邑者，得二十有七人，或以才顯，或以行稱，具述如上，遺者闕焉，亦盛矣哉。

後漢

陸　瑲。舊名銓，字仲方，毘陵人也。操履清正，明《京氏易》、《尚書》，曉風角星算，貫其要妙。以經術講授，太守辟爲主簿，固辭以疾，太守脅以威刑，遂省事，旬日謝疾而去，避地會稽，以典籍自娱。視氛祲，言災異，公車拜徵，皆以疾辭，年八十卒。

吴

朱　治。始仕漢，建安中爲九真太守、扶義將軍，以婁、由拳、無錫、毗陵爲奉邑，黄武元年封毗陵侯。

陳張種。字士苗，歷侍中、中書令。太建初，累賜無錫、嘉興縣秩。宋湛茂之，嘗爲司徒右長史，隱於無錫之惠山，築草堂，讀書其中，與南平王劉鑠友善，更以詩章唱酬，留刻於石。

唐

陸　羽。字鴻漸，未知所生，及長，以《易》自筮，得「蹇」之「漸」，曰：「鴻漸於陸，其羽可用爲儀，吉。」乃以陸爲氏，名羽，而以鴻漸字之。嗜茶，著《茶經》三篇。鬻茶者至陶羽形，祀爲茶神。上元初，隱居苕溪，自稱桑苧翁，又號竟陵子。在隴西公幕府，自號東園。先生又號東岡子。嘗品水味，列無錫惠山泉第二，至今稱爲陸子泉。泉上有祠，祀羽畫像。

宋

章　誼。字且叟，丹陽人，登崇寧五年進士第，又中學官選。誼學問淹博，氣節凜然。建炎間，高宗南渡，始駐蹕行在，會苗、劉叛，時誼倅杭州，聞變，越班而出，正色叱賊黨，賊爲披靡。上嘉其勇，詔進三秩，擢倉部郎中，尋遷吏部侍郎，攝兵部，以龍圖閣學士充軍前奉表通問使使金，與尼瑪哈烏珠論事，酬應如響。還南京，爲僞齊劉豫所留，後誼以計求直於尼瑪哈，使豫墮計中，乃得返命。上益嘉之，拜刑部尚書，復移戶部，除端明學士，鎮金陵，奉祠亳州。薨，謚忠恪。其先本浦城人，至誼既貴，始由丹陽徙居無錫之斗城，後葬於横山。八子：駉，駒，駟，驛，騂，馳，騆，駰。

胡　珵。字德輝，本晉陵人，建炎間以避地始居無錫之甘露。宣和三年舉進士，調開德府儀曹掾，後遷至祕書正字。布衣陳東上書攻六賊，言者謂珵嘗潤色其書。貶梧州，歲餘，蒙恩自便。紹興初召試館職，復除正字，遷著作郎，兼史館校勘。先是，姦臣得志，舊史蕪穢，上命珵筆削，貽執政怒，出守嚴州，未赴而卒。珵性嗜學，既第後，嘗請事於南都劉器之，器之曰：「子聰明，能護以道，當令成器。」理遂以平日所得於器之者著爲《護道録》，並所述《蒼梧志》並行於世。

喻樗。字子才，始居東京開封之祥符，從高宗南渡，徙居嚴之桐廬，後至無錫，遂定居焉。建炎間以《易經》中進士，累官贈工部郎中。少從龜山先生遊，獨得其奥。嘗著《易義》及《玉泉講解語孟大學四書性理窟》行於世。當紹興之間，力主正論，爲時師表，天下稱之。

薛極。字會之，武進人，後居無錫。少讀書，日記萬言。以父蔭調上元主簿，習詞學，中科第，爲理官，後守桐川。嘉定初召入，以參政樓鑰薦，歷左右司、樞密副都承旨。時朝廷議更楮弊，創安邊司，極與謀焉。累遷至吏部尚書，簽書樞密院事。奉寧皇上陵使，訖事，入參大政，除樞密使，封和國公。凡在朝三十餘年，以觀文殿大學士終於家。

元

孟潼。字宗鎮，世吴人，宋信安郡王忠厚之五世孫。信安有墓在無錫，當惠山之西，其先世嘗有别業在惠山下。潼宦遊南北，遂歸老焉。潼始以茂異膺憲舉，爲文學掾，累遷至承直郎，松江府判官致仕。性謹厚，平居恂恂，未嘗少懈，處家事若官政，待家人必以禮，遇童僕必以恩，語人必忠信，未嘗妄笑語。爲文一本於理致。所歷官守，率以廉能見稱。在任雖無赫赫名，逮去，嘗有後思。

諺曰：里仁爲美，處仁爲智。信夫。自漢陸瑁以下九人，故非錫産，或以封爵，或以避闇，其一時遊從，皆高世之士，由是定居，遂爲邑人。其處仁之謂乎？始知斯言之不誣也。

晋

華寶。無錫人也。父豪，義熙末戍長安，寶年八歲，臨別謂寶曰：「須我還，冠汝。」長安陷，寶年至七十不冠婚。或問之，輒號慟彌日，不忍答也。齊建元三年，與同郡薛天生、劉懷徹並表門閭。事載《南史》。

南唐

陳喬。字子喬，世居盧陵，後徙居無錫，喬遂爲無錫人。仕南唐爲觀察判官，烈祖頗器重之，遷尚書郎，拜中書舍人。元宗既失淮甸，恥其降號，將授機務於太弟，而陳覺之徒因有窺竊之計，欲委國事於宋齊丘而取之。喬排闥入諫，元宗驚悟，乃止，於是引喬入見后及諸子，指喬曰：「此忠臣也，他日國家急難，汝子母可託之，我死無恨矣。」而齊丘黨亦由此以敗。及元宗南遷，留喬輔太子監國。後主即位，遷禮部侍郎，翰林學士承旨，門下侍郎，兼樞密使，遂總軍國事。開寶中，宋太祖遣使召後主入朝，後主欲往，喬曰：「陛下與臣俱受先帝顧命，委以社稷大計，今往而見留，則國非己有，悔將何及？」後主由是連年拒命，皆喬爲之謀也。及城陷，後主自爲降款，俾喬與世子仲宇開門納之，喬遽歸府，投款於承霤，後主促之愈急，喬入見曰：「自古豈有不亡之國乎？降無益也，臣請城下一戰而死。」後主執喬手泣曰：「盍與我北歸？」喬曰：「臣當大政，而致國家如此，死無以報。臣死，而歸之以逆命之罪，則陛下保無恙也。」掣手而去，入視事堂自縊而死，吏爲徹榻瘞之。宋既克南唐，太祖以喬忠於所事，詔以禮改葬。

宋

袁　植。字材老，無錫人也。其父子安爲鄉之碩儒，植蚤承嚴父之訓，獨刻意研詩。崇寧三年擢進士第，復中詞學兼茂科，爲監察御史。金人南下，陳邊防十三事，以誅佞人爲先，不納，引疾致仕。建炎初，召爲左司諫，直言忤宰臣，黜守岳州。會敵騎大入，叛臣李允文據鄂州，大剽荊湖，植條其姦上之。允文中路得遞疏，怒，以兵趨岳陽，執植，植正色詆賊，不少懾，遂見害於武昌。朝廷知之，追贈直龍圖閣，録其後二人。

許九。無錫人，力田爲業，蚤喪父，獨奉母，以孝聞於鄉里。淳化三年，飢，九往來城郭，乞食養其母，人厭其數，每每棄斥之。九絶粒，病數日，時牟麥未登，九刈青煮食，強自扶持得起，念母無以爲給，哀痛不忍，誓欲終與母子俱全，因持斧斷手取信，斷之，血不出，人咸謂九孝感所致。復丐乞入城市，言有老母，因取所斷手置杖頭示信於衆，市人哀之，莫不餽以盤飧，其後母子果獲全於難。進士孫浩以事聞於無錫令，令以九傷毁肢體爲不孝，怒逐九。浩還，與俱去常州，留養於家。九每與母出，累日不一至浩所，浩問之，曰：「丐幸有餘，足以供母，不欲數累長者。」浩益憐九，爲置緇衣以衣之，蓋取其不汙也。居歲餘，母老，以疾卒，九服向所得緇衣，漆其斷手，口誦浮屠言，與母俱死。嗚呼，孝爲百行之先，人子莫不各欲自盡也。承平時，雖士大夫，孝行無所見於世；歲遇凶變，苟有匹夫稚子能自力於一時，亦足驚世駭俗，深可敬哉。昔歐陽公作《五代史·一行傳》，蓋有憫世之歎。余從宋世中葉，於是區區小邑得獲一孝子焉，可與華寶並稱矣，能不樂爲之書，以爲世勸。視四海，謂秦無人，得耶？操青執彤者，將不特一書而已。嗚呼，世有如許九數十輩，風俗安得而不厚哉！

沈　榑。字斯年，無錫人，性純厚樂善。家本饒貲，好施與，人貸之或不償，即折券無靳色，遇歉歲，傾廩賑惠。常以金助軍匱，數至萬緡，州上其事於朝，欲官以爵，榑韜晦不願，朝廷嘉之，賜號「達義處士」。

嗚呼，忠孝之義大矣，能盡其道者，古今幾何人哉？余采是邑傳記所載，自晉及今，寥寥千載之下，能盡孝者得二人焉，能盡忠者亦得二人焉，號稱達義者得一人焉，特備書其始末，可見忠孝之難得也。

唐僧

若　冰。不詳其始來，嘗寓無錫惠山之普利院。惠山有洞出泉，即今之第二泉也，歲久，其洞堙塞，冰披荊榛，斸岩谷，訪求得之，即今所謂若冰洞也。古洞既出，新泉遂注，故世稱惠山泉，必本於冰。冰能詩，有《題惠山泉》五言四韻刻山中，至今尚存。世傳冰寓山寺時，一日遊洞中不復出，後人見於海上，不知所終。

宋僧

宗本。無錫人也，俗姓管氏，性質直，少緣飾，貌豐碩。年十九，師事蘇州承天永安道昇禪師，昇方道價重，叢林歸慕。本弊衣垢面，操井臼以供給，夜則入室參道，昇陰奇之。又十年，剃髮受具，服勤三年，乃辭昇遊方。初至池州景德，謁義懷禪師，言下契悟。懷公徙住越之天衣、常之薦福，本皆從之。治平初，懷退居吴之吴江壽聖院，部使者李公復圭過懷，夜語曰：瑞光法席虚，願得有道衲子主之。懷指本曰：「無踰此。」既至瑞光，集衆擊鼓，鼓輒墮，圓轉震響，識者以爲法雷震地之兆，自是法席日盛。後住杭之浄慈，九年，還吴，住穹窿山福臻院〔二六〕，時年六十三矣。未幾，神宗闢相國寺六十四院爲八，禪二律六〔二七〕，召本主惠林，既至，遣使問勞三日，詔演法於寺門〔二八〕，翼日召對延和殿，有司使習儀而後見，既見，賜坐，盤足跏趺，侍衛莫不驚駭，本自若也。上問受業何寺，對曰：「承天永安。」上喜其真，喻以方興禪宗、宜善開導之旨。既退，上目送之，謂左右曰：「真福慧僧也。」哲宗即位，加號圓照禪師。元祐元年，求歸，詔從其請。元符二年十二月甲子，將入滅，沐浴而臥，遂物故。門弟子塔師全身於靈岩山，閲世八十，座五十二夏。

宋

呂雲。字山友，無錫人也。幼業儒，爲文甚敏。一夕獲異夢，覺，有所悟，遂去家如京師，道錄劉公奇之，納爲徒。時劉爲徽廟眷遇，補爲金壇郎將，陛以道秩，非其志，因入太行山。遇至人，留窮谷中辟穀，危坐，授以玄旨，因有所得。每入山，多處幽邃，所茹止草木果實，而丰采充潤，益光澤如童顏，自此知名天下。紹興間，高宗徵之，詔三下，始起。入對太一宫高士堂，時入禁中談論莊老。後乞歸山，不允，賜几杖以寵之，壽皇眷遇尤厚。雲能詩，善鍊丹石，往往忘形絕俗。其學高妙，人莫能知。乾道中，一日宴坐，自草遺表畢，凝然而化。

錢道人。逸其名，無錫人，顗之弟也。隱惠山，與東坡蘇軾遊，東坡嘗有詩贈之，稱爲有道者云。

宋尤道元。字浩光，禮部尚書袤之族叔，性尚孤介，志慕冲曠。先是，方茂山登仙觀有錢道士，嘗夏月汲水，至八百丹井，得冰如璧，遽取食之，遂發狂，不復粒食，周遊名山，不知所終。道元幼從錢遊，亦復得冰食之，不食者數年。一日忽渴，取水引飲，自是復食，顔如渥丹，雙瞳凝碧。宴坐一室，凝塵滿几，心常淡如，不喜世俗事，方外士爭稱之，乾道間無疾而化。

異端之説，嘗見闢於孟軻之門，何取於斯！自其教入中國，殆非一朝一夕之故，其所由來遠矣。爲其徒者，苟能清虛寡慾，寂滅妄想，以事其教，亦有不可没者，非有所取也。

【校勘記】

〔一〕奔：原無，據百衲本《史記》卷三一《吳太伯世家》補。

〔二〕之：原作「者」，據百衲本《史記》卷三一《吳太伯世家》改。

〔三〕仲雍：原無，據百衲本《史記》卷三一《吳太伯世家》補。

〔四〕彊：原作「疆」，據百衲本《史記》卷三一《吳太伯世家》改。

〔五〕彊：原作「疆」，據百衲本《史記》卷三一《吳太伯世家》改。

〔六〕常：原作「嘗」，據百衲本《史記》卷三一《吳太伯世家》改。

〔七〕光：原無，據百衲本《史記》卷三一《吳太伯世家》補。

〔八〕使專諸：原無，據百衲本《史記》卷三一《吳太伯世家》補。

〔九〕先：原無，據百衲本《史記》卷三一《吳太伯世家》補。

〔一〇〕聽：原無，據百衲本《史記》卷三一《吳太伯世家》補。

〔一一〕吳：原作「王」，據百衲本《史記》卷三一《吳太伯世家》改。

〔一二〕夫差：原無，據百衲本《史記》卷三一《吳太伯世家》補。

〔一三〕秦：原無，據百衲本《史記》卷三一《吳太伯世家》補。
〔一四〕閎：原作「闕」，據《白孔六帖》卷四〇引謝承《後漢書》改。
〔一五〕經：原無，據范曄《後漢書·高彪傳》補。
〔一六〕子：原無，據范曄《後漢書·高彪傳》補。
〔一七〕後：原無。按高彪、高岱父子並見《後漢書》，據補。
〔一八〕愷：原作「凱」，據《晉書》改。
〔一九〕右：原作「左」，據《舊唐書》、《新唐書》本傳改。
〔二〇〕荔波：原作「荔枝」，據《名臣碑傳琬琰之集》所錄歐陽修《杜待制杞墓志銘》改。
〔二一〕武陟：原作「武涉」，據四庫全書本《江南通志》卷一六三改。
〔二二〕名：原無，據四庫全書本《江南通志》卷一六三補。
〔二三〕侍：原無，據《東都事略》卷七八補。
〔二四〕自「累遷禮部尚書」至「自號木石居士云」：此句「禮部」原作「工部」，「端明」原注「闕」字，「提舉」原作「提學」，「石」字原注「闕」字，均據弘治《重修無錫縣志》卷一七改、補。

〔二五〕畫：《佩文齋書畫譜》卷三四及《六藝之一錄》卷三四七引秦夔《無錫志》皆作「書」。

〔二六〕窿山福臻院：此五字原注「闕」字，據《禪林僧寶傳》卷一四《慧林圓照本禪師》補。

〔二七〕院爲八禪二律六：「院爲八」三字原注「闕」字，「六」字原無，均據《禪林僧寶傳》卷一四《慧林圓照本禪師》補。

〔二八〕演法：原注「闕」字，據《禪林僧寶傳》卷一四《慧林圓照本禪師》補。

無錫縣志卷三下

事物第三

州署三之三

州署在州城之中，即宋舊縣令廳也。元前至元間改作之幕曹吏舍、庫藏、廚傳、廄院、獄室具完。舊廳事後有堂曰明德，明德堂後即不欺堂，其西有堂曰平清堂，今徙樹，東嚮爲幕官之署，曰觀稼亭、睡花亭、九峰亭，俱在州署後圃西北舊子城基上，而麗譙之樓敞其前，捕盜之官居其左。譙樓外有亭三，西曰宣詔，曰閱武，東曰頒春。舊縣令廳之東即縣丞廳事，內有堂曰哦松，其西即主簿廳事。縣丞廳之東，縣尉廳事在焉，內有燕居堂。去縣尉廳事行二百步，有駐麾亭，俗稱行衙亭，所以駐使臣。今諸廨舍及亭傳皆廢，唯縣令廳存，改爲州署，亦非舊貫矣。兹考古賢令及題名於石者，得若干人，具録如左。

宋

劉道産〔一〕。爲令有能名；劉秀之爲令著能聲。

梁

張盾。字士宣，以謹重稱。爲無錫令，後爲湘東王記室。死之日，家無餘財，唯文書千卷、酒米數甕而已。

漢

陶　穀。字秀實，錢塘人，有道藝。當五代漢末來隱居五部湖，時大旱蝗，太守奉印綬請爲無錫令，穀退而歎曰：「郡界有災，安得懷道而不救之？」到城修六事，行弭災之術三日，雨，蝗盡死，穀乃遁去。

唐

湛　賁。宋長史茂之十三代孫，進士及第。貞元十九年以江陰縣主簿權知無錫縣事，有《題祖宅》二詩刻惠山寺中，可考。

敬　澄。字深源，爲無錫令，與陸羽同時。嘗葺惠山寺，獨孤及《新泉記》內稱之。

宋

錢惟周。景德元年，太常寺太祝。

張廷偃。景德元年，尚書都官郎中。

劉龜從。天禧二年，太子中舍。

王　周。乾興元年，大理寺丞。

宋禹臣。天聖二年，大理寺丞。

王晉卿。乾興初，闕。

聶厚載。天聖九年，彰信軍節度推官。

李　景。天聖六年，太常博士。

孫從古。景祐元年，衛尉寺丞。

蘇　紳。明道二年，殿中丞。

王　周。寶元二年，尚書虞部員外郎。

李光卿。景祐四年，國子博士。

魯友益。慶曆三年，太子右贊善大夫。

鄭戡。康定二年，太子中舍。

楊寧。皇祐二年，秘書丞。

曹平。慶曆五年，殿中丞。

魏演。皇祐五年，太子中舍。

江揖。皇祐三年，太常博士。

程迪。嘉祐四年，秘書丞。

張詵。至和二年，秘書丞。

陳京。太子中舍，嘉祐七年。

劉慶孫。尚書虞部員外郎，嘉祐七年。

霍大備。太子中書舍人，治平三年。

陳知儉。太子右贊善大夫，治平元年〔二〕。

蔡天申。大理寺丞〔三〕，熙寧四年。

謝仲規。秘書省著作佐郎，熙寧六年。

焦千之。字伯強，殿中丞，歐陽文忠公門下士也，有名於時。熙寧六年來宰是邑，值旱河竭，役民自小渲車湖水入運河，人皆獲其利，東坡先生過邑，與之遊，甚厚。

蕭　淵。大理寺丞，熙寧十年。

張　毅。秘書省著作郎，元豐二年。

王　逢。奉議郎，元豐五年。

馬　防。奉議郎，元豐八年。

柳康中。宣教郎，元祐二年。

施　珣。通直郎，元祐五年。

樂照緯。通直郎，元祐八年。

施博求。宣德郎，紹聖四年。

趙　伾。字義夫，洛陽人，英毅不畏強禦，人號爲「趙鐵頭」。在任興創廨舍，倉務、農田、水利，無不振舉，邑人至今德之。惠山寺路大松，伾親手所植，今猶有存者，咸指如甘棠云。官奉議郎，元符三年來宰是邑。

張元度。奉議郎，崇寧元年。

王　勛。通直郎，崇寧五年。

閻與道。奉議郎，大觀元年。

趙義文。

郗　漸。建炎間，邑宰。

張樞言。秘書丞，嘉定間邑宰。

胡舜舉。紹興十五年〔四〕。

袁　擇。寶祐四年〔五〕。

元

湛　清。縣尹，至元十二年。

錢　奎。從事郎，縣尹，至元十六年。

姜好仁。從事郎，縣尹，至元十九年。

趙思益。奉議大夫，知州，至治二年。

董世傑。奉議大夫，知州，泰定元年。

張　采。奉議大夫，知州，泰定四年。

王克敬。朝散大夫，知州，至順二年。

董守思。朝列大夫，知州，元統二年。

李臺山。朝列大夫，知州，至元三年。

高庫克楚。奉政大夫，知州，至元六年。

學校三之四

州學即舊縣學也，在州城西南三百步。宋嘉祐三年，邑令張詵始創爲之，崇寧間詔興天下學宫，其猶子元度繼宰是邑，因舊規更廣其製。紹興間，邑令胡舜舉復加增飾，廚傳齋廊繕葺苟完。嘉定十年，趙忠定公之子崇要令邑，崇以戟門，擴新其舊。寶祐間，四明袁從爲邑宰，即明倫堂之西爲堂三楹，以祀楊龜山、陸象山、張南軒、楊慈湖、袁潔齋、袁蒙齋、喻玉泉、尤遂初、蔣實齋，爲九先生祠。元前至元間，九先生祠久廢，鄉貢進士虞薦發爲文學掾〔六〕，以爲龜山先生嘗講學是邑，玉泉、遂初、實齋及小山李公皆鄉之望，遂即舊祠各圖繪象貌，更爲五先生祠以祀焉。獨教官缺視事之署，延祐間主學李司孝闢學舍之西南以爲之，於是祭有宫，講有堂，肄業有齋，司教有所，寢處有房，庖治有舍，而門廡廊序軒然翼然，與是邑稱。學司之職，舊有贍士四十一頃有奇，歲入一千二百餘石，而養士有餼，設官有禄，所以造就俊秀之意爲甚重。然自興學以來，邑之士子獲薦於鄉貢、登於春官者，凡得若干，備録姓名於後。嗚呼，盛哉。

宋

錢　顗。慶曆丙戌賈榜。

蔣之奇。嘉祐丁酉章榜。

袁　默。嘉祐癸酉許榜。

孫廷筠。嘉祐癸酉許榜。

淩　浩。治平乙巳彭榜。

陳　敏。熙寧庚戌葉榜。

沈　初。熙寧癸丑余榜。

沈　禋。熙寧癸丑余榜。

蔣之美。熙寧癸丑余榜。

袁　點。元豐乙丑焦榜。

沈　禓。元祐辛未馬榜。

許德之。元祐甲戌畢榜。

王　岡。元符庚辰李榜。

袁　植。崇寧癸未霍榜；宣和甲辰詞學。

孫　近。崇寧癸未霍榜；五年宏詞。

洪　遘。崇寧癸未霍榜。

孫　達。崇寧乙酉李榜。

施　坰。崇寧丙戌蔡榜。

唐作求。崇寧丙戌蔡榜。

李　謨。崇寧丙戌蔡榜。

費　肅。大觀己丑賈榜。

李端行。大觀己丑賈榜。

沈松年。大觀己丑賈榜。

袁正功。大觀己丑賈榜，建炎戊申詞學。

李尚行。大觀己丑賈榜。

陳之淵。紹興壬子張榜。

陳之茂。紹興壬子張榜。

許衍之。紹興壬子張榜，奏名第一。

唐　孚。紹興壬戌陳榜。

費　鍇。紹興壬戌陳榜。

許　伸。紹興壬戌陳榜。

尤　袤。紹興戊辰王榜。

戴幾先。紹興戊辰王榜。

陳　篆。紹興戊辰王榜。

蔣芾。紹興辛未趙榜。

呂克誠。紹興壬申張榜，特奏第一。

戴逵先。紹興壬申張榜。

陳翥。紹興庚辰梁榜。

李祥。隆興癸未木榜。

李霖。隆興癸未木榜〔七〕。

尤槩。淳熙乙未詹榜。

尤焴。嘉定戊辰鄭榜〔八〕。

蔣重珍。嘉定壬午進士第一。

蔣應新。紹定壬辰徐榜。

馮道心。端平甲子舉。

唐應元。嘉熙庚子舉。

陳大用。淳祐癸卯漕。

孫宗彊。淳祐己酉舉。

周霆震。淳祐己酉舉。
司馬永。淳祐己酉舉。
唐良輔。淳祐己酉舉。
陳淵。淳祐己酉舉。
王桀。淳祐壬子舉。
陶唐炎。淳祐壬子舉。
孫仲龍。淳祐壬子舉。
唐一鶚。淳祐壬子、景定辛酉兩舉。
唐玉傳。淳祐壬子舉。
唐煥發。寶祐乙卯舉。
顧雄午。寶祐乙卯舉。
戴日輝。寶祐乙卯舉。
邵煥有。寶祐丙辰文榜。
趙必曠。寶祐丙辰文榜。

張夢奎。寶祐戊午舉。
陳士首。寶祐戊午舉。
過如珍。寶祐戊午舉。
費造。寶祐戊午舉。
章聖舉。寶祐戊午舉。
趙必𨨏。寶祐戊午舉。
陳應黿。寶祐戊午舉。
司馬應年。景定辛酉舉。
王颷。景定辛酉舉。
戴天驥。景定辛酉舉。
陳鑑。景定辛酉，咸淳丁卯、癸酉，三舉。
唐霖龍。景定辛酉、咸淳庚午兩舉。
尤棟。景定壬戌方榜。
王桂子。景定甲子舉。

何巖壽。景定甲子舉。

唐駿發。景定甲子，咸淳丁卯、庚午、癸酉，四舉。

薛應發。景定甲子舉。

楊文龍。景定甲子舉。

李　護。景定甲子舉。

邵夢接。咸淳己丑院榜。

鄧　恢。咸淳戊辰周榜。

王應龍。咸淳丁卯、庚午舉，辛未開榜。

孫桂發。咸淳丁卯、庚午、癸酉舉，甲戌南省第十名進士。

顧真傳。咸淳丁卯舉。

虞薦發。咸淳丁卯、癸酉兩舉。

陳　奎。咸淳丁卯、庚午兩舉。

戴　謨。咸淳丁卯舉。

趙孟祐。咸淳丁卯監舉。

王庭蘭。咸淳丁卯舉。
朱龍大。咸淳庚午舉。
李　晦。咸淳庚午舉。
吳夢祿。咸淳庚午舉。
戴應牧。咸淳庚午舉。
陳應麟。咸淳庚午舉。
周南輝。咸淳庚午舉。
唐　迪。咸淳癸酉舉。
孫逢吉。咸淳癸酉舉。
楊震發。咸淳癸酉舉。
虞應酉。咸淳癸酉舉。
趙孟健。咸淳丁酉監舉。

元

尤　良。字心之。

陸以衔。字士衡，至正辛巳鄉舉。

第二泉三之五

第二泉即陸子泉也，在惠山之麓若冰洞前，洞高咫尺，廣可方丈。《吳地記》云：是洞通義興張公洞，今歲久堙没，不可蹤跡。泉源自洞中浸出，洞前有石池，池中蓄泉嘗滿，號冰泉。是泉及洞，唐僧若冰訪求得之，故皆指僧而名。池上舊有屋連蓋洞口，半以覆地。池前有極目亭，今廢爲五賢祠。池右有涵碧、濕雲及漱香諸亭，皆可坐以觀泉。池底水液潛貫山下池中，山下池方圓各一。唐會昌中，刺史張中丞置連屋一十間於池上，有梁源亭在焉。其方池甃以陶甓，繚以朱欄云。宋高宗南渡時，嘗在此池酌泉，故其後設欄衛護，謂之上池。去上池尺許即圓池，鑿石爲底，窾若鉎釜，池之四旁及欄楯皆琢石爲之，是謂中池。池口有暗渠導泉，從龍吻出注下池。下池方丈餘，深可二尺。池上有堂三楹，曰漪瀾堂，今之真賞亭也。亭基下即通龍吻石渠，渠中泉自龍吻中噴出，洋溢下池，然後分爲二道。

其一道北入黿池，漸流至金蓮花池。金蓮花池者，池中有金蓮花蔓生如荇開，花黄色，似蓮蘂，半開而不實，朵小如水仙，甚香，舊稱千葉云。後有女子入池澡浴，花遂省爲五瓣。傳説者有僧不知來自何方，攜植於此。是花天下凡有三種，其一在華山方池中，其一在廬山池内，其一在此池，皆是僧手植池上。有石梁通惠山寺，宋蘇舜欽嘗築亭寺前，鑿石爲流觴曲水，疏泉脈爲之。泉自金蓮花池迂迴過寺中香積池，出寺逕達雙河，合五瀉水，越江陰界，水同入於江。其一道東入暗渠，涓涓引流，出錫山澗，迤邐順流，下梁溪，合梁溪入太湖。其餘旁支别派，斜分曲匯，山民悉爲溝甽，導流山下，溉田可數頃，無旱乾之憂。

唐陸鴻漸品水味二十等，列此泉爲天下第二，故世稱第二泉。以鴻漸所品，故又名陸子泉。《緯略》云：李德裕好惠山泉，置驛取水。有僧言長安昊天觀水與惠山等，雜他水試之，僧獨指其二曰：此惠山泉也。文饒爲罷水驛。宋聶原載云：雲山泉悉甘，而斯泉勝諸泉者，以其感錫之氣也。惠山之東曰錫山，實一支耳。是泉罌缶挈致遠方，必以山中石子置罌内，雖歷數年，水味不敗，此尤佳也。《瑣碎録》云：惠山泉緣山中有錫，止宜瀹茗，若烹羊則色黑，醞酒則味苦。大凡井中投鉛，久之則甘，梅柚和鉛霜，食之美，因知錫能變甘，是泉之味亦由是耳。或云：惠山舊無墳壟，自唐末以來，漸加封樹，至今日益衆，於是山之精靈頗弊於壟鑿，而第二泉亦敗於瀦穢矣。邑人尤氏所記云：宋徽宗時，嘗取泉飲之，揮去，曰：是水有屍氣，不足之味也。理或然耳。又有龍縫泉，在陸子泉之南，相去六十餘步，一名龍淵。其泉出石穴中，穴深廣可三尺。謂之龍者，以山之形肖，故合而名之。又有慧照泉，在第二泉之下。宋天聖間，寺僧慧照得其形迹，因以爲名，今失其所。又有羅漢泉，亦不知其處。大率稱泉味皆與第二泉等，要皆第二泉别脈。

古迹三之六

無錫自太伯作都於前，春申封國於後，而高人名士接武其間，遺蹤古跡因人而在。觀其樹，猶可以想其人也。

太伯城。《毘陵志》云：在州東南四十里。《史記》云：太伯奔荊蠻，荊蠻之徒從而歸之者千餘家，立爲吳太伯。《吳越春秋》云：太伯當殷之末，恐中國侯王用兵以及荊蠻，故起城周三里二百步，外郭三百餘里，在吳西北隅，名曰故吳墟。自太伯以下至王僚三十三君，皆都於此。吳公子光刺王僚，即此都也。《寰宇記》曰：太伯城西去縣四十里，平地高三丈。《宋史》云：太伯始所居地，名曰句吳城。《吳地記》云：吳築城梅李平墟，城内有宅舊址及井，猶存，或名吳城。

闔閭城。在州西富安鄉，相去四十五里。《越絕書》云：伍員取利浦及黃瀆土築闔閭城。《吳地記》云：闔閭城，周敬王六年，伍員伐楚還，運潤州利湖土築之，不足，又取吳地黃瀆土，爲大小二城。當闔閭伐楚回，故因號之。若以《越絕書》利瀆爲證，恐非吳之大城。自姑蘇至潤州四百餘里，其取土不應如是之遠。今按，闔閭大城在姑蘇，即今之平江是也；小城在州之西北富安鄉閭堽，其地邊湖，其城猶在，至今其處土人有城裏城外之稱。州東梅李鄉有利浦並黃土瀆，去州十里，非潤州利湖也。又按，《史記·伍員傳》云：吳王夫差殺伍子胥，取其尸盛鴟夷革，浮之江中，吳人憐之，爲立祠江上，因命其山曰胥山。張晏曰〔九〕：太湖邊去江不遠百里，故云江上。據今城之側有閭江，閭江之側有胥山，其證明矣，歷歷可考。

范蠡城。在州西十里。《吳地記》云：在歷山之西。今謂之斗城，城跡猶在。《輿地志》云：歷山西北有范蠡城，越伐吳，范蠡所築也。

黄城。在州西十二里。《史記》：楚考烈王元年，以黄歇爲相，封爲春申君，賜淮北地十二縣。後十五歲，黄歇言於楚王曰：淮北地邊齊，其事急，請以爲郡便。因並獻其地，請封於江東，考烈王許之。春申君因城故吳墟，以自爲都邑。《寰宇記》云：黄城去縣十二里。《輿地志》云：楚考烈王賜黄歇淮北地十二縣，以邊齊故，更以江東故吳邑封之。今歷山下有春申君祠，去城三里，故道自此通黄城。其城與斗城相近，俗呼爲黄斗城是也。

鴨城。在州東南太伯鄉，去州二十五里。《輿地志》云：吳王牧鳧鴨之地。今之梅李鄉亦有鴨城，據《輿地志》所稱，未知孰是。

麇城。在州東南太伯鄉，去州二十里。載籍無可考，恐與鴨城相類。據《輿地志》，鴨城，吳王牧鳧鴨之城。此城恐亦爲豢麇鹿之所，兼二城俱在縣之東南，相去不遠。

龍尾陵道。《越絕書》云：春申君徙封，開此道以屬本邑。《後漢書・地里志》

無錫侯國註云：縣西龍尾陵道，春申君封吳時所造。今在龍山，其山嶺北尾上有路，即是也。

華坡。在惠山，晉華寶所築。

御亭。吳大帝所創，在今望亭市，去縣四十五里。《風土記》云：陳後主至德元年置市〔一〇〕，並置堰閘，號望亭堰。《寰宇記》云：開皇九年於望亭置驛，十八年改爲御亭驛。李襲譽復改望亭驛。宋天聖中改爲鎮，始置官署。嘉祐八年開河通太湖，遂廢堰閘。元祐間復置閘，後復廢。《輿地記》云：梁肩吾有詩云：「御亭一迴望，風塵千里昏。」即其地也。其西有古壘，東西六十步，壘城厚三尺，高七尺。晉成帝咸和中置，晉顧颺監晉陵軍事，嘗築壘於此，進討賊將張健。註云：義興太守顧泉令行揚武將軍，督護吳諸軍，治柵於吳鄉御亭西，以備蘇峻。其壘先廢。

西施莊。在水東四十里。《吳地記》：范蠡獻西施於吳，故有是莊。

晉王右軍莊。在今洛社市，去州三十五里。《風土記》云：其地隋時一夕雲氣布集，喧闐如市聲，人潛窺之，皆鬼神，後乃置市。

蕭莊。在縣東宅仁鄉，梁蕭侍郎別墅，今膠山寺址是。

甘露市。去州東六十里延祥鄉。《風土記》云：吳太伯未至此時，一夕有甘露降其地，後乃置市。

陸墟市。去縣西北四十七里富安鄉。《風土記》及《寰宇記》云：市東七十步有陽山，出石，堪作礲臼。始民未知開鑿，漢大夫陸端設肴醴以祭，後取爲器，江東數州皆藉其用，由是置市。以端姓名之，不忘本也。

竹塘市。去縣西北六十里招義鄉。《風土記》云：晉天福六年十月置。

湛氏書院。在惠山。宋長史湛茂之元嘉中結草堂是山爲讀書之所。宋劉鑠及齊江淹皆有《過湛長史歷山草堂》詩。按，歷山即惠山也。唐侍御史邱丹爲茂之作《舊居誌並》詩以記之，同時韋夏卿輩皆有詩刻石。今故址廢爲浮圖，不復知其處，名存而實亡云。

李相書堂。在惠山小徑，縈紆有堂三楹，中繪唐相李紳像。紳未遇時，常讀書是山，堂即紳讀書之所。

錫麓書堂。在錫山下，宋文簡公尤袤讀書之處。奇花異卉咸植於前，春月，邑人率往遊焉。

古墓三之七

古之葬者，棄之中野，不封不樹。後世易之以棺槨，吾見封之若堂者矣，見若坊者矣，見若覆夏屋者矣，見若斧者矣，亦有爲石郭三年而不成者矣，陵谷變遷，將何恃乎？茲邑自吳太伯墓以下，得古塚若干。豈封植之固哉？亦曰在人而已矣。

周吳太伯墓。《寰宇記》云：太伯墓在縣東三十九里。《吳地志》云：墓高一丈四尺，周迴三十五步。《塚墓記》云：太伯墓在會稽吳地梅里聚，去城十里。按，秦漢時毘陵嘗屬會稽郡。《南徐記》云：太伯宅東九里有皇山，太伯所葬之地。《史記·吳太伯世家》註：《皇覽》云，太伯冢在會稽吳地梅李平墟，去城十里。《吳地志》又云：九里有山，太伯葬於梅李山平墟。即此地也。劉昭曰：按，縣東皇山有太伯塚墓十里，有舊宅井猶存。《輿地志》云：太伯宅東九里爲皇山，卒葬南域。《南徐記》云：晉殷師爲晉陵太守，嘗表其墓，復一戶以爲守衛。今州東南梅李鄉梅李有東皇，即太伯城也。又按，皇山今名鴻山，在延祥鄉，到州五十里。山下有太伯廟，太伯墳在其山上。

周安陽侯周竇墓。在縣西北二十五里，高一丈五尺，周迴一百二十步。《風土記》云：周武王封周章少子竇於無錫安陽鄉，爲安陽侯，墓在安陽山下。《輿地志》云：子孫並葬於此，七十餘墳。墓前華表翁仲至今尚存。

吳荊州刺史顧容墓。《吳地志》云：顧容爲荊州刺史，墓在縣東南一十八里。《寰宇記》云：墓高一丈八尺，周迴一百二十步。《輿地志》云：無錫東十八里有吳荊州刺史顧容墓，人呼爲顧墓，當過往蘇州道側，南去望亭二十七里。

宋王華墓。新建縣侯琅琊王華也。《寰宇記》云：墓在縣西北二十五里，高一丈八尺，周迴一百二十步。按《南史・王華傳》：華字子陵，琅琊臨沂人。父廞，司徒左長史，隆安初起兵討王恭，恭遣劉牢之擊廞，廞敗，不知所在。長子泰爲恭所殺。華年一十三，在軍中與廞相失，逃，得免，遇赦還，武帝欲收其才，乃發廞喪，使華制服。服闋，武帝北伐，辟華爲徐州主簿。文帝以華代張劭爲司徒，後遷爲侍中，右衛、護軍兩將軍。元嘉四年，以誅徐羨之功，追封新建縣侯。舊云：縣有琅琊王子陵墓，又有宋新建縣侯王華墓。説者以子陵名贇爲王贇墓，在州西北十里。或以爲子陵即華父歆字，宋元嘉中歷散騎常侍。按，今州西北二十五里有王華墓，亦有安陽侯周贇墓。贇，周章少子也。不聞有王贇墓在州西北十里，蓋傳寫之誤。彼當爲周贇墓，此當爲王華墓爲正，其墓要與王華墓相近〔一一〕。姑辨其非，以俟知者。

宋中書令王僧達墓。按《南史》本傳，僧達嘗爲吴郡太守，朞歲五遷，後除太常卿，益不得志，上表解職，坐以文旨不遜。孝武帝時，累遷中書令，與高闍謀爲亂，收付廷尉獄，賜死，時年三十六。墓在縣東四十里。《九域志》云：在膠山南嶺下大路北。《寰宇記》亦同。其墳高一丈六尺，周迴二百步。今按，膠山西大路南有石翁仲在焉，恐即其墳所在。

宋蕭侍郎墓。在膠山寺門。又云寺即舊宅。

宋蕭將軍墓。諸史傳並不載。按《蕭思話傳》，思話，南蘭陵人，孝懿皇帝之弟子也。父源之，字君流，歷徐、兖二州刺史，永和元年卒，贈前將軍。攷當時贈官，唯南陵蕭源之嘗贈此官。晉元帝時嘗僑置南蘭陵郡於常州，蕭源之爲南蘭陵人，則此墓爲源之墓審矣。或以謂前將軍蕭望之，徵諸史傳，望之雖嘗爲是官，乃東海蘭陵人，非常州也。又以其名皆有「之」，遂指爲望之墓，實非也。又按，今州巷直南至將軍堰橋，橋西北岸舊有巫樞密故居，相傳其地是顧愷之將軍墓。元至元年間，巫氏子孫偶斸地得人骨甚長，頭顱亦大。據今將軍堰側有蕭將軍墓，非顧愷之墓明矣，況《晉書》顧愷之官至散騎常侍，未嘗爲將軍。其墓爲蕭源之所藏無疑，不可不辨。

齊王琨墓。左光禄大夫琅琊王琨也。《寰宇記》云：其墓在縣東北二十五里，高一丈八尺，周迴一百一十二步。按《南史》本傳，琨，宋文帝時爲吏部郎，後出爲吴郡及會稽太守。順帝即位，進右光禄大夫。及帝遜位，百僚陪列，琨攀輪慟泣曰：「人以壽爲歡，老臣以壽爲戚。既不能先驅螻蟻〔一二〕，頻見此事。」嗚咽不自勝，百官人人雨淚。齊高帝即位，領武陵王師，加侍中。及高帝崩，琨步入宫，朝士皆謂曰：「故宜待車，有損國望。」琨曰：「今日奔赴，皆自應爾。」遂得病卒，贈光禄大夫，年八十四。琨爲郡，所居廉恪，有遺愛。當時人過其墓者，莫不歔欷歎息。《九域志》亦載其墓。

唐刺史滕邁墓。在新橋門外半里荒莽間，有二石獸，刻云：唐尚書刑部郎官睦州刺史滕公之墓。按蘇文忠公誌滕達道墓云，十一代祖令琛爲唐國子司業，生太博翼，翼生贈戶部侍郎抗，抗生禮部侍郎蓋，蓋生戶部尚書珦，珦生大中大夫睦州刺史，即達道六世祖也。

宋淮海先生秦龍圖墓。在惠山西南三里。先生名觀，字少遊，一字太虛，開封祥符人，焦蹈榜登第。初任泰州教授，召試賢良，除秘書正字。後謫居英州，移柳州，復召除國史院編修。建中靖國間，貶藤州，卒年四十三。政和中以黨錮未解，藁葬高郵縣，人稱爲淮海先生。子湛，爲常州通判，遷葬於常之無錫開元鄉粲山，子孫因家焉。墓故有亭，刻諧詞於石。其墓後爲里姓趙氏所據。至元間〔一三〕，虞薦發爲縣文學，白於令，復其墓地，以屬於學，命掌教之官世祀之。今祠於州學。初，先生未遭謫時，嘗賦小詞，有云：「醉臥古藤陰下，杳不知南北。」後卒於藤州，葬後，塚上產紫藤一本，圍數尺，纏錯古松，狀若偃蓋，人傳以爲朕兆。

宋秦少章覯墓。在大坏山。

宋太師張循王墓。在縣西三十五里布政鄉塘灣山，即青山也。王諱俊，字伯英，秦州三陽人。其功勳始終，具載《國史》本傳。官至節度使，封清河郡王，拜太師。薨年六十九，追封循王，謚忠烈，賜一品禮服，命内侍省押班張志爲以紹興二十四年九月十一日奉勅護葬於是山。紹熙元年，詔配饗高宗皇帝廟。高宗御書忠烈張循王神道路碑額，兵部侍郎周麟之奉勅撰文，吏部尚書賀允中奉勅書墓。墓左建華藏寺，以奉王祀。

宋唐郎中作求墓。在開化鄉象山。先是，作求詔婺女許史君德之語曰：「明年永别，知我莫若君，願識吾墓。」及期而卒。

宋尤尚書袤墓。在西孔山。

宋蔣侍郎重珍墓。在湖埭。

宋尤端明焴墓。在東孔山。

宋孟郡王忠厚墓。在惠山西北孟灣。

陳賢良墓，在州城都子巷底。戴墓，在州城戴墓巷内。並不知爲何人，亦不詳何代所葬。

祠宇三之八

《傳》曰：有功德於民者，則報祀之。太伯見祀於吳，宜矣。伍員、春申君輩亦皆有功於民者也，不然何以至今祠之不絕？若夫老佛之徒，出入中國，琳宮梵刹遍滿天下，豈其功德亦有被於生民者哉！方之皐陶庭堅之不祀者，不其忽諸？

吳太伯廟。在州東南五里景雲鄉，臨太伯瀆。《寰宇記》云：太伯開瀆以備旱澇，百姓利之，爲立廟於瀆側。鴻山、梅里皆有太伯廟。鴻山，太伯所藏，事具鴻山下。梅里則太伯葬履其地。元至順間，有僧修廟，廟梁忽躍出，視之，有書置梁中云，世始知其詳。

伍相公祠。即伍員子胥廟也。子胥爲夫差所殺，投之江中，吳人憐之，爲立祠焉。今祠在縣西胥山下，閭江上。

春申君祠。在州西惠山下，即楚公子黄歇也。楚考烈王常以歇爲相，封於故吳邑。歙後爲李園所殺，吳人遂立祠於其地以祀之。唐垂拱間，狄仁傑毁江東淫祀祠，亦見廢。今惠山下有土神祠，即春申君也。蓋爲毁祠置，故易其名耳。

徐偃王廟。在州南開化鄉，廟，石塘山，下臨廟塘，不知何年所置。或云：徐子章禹嘗見執於吳，徐之宗族子弟散之徐、揚二州之間，即其所居立先王之廟。無錫在《禹貢》爲揚州之域，故世多徐偃王廟，膠山鄉芙蓉山皆有偃王廟，今並不存。

東海信郎王祠。在縣東南一里，不詳其始末。虞孝恭《南徐記》云：在無錫縣東。今其祠廢，不復痕跡，後邑人爲立祠。唐垂拱間，爲狄仁傑所毁。後易以土祠爲名，今尚存。祠前有河曰廟涇，橋曰廟橋，即古祠之遺基云。

宗郎王廟。在州市倉橋北，不詳其始末。宋時廟已頽圮，淳熙中縣尉錢萬頃作疏，請修其祠。有云：惟神伯仲，曰信曰宗；在邑廟祠，有興有廢。是則信、宗二王之廟，其來久矣。

石城王祠。在縣東三十五里，不復考其始末。亦稱爲中信王，或謂即宗郎王，邑人語訛爲中耳。

項王廟。在州南開化鄉。故老相傳云：項羽避仇吳中，嘗至其地，故後人祠之。

吳、許二長官廟。在州南開化鄉，去州二十五里。俗傳云：梁時晉陵、無錫二令以陽湖水溢，遂行湖堰水，水勢大至，俱溺死，鄉人悼之，立祠以祀云。

武烈帝廟。在州内西南，隋大將陳杲仁也。其先潁川人，十七世祖寔爲太邱令長，家於長城，遂爲晉陵人。杲仁破賊數有大功，拜大司徒，後爲沈法興所害，屠戮其家，因舍故宅爲寺，事具載《郡志》。此其别廟云。

三賢祠。在惠山寺内泉亭上。三賢爲晉長史湛茂之、唐相李紳、桑苧翁陸羽也。

古洞陽觀。在惠山西南，去州九里。唐陸鴻漸《惠山記》云：古洞陽觀下有洞穴潛通包山，在太湖内，故名其觀。創於梁天監中，隋大業中遂廢，不復興。

洞虚觀。舊在縣東，去縣三十里膠山鄉，近道場巷。梁大同時建，本名青元，今古基尚存，歲久觀廢，遂徙置州市東。宋祥符間勅賜今額，元天歷間易稱宫云。

明陽觀。在州西開元鄉燦山，去州七里。宋崇寧中，道士盧至柔卓庵修行於上，大觀間主茅山道士劉混康以至柔業行清苦，具事上聞，勅賜觀額。觀有三清像，鎔鐵所鑄，至今尚存。

妙覺觀。在縣北四十里。梁大同中建，女冠所居，俗稱女貞觀，後廢。宋至道間徙入縣城，賜今額。

崇安寺。在州城内，去州三百步。建於東晉興寧二年，始名興寧。宋太平興國初賜今額。寺有五輪大藏，雕刻精緻，機括工巧，爲邑奇觀。宋紹興間，僧義深所製。或云寺本王右軍故宅，比越戒珠寺同，然無可考。

壽聖禪院。在州城内倉橋下，即古鳳光寺。唐武德中建，與鳳光橋同時，後廢。開寶間，軍師施仁福爲創浴室，號浴室院。寶元中復置招提，始賜今額，亦曰北禪寺。元延祐間燬於火，尋復創造云。其寺有輪藏，寺僧相傳，藏下有石函置佛牙舍利之屬，以爲藏鎮。

福聖禪院。在南城内近顧橋門。寺創於梁太清之初，號護國寺，唐改爲靈山寺，宋賜今額。按寺《記》，宋雍熙中有僧持鉢而來，忽失所在，唯掛錫寺壁，寺僧遂構亭駐錫，既而鳩工聚財，造爲浮圖七級，既成，將設僧伽像於下，有僧夢一人謂曰：毋勞塑工。僧伽，泗州有三身在焉，可往求之。僧往，果然。先是，一舟師嘗夢有紫衣僧告曰：願附往無錫南禪寺。既寤，適僧攜僧伽像至，遂載與俱來，至今祀於浮圖之下。由是，俗稱爲南禪寺云。

惠山普利院。在州西惠山上，宋湛長史故宅也。梁大同間入於僧，創招提，號法雲禪院。宋元徽中，僧顯於此置華山精舍，後廢於唐武宗會昌間〔一四〕，宣宗時寺復興，宋至道中賜今額。紹興間，以寺賜信安郡王孟忠厚，以奉孟后歲祀，改號旌忠薦福寺。依惠山之麓，得泉石之秀，足以遊眺，邑人以爲行樂之地，暮春之月，遊者最盛，至今爲然。山半有望湖閣，李紳所建，以望芙蓉湖，今廢爲半山亭。旁有繡嶺軒，嶺本名照山，意者爲昔人之墓。宋光祿滕中元以其草木蓊鬱、花卉繁逮若錦繡然，遂以名山與亭。寺有軒曰嘉蔭，宋蘇舜欽所創。又有挹翠、翠麓、擁翠等軒，皆在寺中。曲水亭在寺前，陸羽《惠山記》云：前有曲水亭，一名憩亭，以爲遊人憩息之所。其水九曲，甃以文甓。今基亦亡。寺門外復有亭，製作甚古，號魯班亭。去亭五十步有石幢二，其一爲唐乾符闕年立，闕所書。闕經在道之右。寺中有殿名大同殿，梁大同年間所置。殿下有聽松石床，唐李陽冰篆「聽松」於上。床側有大松二，不知何代所植。唐寶歷二年勑造競渡牛尾舟，將伐松爲之，是夕松忽哀鳴，遂奏免。及鳳檜亦不知植自何年。又有長生檜，宋蘇紳宰縣時植，皆在殿前。

陽山翠微院。在州北陽山。梁太清初創，號遠山寺，中書舍人陸舉故宅。宋太平興國間賜今額。

開利寺。在州西北洛社市。相傳爲晉王右軍別墅，梁太清初入於僧，號興福寺。宋嘉祐間賜今額。

普利院。在州南長泰山。梁大同間所建，號長泰寺。宋賜今額。寺僧相傳，以爲僧伽留笠之所。寺有留笠閣，寺後有巨跡，寺僧稱爲羅漢跡，甚雨尤顯。殿壁畫貓捕一鷹，世以爲仙筆，至今鳥雀不至其所。

興化寺。在州東膠山上，世稱爲膠山寺。創於梁太清之初，號彌勒寺。宋至道中賜今額。建炎間，丞相李綱得請以奉先世祀，改稱崇親報德禪院，與惠山皆稱名寺。寺門遠爲惠山寺，門相當。二寺僧稱，以是相敵。寺中有軒曰上方，蘇紳宰縣時常題詠其上。又有環翠、聽松、秀峰、分翠等軒，率皆新作。舊寺蓋梁蕭侍郎舍因宅爲之，今之所存非故刹矣。

保寧寺。在州北二十里興寧鄉。梁大同年間所創，至今稱其地爲寺頭，唐改爲福愛寺，宋淳化中賜今額。舊傳爲甘羅宅，旁有甘蕩，未足信也。

香山禪寺。在州東懷仁鄉香山，一名顧山，又號顧山寺，梁大同間所建。

祈陀崇教院。在州東三十里，梁大同二年邑人王建捨宅爲浮屠〔一五〕，後以寺名其村。宋淳化間賜額崇教。

靜教禪寺。在州東四十里上舍，至今人目爲上舍寺。陳至德元年建，名善寂。隋開皇中，吳郡刺史陳子邁徙家無錫東山，出貲囊創爲招提。宋太平興國間賜今額。其寺屢廢，非故刹矣。

圓通禪寺。在州東七十里延祥鄉。寺建於唐乾元，因名乾元寺。或以爲唐里姓張氏之宅，威惠夫人者舍爲浮圖云。宋景祐中賜今額。

廣濟院。在州東甘露市。創於唐乾符三年，舊名甘露禪院。宋太平興國間賜今額。

華藏寺。在州西青山灣前，面太湖，宋太師循王張俊葬於是〔一六〕，因建浮圖以奉歲祀，至今其地號華藏寺。中有雲海、惟玉二亭，可望山氣。

善智尼寺。在州南二十八里延祥鄉甘露市師姑橋側。唐乾符元年建，爲比邱尼之所居。或云：在縣東九十里歸德鄉，後不知何年月徙於州城東北隅第六箭河上。

妖由人興，妖不自作，況禎祥乎？方晉之時，何妖孽之多也？區區小邑猶迭見焉，信《五行志》之有作也。

災祥三之九

無錫縣開元鄉錢氏墓有松二株，一歲松頂結蓋成毬，其年孫安野預薦。紹興間，洪邁昆仲讀書外家，沈氏墳廬是歲復有松二結毬如前，既而昆仲取博學宏詞，亦木之祥也。出《夷堅志》。

晉孝懷帝永嘉六年五月，無錫縣有茱萸樹四株相樛而生，狀若連理。先是有鼯鼠出延陵，羊祜令郭璞占，曰：此郡在明年當有妖樹生，若瑞而非瑞，辛螫之木也。倘有此，東西數百里必有作逆者。及此木生，其後徐馥果作亂。亦草之妖也，以爲木不曲直。

晉安帝義熙七年，無錫人趙未年八歲，一旦暴長八尺，髭鬚蔚然，三日而死。並出《晉書·五行志》。

【校勘記】

〔一〕宋：此字原獨占一行，與其下文例不協，故移下行與此字合為一行。

〔二〕元：原注「闕」字，據弘治《重修無錫縣志》卷一七補。

〔三〕丞：原無，據邵伯溫《聞見錄》卷一一及弘治《重修無錫縣志》卷一七補。

〔四〕十五：原注「闕」字，據弘治《重修無錫縣志》卷一七補。

〔五〕袁擇寶祐四年：「擇」字弘治《重修無錫縣志》卷一七作「從」；「四」字原注「闕」字，據弘治《重修無錫縣志》卷一七改、補。

〔六〕掾：原作「椽」，據文義改。

〔七〕癸未木榜：原注「闕」字，據四庫全書本《江南通志》卷一二〇補。

〔八〕鄭：原注「闕」字。《宋史》卷三九《寧宗紀三》載，嘉定元年「五月辛酉，賜禮部進士鄭自成以下四百二十有六人及第出身」，據補。

〔九〕張晏：原作「長晏」，據《史記》改。

〔一〇〕陳後主至德元年：原作「隋文帝至德元年」。至德乃南朝陳後主年號，據改。

〔一一〕其：原作「基」，不可解，據文義改。

〔一二〕驅：原無，據《南史》補。

〔一三〕至元：原注「闕」字。按本書卷三上《學校》言虞薦發至元間為縣文學，據補。

〔一四〕會昌：原作「垂拱」。按毀佛之唐武宗年號為會昌，垂拱為武則天年號，據改。

〔一五〕拾：原作「拾」，據文義改。

〔一六〕張俊：原作「張浚」，據《宋史》卷三六九改。

無錫縣志卷四上

辭章第四

天下之勝，本乎山川人物，如箕山因許由而獲稱，峴山因羊祜而見拔。無錫雖古名邑，亦由山水之佳勝，才賢之鍾聚，較之他邑，莫能尚焉。大夫士之往來是邑，徘徊周覽，登高爲賦者衆矣，不存而記，後將何徵於文？輒爲次第如左，作辭章第四。

詠歌四之一

《傳》曰：言之不足，故嗟歎之；嗟歎之不足，故詠歌之。余竊有取焉，庶可以備觀者所采。

南北朝

過歷山湛長史草堂

劉鑠

兹岳藴靈詭，馮覽趣亦贍。九峰相接連，五渚逆縈浸。層阿疲且引，絕巖暢方禁。泉溜夏更寒，林交晝常蔭。伊余久緇涅，復得味恬惔。願隨安期生，於焉愜高枕。

過歷山草堂應教

湛茂之

閉戶守玄漠，無復車馬跡。衰廢歸邱樊，歲寒見松栢。身慚睢陽老，名忝梁園客。習隱非市朝，追賞在山澤。離離插天樹，磊磊間雲石。持此怡一生，傷哉駒度隙。

無錫歷山

江淹

愁生白露日，思起秋風年。切悲杜衡莫，覽涕弔空山。落葉下楚水，別鶴噪吳田。嶂氣陰不極，日色半虧天。酒至情蕭瑟，憑樽還復然。一聞清琴奏，歌泣方流漣。況乃客子念，直至絲竹間。

唐

惠山寺宋司徒右長史湛茂之舊居誌並詩

邱丹

無錫縣西郊七里有惠山寺，即宋司徒右長史湛茂之之別墅也。舊名歷山，故南平王劉鑠有《過湛長史歷山草堂》詩，湛有酬和，其文野而典，特以松石自怡，逍遙沈寂，終見止足之意，可謂當時高賢矣。至齊竟陵王友江淹，亦有繼作。余登茲山，以覩三篇列於石壁，仰覽遺韻，若穆清風。遽訪湛氏胄裔，山下猶有一二十族，得十三代孫，略執其譜書，殘墨塵蠹，年世雖邈，塋壠尚存。余披宋史，略不見其人，心每惕歎。悲夫，斯人也，而史闕書。然其有一篇，則為不朽矣。因復追緝六韻，以次三賢之末。時有釋若冰者，蹤跡茲山，修念之餘，鑿嵌注壑，釃入諸界，無非金碧，鉢帽之資，悉償工費，是以道友邑僚諷翫嘉賞。嗚呼，得非茂之之緣果而陰隲於上人，不然者何竭慮之至耶？余聖唐山令臣也，屏居臨平山墅亦有年矣。嘗諷茂之篇句云：衰廢歸林樊，歲寒見松栢。不覺禪意超散，若在廬霍之間矣。異時同歸，猶茂之之不忘也。嗟乎，湛君用刊巖石徯，俟後之知我者，得不繼之乎？貞元六年，歲在庚午。詩曰：

身退謝名累，道存嘉止足。設醴降華輜，掛冠守空谷。偶尋墅中寺，仰慕賢者躅。不見昔簪裾，猶有舊松竹。烟霞雖異世，風韻如在矚。余仰江海人，歸轍青山曲。

奉同邱院長題惠山寺湛茂之舊居

韋夏卿

道勝物能齊，累輕身易退。苟安一邱上，何必三山外。雲霞長若綺，松石常如黛。徒有昔主過，竟遺青史載。詩因埜寺詠，酒向山椒酹。異時逢爾知，茲辰駐余斾。

又　李益

昔降英王顧，屏身幽巖曲。靈波結繁笳，爽籟赴鳴玉。運淮春華至，歲來山草綠。青松掩落暉，白雲竟空谷。伊人撫遺躅，惻惻芳艸縟。云誰斅美香，分毫寄明牧。

又　于頔

蕭條歷山下，水木無氛滓。王門結長裾，巖扃怡暮齒。昔賢枕高躅，今彥仰知止。依依矚烟霞，眷眷返墟里。湛生久已沒，邱也亦同恥。立言咸不朽，何必在青史。

又

呂渭

巖居舊風景，人世成今昔。木落故山空，猿啼秋月白。誰同西府僚，幾謝南平客。摧殘松桂老，蕭散烟雲夕。跡留異代遠，境入空門寂。惟有草堂僧，陳詩在石壁。

伏覽呂侍郎邱員外舊題十三代祖歷山草堂詩因書記事

湛賁

名遂貴知己，道勝方晦迹。高居葺蓮宮，遺文煥石壁。桑田代已變，池草春猶碧。識曲遇周郎，知音荷宗伯。調逸南平兆，風清建安跡。祖德今發揚，還同書史冊。

題歷山司徒右長史祖宅

湛　賁

寮官長史籍，高步歷山椒。麗句傳黄絹，香名播宋朝。分能知止足，跡貴出塵囂。松竹心長固，池臺興自饒。龍宫欣訪舊，鶯谷忝遷喬。從事叨承乏，銅章愧在腰。

别惠山書堂

捲簾曉望雲平檻，下榻宵吟月半牕。病守未能依結社，更施何術去爲邦。

宿惠山寺詩并序

王武陵

戊辰秋八月，吴郡朱遐景自秦還吴，南次無錫，命予及故人竇丹列會於惠山之精舍。是時，山林始秋，高興在目，涼風白雲起於座隅，逍遥於長松之下，偃息於盤谷之上，仰視雲嶺，俯瞰寒影，夕陽西歸，皓月東出，羣動皆息，視身如空。玄言妙論，以極窮奥。丹列有遁世之志，遐景有塵外之心。予亦樂天知命，怡然契合，視富貴如浮雲。一歌一詠，以抒情性。夫良辰嘉會，古人所惜。序述不作，是闕文也。山水之下，景物秀美，賦詩導意，以紀方外之遊。

秋日遊古寺，秋山正蒼蒼。泛舟次巖壑，稽首金仙堂。下有寒泉流，上有珍禽翔。石門吐明月，竹木涵清光。中夜何沉沉，但聞松桂香。曠然出塵境，幽慮澹已忘。

題惠山寺

朱　宿

古寺隱秋山，登攀度林樾。悠然青蓮界，此地塵境絕。機閒任晝昏，慮淡知生滅。微吹遞遥泉，疎松對殘月。庭虛露華綴，池浄荷香發。心悟形未留，遲遲履歸轍。

遊惠山寺詩

竇　羣

共訪青山寺，曾隱南朝人。問古松桂老，開襟言笑新。步移月亦出，水暎石磷磷。予洗腸中酒，君濯纓上塵。皓彩入幽抱，清氣遠蒼旻。信此澹忘歸，淹留冰玉隣。

元和二年五月三日，重遊此寺，獨覽舊題二十年矣。當時三人，皆登諫列，朱遐景方詣行車，王晦伯尋卒郎署。余自西掖，累遷外臺，復此躊躇，吁嗟存沒。朱拾遺詩云：「歲月人間促，烟霞此地多。殷勤竹林寺，更得幾回過。」可謂得詩人之思也。因命題壁，以誌所懷。山南東道節度副使、檢校兵部郎中、兼御史中丞、賜紫金魚袋竇羣記。四年十一月二日附。蘧舅氏扶風公，貞元四年秋八月，與太原王武陵、吳郡朱宿同遊惠山精舍，為賦往體詩一首，王序而題之。觀其詞，頗有世外之交，出塵之想，凝思澹慮，泛溢天格。雖建安才人，不足居其右矣。後二十年，復繼於末，則有傷時歎逝之感，宿草鄰笛之悲。洎會昌初，武皇帝㶏浮圖法，詔毁其宫而逐其徒，惠山在毁中，時無好事者，詩亦隨塵焉。今寺既復，而詩尚遺落，内弟審餘寓書請於蘧，會蘧赴河陽辟召，路出寺下，因重記於軒廊南垣。我舅氏由吏部拜執法，器業磊落，為時巨人，平生操尚，備在國史，此不能舉。所載者風韻之詞，登臨之興，俾後人挹其清芬而已。大中十一年五月十三日，懷孟等觀察使、試大理評事兼監察御史李蘧重題。

題惠山詩序

李　隲

太和五年四月，予自江東將西歸涔陽，路出錫邑，因肄業於惠山寺，居三歲，其所諷念《左氏春秋》、《詩》、《易》，及司馬遷、班固史，屈原《離騷》，莊周、韓非書記，及著歌詩數百篇，其詩凡言山中事者，悉記之於屋壁，文則不載。其寺會昌末經廢毁，屋室殆無存者。去年蒙恩，自禁職出鎮鐘陵，鐘陵與毘陵地不相遠，而惠山居其屬邑間，其寺復置，會錫邑宰去年過此，留宴數日，今於予為故人，因寓書請再題焉。嗚呼，自太和癸丑至咸通己丑，三紀餘矣，念邑中居人與僧居在惠山、興寧兩寺者，今無人焉。染翰增悲，復何言耳。咸通十年二月一日，江南西道都團練觀察處置等使、中散大夫、檢校左散騎常侍、使持節、都督洪州諸軍事、兼洪州刺史、御史中丞、上柱國、賜紫金魚袋李騭題記。

惠山寺肄業送僧懷坦上人

流水何山分，浮雲空中遇。我生無根株，聚散亦難固。憶昨闢龍春，巖棲侶高步。清懷去羈束，幽境無滓污。日落九峰明，烟生萬華暮。茲懽未云隔，前笑倏已故。四時難信留，百草換霜露。離襟一成解，悵把將何諭。驚泉有餘哀，永日誰與度。緬思孤帆影，再生重江路。去去忽悽悲，因風暫迴顧。

自惠山至吴下寄酬南徐從事

不接芳晨遊，獨此長洲苑。風顔一成阻，翰墨勞空返。悠悠汀渚長，杳杳蘋華晚。如何西府歡，尚念東吴遠。瑶音動清韻，蘭思芬盈畹。猶及九峰春，歸吟白雲巘。

讀惠山若冰師詩集因題故院五首

五天何處望，心念豈皆知。化塔留今日，泉鳴自昔時。古苔生石静，秋草滿山悲。莫道聲容遠，長歌白雪詞。

高懷逢異境，佳句想吟頻。月冷松溪夜，烟濃草寺春。浮雲將世遠，清聽與名新。不見開巖日，空爲拜影人。

景物搜求歇，山雲放縱飛。樹寒烟鶴去，池静水龍歸。暗榻塵飄滿，陰簷月到稀。何年燈熖盡，風動影堂扉。陰陰垂露跡，苔壁幾年書。種樹青松老，傳衣白髮居。字工窮八體，詩律繼三閭。豈是多年學，真空任性餘。常聞鑿洞碑，此立爲冰師。意刻山泉解，功深造化疑。碧雲終一謝，飛錫久無期。惆悵人間世，空傳樂府詞。

晨過昌師院

深庭芳草濃，曉井山泉溢。林馥亂沉烟，石潤侵經室。幽巖鳥飛靜，晴嶺雲歸密。壁蘚凝蒼華，竹陰漏晴日。生期半宵夢，憂緒仍非一。若無高世心，安能此終畢。

暮秋登北樓望遠

王武陵

秋滿空山悲客心，山樓晴望散幽襟。一川紅樹迎霜老，數曲清溪繞寺深。寒氣急催遥塞雁，夕風高送遠城砧。三年海上音書絕，鄉國蕭條惟夢尋。

過春申君祠

張繼

春申祠宇空山裏，古栢陰陰石泉水。日暮江南無主人，彌令過客思公子。蕭條寒景傍山村，寂寞誰知楚相尊。當時珠履三千客，趙使懷慚不敢言。

題惠山寺

張祜

舊宅人何在，空門客自過。泉聲到池盡，山色上樓多。小洞穿斜竹，重階夾細莎。殷勤望城市，烟外暮鐘和。

題惠山泉

僧若冰

石脈綻寒光，松根噴曉涼。注瓶雲母滑，漱齒茯苓香。野客偷煎茗，山僧惜淨牀。安禪何所問，孤月在中央。

懷惠山寺

許渾

排空殿塔倚岩巒，松韻經聲月裏寒。兩眼流泉清戶牖，九龍飛雨灑闌干。浣紗女弄金池影，聽法烏啼施食盤。卻問繡衣車馬客，幾時林下脫頭冠。

題惠山寺

皮日休

千葉蓮花舊有香，半山金剎照方塘。殿前日暮高風起，松子聲聲打石牀。

題惠山泉二首

丞相長思煮茗時，郡侯催發只憂遲。吴關去國三千里，莫笑楊妃愛荔枝。

馬卿消瘦年才有，陸羽茶門近始開。時借僧爐拾寒葉，自來林下煮潺湲。

過梅李上家山

李紳

上家山，家山依舊好。昔時松桂長，今來容髮老。上家山，臨古道，高低入雲樹，蕪沒連天草。草色日凄凄，寒蛩徧草啼。噪鴉投樹遠，行雁貼雲齊〔一〕。巖光翻落日，僧火開經室。竹洞磬聲長，松樓鐘韻疾。苔階滴溜缺，石甃鋪莎密。舊經行處迷，前交坐中失。歎息整華冠，持盃強自歡。笑歌憐稚孺，絲竹縱吹彈。山明溪月上，酒滿心聊放。丱髮此淹留，垂絲匪閒曠。青山不可上，昔士還惆悵。況復白頭人，追懷空望望。

別泉石惠山書堂前松竹之下，有泉甘爽，乃人間靈液，清澄鑑肌骨〔二〕，含漱開神慮〔三〕，茶得此水，皆盡芳味也。

晴沙見底空無色，青石潛流暗有聲。微動竹風涵淅瀝，細浮松月透輕盈。桂凝秋露添靈液，茗折春芽泛玉英。應是梵居連洞府，浴池今化醴泉清。

鑑玄影堂故禪師鑑玄影堂在惠山，十年前師亦到壽州相見。

香燈寂寞網塵中，煩惱身銷色界空。龍鉢已傾無法雨，虎床猶在有悲風。定心池上浮泡沒〔四〕，招手巖邊夢幻通。深夜月明松子落，儼然聽石待生公。

別雙溫樹余往年於惠山寺手植，今葱翠蔽日。此樹過江多死，有橘之狀。

翠條盈尺憐孤秀，移植書牕待月軒。輕剪綠絲春葉暗，密扶纖榦夏陰繁。故人手植空懷想，溫室心知不敢言。爲爾拂雲今得地，莫隨陵谷改深根。

憶惠山

故山一別光陰改，秋露殘蟬歲月多。松下壯心年少去，池邊衰影老人過。白雲生滅依巖谷，青桂榮枯託薜蘿。唯有此身長是客，又驅旌旆寄烟波。

卻望無錫芙蓉湖

丹橘村邊烟火微，碧波深處雁紛飛。蕭條落葉垂楊岸，隔水寥寥聞搗衣。
水寬山遠烟嵐迥，柳岸縈迴在碧流。清晝不風鳧雁少，卻疑初夢鏡湖秋。
逐波雲影參差遠〔五〕，背日嵐光隱見深。猶似望中連海樹，月生湖上是山陰。
舊山認得煙嵐近，湖水平鋪碧岫間。喜見雲泉還悵望，自慚山叟不歸山。
翠崖幽谷分明處，倦鳥孤雲在眼前。惆悵白頭爲四老，遠隨塵土去伊川。

重到惠山二首

望中白鶴憐歸翼，行處青苔恨昔遊。還向竹牕名姓下，數行添記別離愁。
碧峰依舊松筠老，重得經過已白頭。俱是海天黃葉信，兩逢霜節菊花秋。

夜泊毗陵無錫

羅　隱

草蟲鳴咽露初團，獨繫孤舟夜已闌。濁浪勢奔吳苑急，疎鐘聲徹惠山寒〔六〕。
愁催鬢髮凋何易，貧戀家鄉別漸難。他日親朋應大笑，始知書劍是無端。

登惠山北樓

皇甫冉

秋興因危堞〔七〕，歸心過遠山。風霜征雁早，江海旅人閒。驛樹雲仍密，漁舟晚自還。仲宣何所賦，祇歎在荊蠻。

懷錫山藥名離合體

皮日休

暗竇養泉容決決〔八〕，明園護桂放亭亭。歷山居處當天半，夏裏松風儘足聽。

曉景半和山氣白，薇香清淨雜纖雲〔九〕。實頭自是眠平石，腦側空林看鹿羣。

同前

陸龜蒙

鶴伴前溪栽白杏，人來陰洞寫枯松。蘿深境靜日欲落，石上未眠聞遠鐘。

佳句成來誰不伏，神丹偷去亦須防。風前莫怪攜詩藁，本是吳吟蕩槳郎。

惠山流泉歌

皇甫冉

寺有泉兮泉在山，鏘金鳴玉長潺潺。作潭鏡兮澄寺内，泛巖花兮到人間。土膏脈動知春早，隈隩陰裏長苔草。處處縈迴石磴喧，朝朝盥漱山僧老。林松自古草自新，清流活活無冬春。任疏鑿兮與汲引，若有意兮山中人。偏依佛界通仙境，明滅玲瓏媚林嶺。宛如太空臨九潭，詎減天台望三井。我來結綬未經秋，已厭微官憶舊遊。且復遲迴猶未去，此心只爲靈泉留。

送陸羽歸惠山

顧況

千山待逋客，香茗復叢生。採摘知深處，烟霞羡獨行。幽期山寺遠，野飯石泉清。寂寂然燈夜，相思磬一聲。

訪陸羽處士不遇

僧皎然

太湖東西路，吳王故山前。所思不可見，歸鴻自翩翩。何山賞春茗，何處弄春泉。莫是滄浪子，悠然一釣船。

自蘇臺泛舟至望亭驛因寄從弟紓

李嘉祐

南浦菰蒲覆白蘋，東吳黎庶逐黃巾。野棠自發空流水，江燕初歸不見人。遠樹依依如送客，平田渺渺獨傷春〔一〇〕。那堪迴首長洲苑，烽火年年報虜塵〔一一〕。

晚春宴無錫蔡長官西亭

茅簷閒寂寂，無事覺人和。井近時澆圃，城低不見河。興緣芳草積，情向遠峰多。別日歸吳地，停橈更一過。

宋

寄伯強知縣求惠山泉

蘇　軾

茲山定中空，乳水滿其腹。遇隙則發見，臭味實一族。淺深各有值，方圓隨所蓄。或爲雲洶湧，或爲線斷續，或流蒼石縫，宛轉龍鸞蹙。或鳴深洞中，雜珮間琴筑。瓶罌走千里，真僞半相瀆。貴人高宴罷，醉眼亂紅綠。赤泥開方印，紫餅截圜玉。傾甌共歎賞，竊語笑僮僕。豈知泉下僧，盥灑自挹掬。故人憐我病，箬籠寄新馥。欠伸北牕下，晝睡美方熟。精品厭凡泉，願子致一斛。

遊惠山詩

余昔為錢塘倅，往來無錫，未嘗不至惠山。既去五年，復為湖州，與高郵秦太虛、杭僧參寥同至，覽唐處士王武陵、竇羣、朱宿所賦詩，愛其語清簡，蕭然有出羣之姿，用其韻各賦三首。

夢裏五年過，覺來雙鬢蒼。還將塵土足，一步漪瀾堂。俯窺松桂影，仰見鴻鶴翔。炯然肝肺間，已作冰玉光。虛明中有色，清淨自生香。還與世俗去，永與世俗忘。

薄雲不遮山，疏雨不濕人。瀟瀟松徑滑，策策芒鞋新。善哉二三子，皎然無緇磷〔一二〕。勝遊豈殊昔，清句仍絕塵。弔古泣舊史，病讒歌《小旻》〔一三〕。哀哉扶風子，難與巢許鄰。

敲火發山泉，烹茶避林樾。明牕傾紫盞，色味兩奇絕。吾生眠食耳，一飽萬想滅。頗笑玉川子，飢弄三百月。豈如山中人，睡起山花發。一甌誰與共，門外無來轍。

惠山謁錢道人烹小龍團登絕嶺望太湖

踏遍江南南岸山，逢山未免更留連。獨攜天上小圓月，來試人間第二泉。石路縈迴九龍脊，水光翻動五湖天。孫登無語空歸去，半嶺松聲萬壑傳。

奉贈惠山表大師

行遍天涯意未闌，將心到處遣人安。山中老宿依然在，案上《楞嚴》已不看。欹枕落花餘數片，閉門修竹自千竿。客來茶罷空無有，盧橘楊梅尚帶酸。

即惠山煮茶

蔡　襄

此泉何以珍〔一四〕？適與真茶遇。在物兩稱絶，於予獨得趣。鮮香箸下雲〔一五〕，甘滑杯中露。當能變俗骨，豈特湔塵慮。晝靜清風生，飄蕭入庭樹。中含古人意，來者庶冥悟。

謝黃從善司業寄惠山泉

黃庭堅

錫谷寒泉𢷬石俱，並得新詩蠆尾書。急呼烹鼎供茗事，晴江急雨看跳珠。是功與世滌羶腴，令我屢空常晏如〔二六〕。安得左轓清潁尾，風爐煮茗臥西湖。

惠山泉

蘇儀甫

鬵沸靈源湧翠巒，當年鴻漸此盤桓。一泓巖腹涵天遠，千古雲根漱玉寒。竹院引歸虬甲動，茶鐺烹出雪花攢。月明松桂蕭騷夜，堪入禪心清浄觀。

陪制置朱工部正辭賦惠山泉詩分韻得雲字

醴液璇源世未珍，陸《經》甄品始流聞。千尋深異江心汲，兩派元因嶺上分。

輕發茗花憑匕箸，散爲膏澤待風雲。一篇此日擒鴻藻，五色他年浴鳳文。

題惠山

王禹偁

吟入惠山山下寺，古泉閒挹味何嘉。好抛此日陶潛米，學煮當年陸羽茶。猶欠片心眠水石，暫開塵眼識烟霞。勞生未了來還去，孤棹寒篷宿浪花。

題惠山寺

蘇舜欽

古寺名傳唐相詩，三伏奔迸予何之。青山相照翠會合，碧殿對定梁參差。清泉絕無一塵染，長松自是拔俗姿。近邊兵馬日鬭格，釋子宴坐殊不知。

題惠山

潘正夫

秋風蕭瑟淨巖扃，寂寂澄泉可鑒形。比色未饒先玉乳，試甘應合跨中泠。夢迴春草花猶落，雪灑松牕酒乍醒。須碾月團三百片，不辭來此汲泓渟。

題惠山寺

張理

九山朝暮雲，搖落少遊墳。野蔓碑全沒，晴庵磬亦聞。洞偏泉路細，松折鶴巢分。高視太湖近，雪濤鷗起羣。

贈慶公上人

燕肅

陸羽泉邊倚瘦筇，參差臺殿暎疎松。五天講去春騎虎，一鉢擎來晝伏龍。像閣磬敲清有韻，蘚庭雲過靜無蹤。相逢多説遊方話，知老靈山第幾峰。

題惠山寺

李邦直

丙午八月朝陽暾，繫舟放步來山門。萬松森森殿屋聳，仰視愈覺山形尊。巖深谷靜鳥獸樂，麋鹿哺子猨生孫。泉生石門落石去，呱呱哀響無晨昏。挹之甘比蔗漿味，渟渟清照魑魅魂。正性不專時節換，夏如冰雪冬還溫。我知此泉本靈異，養畜造化同胚渾。有時精魄應期會，坐令一勺彌乾坤。氣如蒸炊出山背，倏忽四面浮雲奔。一洗萬里原野浄，枯株蔓草沾餘恩。豈知提攜聚罌缶，不獨灌溉江湖村。下爲閑泉上爲雨，信哉天下雲雨根。

題惠山麓亭

楊　傑〔一七〕

聞説支公最好賢〔一八〕，瀛洲可買不論錢。樓臺蔽日都無地，草木藏春別有天。

石上雲翻千峽雨，洞中泉落幾家田。高閑誰似幽居樂，一坐青山不問年。

遊惠山二首

蔣之奇

釋子幽居速俗氛，停橈登覽日將曛。湖光已歎千年變，山勢猶驚九隴分。迸溜泠噴雙沼雪，煮茶香透一甌雲。偶因流落尋佳致，何意聲名世外聞。

還家豈不樂，生事未應閒。朝日已復出〔一九〕，征鞍方更攀。傷心百道水，極目萬重山。何以忘羈旅，蕭然醉夢間。

遊惠山三首

蔣之美

維舟上重巘，景物近斜暉。流水連珠落，殘華碎錦飛。白雲隨步武，幽鳥傍軒扉〔二〇〕。拂井松傾蓋，殘崖蘚上衣。池光清可鑑，竹色翠成圍。更接高僧話，林梢帶月歸。

絕頂疑天設，重門一逕深。泉清千古意，松老百年心。高閣窺平陸，危亭倚翠岑。勝遊方自適，猶恐日西沈。九隴分形怪，蒼龍據厚坤。洞寒清水脈，石潤養雲根。探遠塵應斷，窮高斗可捫。江湖倦行者，對此欲忘言。

題翠麓亭

釋仲殊

素虬盤屈走靈泉，槲葉塗紅作畫船。幡轉玉繩光影旋，杯銜金鏡酒痕圓。篆形綵字方傳世，星落光纏忽下天。遠想螭蟠殊未若，小圖河曲宛依然。緩浮松釀環雲際，不動蘭橈到席邊。上巳浮恩非此日，山陰盛事掩多年。從歡未省向尊俎，屢酒何嘗議聖賢。翰墨主人今獨步，雙鳧應復降飛仙。

題惠山寺

袁默

山翁自合老林扃，小有天中晝杳冥。兩面樓臺驅作勢，半崖松石倚爲屏。雲歸洞口紛紛見，泉落池心細細聽。勝景深藏誰到此，好須圖繪入丹青。

次韻蔣不回惠山行見贈

九龍山高茂松竹，冉冉嵐光真潑緑。重岡複嶺勢崢嶸，五里垂楊排岸曲。雲生洞口若拖縑，泉落田間如噴玉。公垂若冰遺迹在，瀟灑儒冠與儒服。夜蟾清影照寒流，春鳥新聲荅寒谷。山畔人家農事閒，長得秋風魚稻熟。太湖光射夕陽間，潤澤相通財必育。一生遊賞心不足，憶與高人時往復。夢魂還是念歸歟，問舍求田無百斛。身名牽制悼人心，收拾未能如水覆。侵尋白髮已盈簪，方此徘徊干寸祿。樂安道人來自蜀，尚爾小官身僕僕。惠然相訪蓋初傾，符彩瑩顔神滿目。徐言得道先辟轂，二年粒米不入腹。日南先生韻超俗，授術爲之留五宿。發殺天機指下傳，妙用圓通皆智燭。見我情親逾族屬，勸以修持言滿軸。自慚正類雞伏鵠，敢示精心循所祝。痊除多謝枕中方，臭腐豈爲刀下肉。斧斤牛羊肆殘毒，古人已況牛山木。深言元氣須引續，起我衰羸丸射鹿。煩胸一訣願相傳，卦體儼然存九六。

同剛中適甫遊惠山

雨過山前翠欲飛，水雲高下正含暉。魚跳細浪千花碎，蟬倚微陰一嘒微。沉李浮瓜吟齒盡，清風明月滿船歸。超然不負尋幽興，拂得荷香在葛衣。

寄題惠山寺翠麓亭奉呈伯強

錢公輔

曩時曾作家山遊，亭有翠麓排新幽。疎軒密牖竹鏘戞，烈風勁雨松飂飅。呀然出戶瞰山足，屹爾數峰圍上頭。掃除雲峰聳客步，煎煮錫水供茶甌。我時既合衆賓飲，醉岸山幘心遲留。山僧顧我丐詩榜，詩未脱吻驚旋輈〔二〕。四方環走倏已晚，十載負約今方酬。疏籃增葺想勝舊，我已白首縻藩州。何當一賦《歸去來》，再欵巖室窮披搜。吾宗道人正嘉遁，擺脱世上無窮憂。欣逢主人賢且令，泉石笑傲都相求。上人掃灑莫暫間，行行逆我西來舟。

謹次君倚舍人寄題惠山翠麓亭韻

焦千之

余愛茲山昔屢遊，回環氣象泠清幽。茂林滃鬱疊蒼翠，宴坐瀟灑風颸飀。密甃積蘚迸泉眼，飛翬比翼參雲頭。逕邊誰開青步障，客來共泛紫玉甌。每思乘興可獨往，塵纓未濯英我留。勝處盡至心未厭，健步歷覽勢挾輈。平生趣向與時背，泉石夙志略已酬。茲山獨以泉品貴，乃得嘉名傳九州。譬人其中貴有物，源深混混難窮搜。支公此去久愈愛，自我佳句忘百憂。忽蒙遠寄煮巖壑，而我方欲千里求。願公早見疑蛇解，公久服藥。急詔當應易剡丹。

次韻陸子泉

周邠

水自錫山出，中含萬古情。穿雲緣有脈，激石豈無聲。鍊藥源尋遠，煎茶味覺輕。堪資許由飲，休濯屈原纓。徹底驚澄瑩，傾杯戒滿盈。長流千里潤，高注一巖清。篇什新傳美，圖經久得名。主人當鑑止，劇論著莊生。

題惠山翠麓亭

蘇台父

山勢叢叢向北盤，高僧平日爲開軒。莫嫌長有車馬到，真愛都無鳥雀喧。剩長松篁留日脚，少移桃杏破雲根。十年往返未曾厭，煮茗嘗泉到酒樽。

題陸子泉

王汾

泉品舊知名，澄源石甃盈。甘滋飽僧飯，潤澤濟農畊。漱玉人誰聽，囊茶客自烹。久供鴻漸啜，曾奉贊皇羹。李衛公非惠山泉不飲。昨忝此邦守，今無諸縣行。煩醒想巖甃，一日慰幽情。慚怍方堆面，王翰林泉詩云：聊將一掬水，洗我面慚怍。塵埃正滿纓。臨流聊洗濯，心已識蒙亨。

惠山泉

劉達

靈脈發山根，涓涓才一滴。寶劍護深源，蒼珉環甃壁。鑒影鬚眉分，當暑挹寒冽。一酌舉瓢空，過齒如激雪。不異醴泉甘，宛同神瀵潔。快飲可洗胸，所惜姑濯熱。品第冠寰中，名色固已揭。世無陸子知，淄澠誰與別。

冰泉洞

飛泉落巍巍，湍水去激激。未若洞中源，靜淵如得適。清潤挹千岩，冷凝涵四壁。幽討會有時，煩襟聊與滌。

龍淵

巖巖白石嵌，深泉適此止。夜雨半山回，春風蟄龍起。清明無遁形，溥博有餘美。受濁不傷清，納汙非所恥。趣操比幽人，泓澄如得己。山林乃挺途，真復誰洗耳。

綉嶺亭

絕境隔囂紛，烟霞張綵繪。遠目入無中，高情馳物外。春田發英華，秋林橫紫翠。何時杖履遊，利名聊委蜕。

題惠山練師竹軒

袁　植

子猷喜種竹，太白喜乘月。俛仰雲泥間，勝事俱清絕。況乃吾廬幽，風煙浩一丘。竹虛能受月華白，月白能牽竹翠浮。不應玉壘李太白，長對山陰王子猷。未攜花下一壺酒，已登殘夜水明樓。人間好景四並難，無如月下春琅玕。影搖金鎖碎，光動劍芒寒。魂醒耿不寐，哦詩坐長歎。

題惠山次韻蔣叔任觀溪漲

煙曳平川上，雲屯翠嶺頭。雨淫成大浸，堤潰失安流。地入三吳窄，山餘九隴浮。不應昬墊後，始用濟川舟。

陪諸公遊惠山

汪彦章

兹山定中腴，秀色乃如許。連峰積蒼潤，嵐氣亦如雨。𤥨泉不浪出，世俗那得取。羣仙作佛供，灑此玉池股。甘寒飲天下，瓶盎走膏乳。兒嬉供茗事，雲散入江渚。當源起臺殿，下瞰松栢古。巍基首梁宋，爽氣接吳楚。我來值佳月，勝得濟嵇呂〔二二〕。聊分小蒼壁，同振百年羽。躋攀興未極，落日在林莽。卻立望翠屏，中流駐鳴櫓。

過惠山皥老試茶二首

孫覿〔二三〕

蕭蕭阿蘭若，桑苧有故家。佛屋倚高寒，僧蹊抱欹斜。殷勤泉下容，流落瘴海涯。蜑酒壓梨楂，蠻烹啗蠅蛇。光潔鏡一奩，影照空自嗟。老僧薦茗粥，芳鮮凝露華。驅除鼻中雷，掃盡眼界花。飄飄思凌雲，攝身上蒼霞。

戰塵霾漢天，獵火焮塵地。一筇遺垢氛，步入青蓮寺。耽耽九龍盤，一壑埋老翠。倚天松骨大，粘碧苔髪細。道人本臞儒，得法妙出世。胸中萬斛泉，洗盡蔬筍氣。天風吹泠泠，助我鳴鼓吹。名爲不二門，聲音作佛事。

見舊題

一別名山十五年，宦情羈思兩茫然。故人半作纍纍塚，只有蒼官立道邊。髀肉消磨馬上鞍，塵砂滿眼路漫漫。不須更障西風扇，爲酌崖泉一洗看。

次韻濟川西山避暑

錢紳

西山蘊靈異，九曲面崚嶒。泉石漱鳴玉，松蘿掛古藤。勢雄掀宇宙，地大壓丘陵。日永清陰覆，朝來爽氣澄。幽尋嘉賞致，結客避歊蒸。散髪喧畦畛，支頤倦躡登。武陵百慮釋，丹列遠思凝。度樾追遐景，煎茶憶若冰。土芝青削玉，琬液緑如澠。霜氣連蒼昊，冰威鑠鈍蠅。心酣醒復醉，意適寢還興。蝸角徒爭觸，蜂腰謾逞能。纓塵心自濯，松韻響無明。自廓倚天劍，愁無繫日繩。舒懷高達士，得趣鄙山僧。雲態幾相挽，禽音似許曾。嵐姿渾欲滴，秋色漸相矜。籧笛涼余思，衾裯樂未曾。虛閑肖毒螯，放曠屏牽仍。高興無時盡，何辭興再乘。

九月十五日濟川諸公同遊因成長韻

好山如佳人，變態百種好。陰晴朝暮間，可愛不可道。時時思一見，如垢久不澡。我來正清秋，令人豁懷抱。秋色佳有餘，俗客亦如掃。佳哉二三友，在席每傾倒。杖策窮縈迴，高絕須一到。幽尋不厭倦，遇境即窮討。堦前千歲松，閱盡衆木槁。庭下百尺井，空傳天眼老。陸子賞遺味，至今泉浩浩。高僧掛衣去，誰識衣中寶。九淵深非龍，徒見腓百草。衆泉失蹊逕，迸散不可考。世事每如此，所合輒顛倒。夜深山色清，更對冰輪皓。竹栢影參差，水中交荇藻。迴棹艤波心，如在蓬瀛島。舉觴望青天，醉鄉得深造。茲遊須再嗣，萬事殊未保。

遊惠山一首　袁植〔二四〕

挐舟到山寺，詩句偶緣情。山自錫無後，寺因泉有名。樓陰回夕景，樹色向冬榮。就水別茶味，全勝它處烹。

惠山雲開復合　楊萬里

二年常州不識山，惠山一見開心顔。只嫌雨裏不子細，髣髴隔簾青玉鬟。天風忽吹白雲斷，翡翠屏風倚南極。政緣一雨染山色，未必雨前如此碧。看山未了雲復還〔二五〕，雲與詩人偏作難。我船自向蘇州去，白雲穩向山頭住。

雪後遊惠山懷尤延之

已到姑蘇未到常，惠山孤秀蔚蒼蒼。一峰飛下如奔馬，萬木深圍古道場。錫谷中空都是乳，玉泉致遠久猶香。眠雲跋石染谿叟，恨殺風烟隔草堂。

潘葑回望惠山真如龍形

惠山分明龍樸活，玉脊瓊腰百千折。錫泉泉止吐一珠，簸弄太湖波底月。蒼石爲角松爲鬚，鬚裏黃金古佛珠。請君更向潘葑看，龍尾激到珠南畔。

題陸子泉上祠堂

先生喫茶不喫肉，先生飲泉不飲酒。飢寒秖忍七十年，萬歲千秋名不朽。惠泉遂名陸子泉，泉與陸子名俱傳。一瓣佛香炷遺像，幾多衲子拜茶仙。麒麟圖畫冷似鐵〔二六〕，凌煙冠劍消如雪。惠山成塵惠泉竭，陸子祠堂始應歇。山上泉中一輪月。

遊惠山寺簡竇公

蘇紳

綺塍行盡入松門，暫拂塵纓若袖雲。海月未昇樓上見，湖波初起空中聞。寶扉膜拜青蓮相，石案傍行白㲲紋。促榻偶陪居士語，煮茶燒栗到宵分。

和蘇公遊惠山寺

竇綱

寺枕青山遠俗氛，解鞍憑檻對溪雲。樓危鐸韻搖風響，林邃禽聲向暮聞。紗護宿燈微有暈，爐留殘篆半移文。佛衣聊見禪扉靜，頓覺塵勞此地分。

題惠山寺真賞亭流觴

施天任

惠山山半有飛泉，甃石環亭泛酒船。只任源流自亭下，不緣機智得方圓。夷猶小棹翻賓榻，零亂浮華出洞天。六月炎蒸應戀此，二松風韻更蕭然。江帆遠渡疎林外，山鳥閒吟落照邊。盛世正逢元祐日，清歡重繼永和年。縈心難效公垂詠，真賞尤知子美賢。我是林泉自由者，時時來作醉中仙。

別惠山贈璋山主

蕭淵

三年愛山來幾回，攜笻躡履真悠哉。片石可枕雲可偎，愆期不到縈吾懷。中藉高僧還有才，能與佳勝爲良媒。汲泉煮茗何歡咍，松邊竹下容琴杯。我嗟官滿今還臺，欲去不忍須重來。慇懃慇懃孰與偕，寒猿老鶴聲相哀。山有情兮韞瓊瑰，願泉無窮兮滋九垓。它時再賞登崔嵬，約師把手忘形骸。

題翠麓亭

韓正彦

寺藏山腹裏，亭枕寺山腰。地據三吳勝，門迎九隴朝。煙霞沾客袖，日月轉林梢。我恨登臨晚，更深倚畫橈。

題惠山泉

楊旻

世治山藏錫，山靈地溢泉。石飴寒不減，水液暑常蠲。薦茗能全味，援琴欲絕絃。誰言到池盡，餘響更潺湲。

元符己卯，兩浙運判曾孝藴作常潤京口奔牛二閘成，集賢殿修撰發運使張商英被旨常相視，遂至惠寺，留詩以記行役

張商英

咸陽獲璽之明年，五月端午予泛船。二閘新成洞常潤，組練直貫吳松川。淮南柁師初入浙，借問邑里猶茫然。《茶經》舊説惠山泉，海内知名五十年。今日親來酌泉水，一見信異傳聞千。置茶適自建安到，青林石臼相爭先。碾羅萬過玉泥膩，小瓶蟹眼湯正煎。乳頭雲腳蓋盞面，吸嗅入鼻消睡眠。滌缶操壺貯甘液，緘題遠寄朱門宅。仙人見水是琉璃，乃知陸羽非凡客。

題惠山

蔣重珍

龍山惠山兩山雲，出能爲雨入爲晴。雲山之氣有斂散，斂散之理斯爲神。我廬山下有小隱，雲爲動兮山爲靜。悠然而出物之澤，屹然而峙地之鎮。我見雲山喜與

俱，雲山無情不見余。我比雲山多此見，不如一似雲山無。

題惠山

妄慮散毛髮，真源生齒牙。我聞甘露飯，即是惠山茶。欲駐歲月晚，重遊道路遐。更須煩稚子，再煮鼎中花。

題膠山寺

蘇　紳

驅馬欵禪扉，松風泠拂衣。紅塵不到處，青嶂此忘歸。鳥望生臺下，雲侵講座飛。《楞伽》味真趣，轉覺俗緣稀。

秀峰軒

焦千之

可憐均是山中寺，惟有幽軒對此山。雲擁秀峰來戶外，烟和濃翠入窗間。迴環似覺天形曲，登眺應疑地勢慳。他景縱能窮目力，爭如疎靜養疎閒。

聽松軒

山頭未吐三更月，枕上惟聞萬竅風。疑是怒濤聲不散，夜深飛雨過寒空。

偃松

得地久蟠踞，參天多晦冥。月通深夜白，雪壓歲寒青。獨擁虬腰大，疑聞雨甲腥。深根動坤軸，蕭瑟掛疎星。

竇乳泉　楊稱

山名膠熟詰，泉味乳親嘗。雲竇穿銀井，冰甆貯玉漿。竹陰濃處冷，松子落時香。不雨潺潺響，無風瑟瑟光。粉源初滴瀝，珠派遠汪洋。曲注分環砌，方澄引鑿塘。趂齋僧洗鉢，就讌客浮觴。稻漬礱牙飣，茶煎虎眼湯。纖毫龜鑑徹，盈腹暑襟涼。農畝霑甘潤，膏腴穫萬箱。

碧雲塢　李維

坐久三峰晚，望中凝碧雲。不應談世事，自是出塵氛。佳木層層見，秋聲處處聞。佳人端可待，風景欲平分。

晚坐碧雲塢二首

翁挺

夕陽黯將沉，缺月遲未吐。滿眼玻璃堆，翻疑夢中覩。玉樹秋益明，驪珠夜方吐。繞檻碧雲收，塵踪故難覩。

集趣軒

陳聿

宇宙同無窮，景物各有趣。心目要領略，未始爲細故。山僧徹障蔽，便得江山助。遠邇入盼睞，左右供指顧。千容與萬態，不約相與遇。何須更登眺，便可休杖屨。一覽既無餘，懷抱良以悟。欲圖無妙筆，欲詠無奇句。聊爲揭佳名，於焉賞心寓。

硯池

焦千之

蕭公事迹久塵泥，猶有當年洗硯池。世俗所傳應髣髴，僧人獨得耿頹隳。小亭新構藏幽趣，一水中分疊舊基。遺澤泯然無處問，清風緬邈竹陰垂。

上方

蘇紳

疊石構岩扃，僧居在杳冥。澄心蟾海白，縱目鶴天青。衣上煙霞色，窓間草木形。我來憑檻久，塵慮恍然醒。

又

唐皞

佛龕經閣等巖嶅，地在高中此最高。日出四楹浮寶氣，雲開百里見秋毫。登臨暫得心機靜，徙倚翻嫌目力勞。況是雄飛先上者，強揮吟筆繼詩豪。

題膠山寺壁　　元　擊

崗頭鵓鳩鳴，定欲喚晴雨。驅車指東山，山下寺亦古。道人雙眼青，雪齒起柔語。松回萬壑風，落絮趁輕舞。日薄詠歸歟，扁舟在烟渚。

環翠軒　　楊　介

一上十餘里，攜筇始可尋。山形三面合，林影四邊深。壁暗苔爭長，堦荒草亂侵。憑高獨覽處，烟靄滿衣襟。

題陽山翠微寺　　唐　皞

平地巍然起一峰，歷山西畔隔湖東。勢侵雲漢千尋直，影落烟村四面同。龍窟正當螺髻頂，僧居端在畫圖中。邦人不獨資觀賞，旱歲爲霖更有功。

雲海亭　　姜　夔

茫茫復茫茫，中有山蒼蒼。大哉夫差國，坐占天一方。夫差醉蓮宫，巨浪搖不醒。越師從何來，奪我玉萬頃。年年亭上秋，一滌萬古愁。誰能知往事，飛下雙白鷗。

題雲海亭二首

僧古愚

目前多少古今情，盡在太湖之上亭。舸艦浮雲空葉亂，屬鏤沉水浪花惺〔二七〕。一盃瀲灔含雲夢，數點蒼茫認洞庭。明日惠山曾有約，又攜茶鼎汲清泠。

亭下漁舟泊釣磯，釣絲垂影弄晴暉。雲連碧海潮聲遠，雪壓青山野色微。絃管無音西子散，蓴鱸有味步兵歸。閒僧不解論興廢，自折松針補毳衣。

題青山寺

尤袤

崢嶸樓閣插天開，門外湖山翠作堆。蕩漾烟波迷澤國，空濛雲氣認蓬萊。香銷龍象輝金碧，雨過麒麟駁翠苔。二十九年三到此，一生知有幾回來。

雲海亭

亭前山色遶危欄，亭下波瀾直浸山。亭下漁舟亭上客，相看渾在畫圖間。

香山　蘇紳

幾年飛錫倦遊方，雲衲斕斑掩竹房。一榻夜禪蒲座穩，滿盂春供藥苗香。汲泉岩畔驚猿飲，栽葦池邊引鷺翔。像座霧昏燈焰小，石樓風度磬聲長。攀蘿別嶺衝寒靄，掃葉床前趁晚陽。大抵僧居遺俗慮，此中身世更清涼。

過無錫　文天祥

金山冉冉波濤雨，錫水茫茫草木春。二十年前曾去路，三千里外作行人。英雄未死心爲碎，父老相從鼻欲辛。夜讀程嬰存國事，一回惆悵一沾巾。

錢氏四亭詩

蔡　載

遂初亭

結廬傍林泉，偶與心初期。佳處時自領，未應魚鳥知。

望雲亭

白雲來何時，英英冠山椒。西風莫吹去，使我心搖搖。

芳美亭

高人不惜地，自種無邊春。莫隨流水去，恐污世間塵。

通惠亭

水行天地間，萬派同一指。胡爲穿石來，要洗巢由耳。

題膠山綉佛

妙相奪天真，針針巧入神。幾多瞻禮者，還想用心人。

元

題慧山寺〔二八〕

趙孟頫

南朝古寺慧山前，裹茗來尋第二泉。貪戀君恩當北去，野花啼鳥謾留連。

惠山夏日酌泉燕集

鄧文厚

我生懶拙百不堪，放意林壁窮幽探。茲山九龍勢飛動，䰍鬣錯落盤松柟。高風吹衣凌險遠，太湖渺渺天西南。泉流不逐湖波逝，融爲冰鏡開塵函。六月火雲生熱惱，三嚥冰雪開清甘。試將水品證泉味，一語須喚山僧參。層臺桑苧悄遺像，古屋彌勒空香龕。五年兩歷惠山頂，未辨草具來卓菴。白鳥翻風導先路，黑雲垂地隨歸驂。酒醒呼枕聽風雨，老龍卷水空溪潭。撫掌歡遊已塵跡，隱隱孤舟沉暮嵐。

詠惠山泉

楊載

此泉甘洌冠吳中，舉世咸稱煮茗功。路轉山腰開鹿苑，池攢石骨閟龍宮。聲喧夜雨聞幽谷，彩發朝霞炫太空。萬古長流那有盡，探原疑與海相通。

題惠山

白珽

名山名刹大佳處，紺殿翠宇開雲霞。陸羽迺事已千載，九龍諸峰元一家。雨前茶有如此水，月裏樹豈尋常花。奇奇恠恠心語口，無根拄杖任横斜。

題無錫惠山寺

湯仲友

梁溪停短棹，帶月步西關。路盡忽逢寺，松多不見山。岩腰雲殿古，洞口石泉間。到此政吟苦，秋聲滿樹間。

題慧山寺

郭麟然

匹馬西風入慧山，小橋流水碧潺潺。樓空雙鳳臺猶在，峰遶九龍雲共閒。密藻護寒黿睡穩，老松籠暝鶴飛還。自憐奔走成何事，回首山靈益厚顔。

題慧山寺

僧明本

慧山屹立千仞青，俯瞰天地鴻毛輕。七竅既鑿渾沌死，九龍攫霧雷神驚。霹靂聲中崖石裂，銀泉迸出青鉛穴。惟恨當年桑苧翁，玉浪翻空煮春雪。何如跨龍飛上天，併與挈過崑崙巔。散作大地清涼雨，免使蒼生受辛苦。我來扣泉泉無聲，一曲冷光涵萬古。殿前鳳檜砉然鳴，日暮山靈打鍾鼓。

留題惠山

柯九思

騎馬東華塵滿道，山川如此不曾來。清泉白石何年有，翠竹蒼松古殿開。幽人試水嘗春茗，過客題詩生雨苔。杖藜絕頂便踈曠，日暮浮雲天際廻。

留題惠山

僧　恩

方沼不生千葉蓮，石房高下煮茶煙。春申遺廟客時過，李衛絕郵僧書眠。塵世豈知無錫義，殿爐猶記大同年。九江一棹東風便，更試廬山瀑布泉。

上巳日遊惠山

張　雨

水品古來差第一，天下不易第二泉。石池漫流語最勝，江流湍急非自然。定知有錫藏山腹，泉重而甘滑如玉。調符千里辨淄澠，罷貢百年離寵辱。虛名累物果可逃，我來爲泉作解嘲。速喚點茶三昧手，酬我松風吹兔毫。

登惠山

張翥

到寺日已夕，鍾梵滿中林。倚崖佛殿古，出雲泉水深。談詩禪榻上，煮茗磵松陰。況值玄丘似，悠然諧素心。

遊惠山

陳方

僧居高處接雲霞，村市周遭石徑斜。細細山泉爭入澗，雙雙水鳥浄眠沙。佛前風動桫欏樹，溪上春留躑躅花。十五年來頭漸白，倚欄仍舊一烏紗。

題惠山泉

吴壽仁

九龍之山何蜿蜒，玉漿迸裂爲寒泉。來歸石井僧分汲，流入草堂吾獨憐。暗滴洞中雲細細，冷穿池上月娟娟。奉乞《茶經》爲水記，俟予歲晚爲周旋。

留題惠山

移剌迪

參差樓閣古招提，猶有唐人石上題。潭影空明天上下，蘚痕生澁路高低。泉香茗細僧清供，竹密花深鳥亂啼。已負半生岩壑趣，馬蹄羞踐緑莎泥。

遊惠山

陳 迈

空山微雨後，啼鳥早春時。雲氣侵衣潤，泉聲出寺遲。清茶方破夢，新酒復催詩。了卻公家事，重來再與期。

題惠山泉

僧山

陸羽曾經次，崖根小小池。飲從來者取，味有幾人知。清影凝秋色，寒腴是石滋。老僧分茗好，細瀹更相宜。

題惠山寺

鄭元祐

百里盡平壤，茲山忽中蟠。硆砑得宏深，迂徐納平寬。僧坊隱其腹，崇構居桓桓。立神衛觚稜，緣雲置闌干。我來玄冬交，榜舟起微瀾。天連黃沙白，露委青林丹。地無車馬塵，松筠政堅完。蒼然後凋意，彼此不厭看。稍稍陟其崖，探源汲甘寒。共惟桑苧翁，出處良獨難。帝青九萬里，冥飛見修翰。空留雪泥跡，莫究清靜觀。煮茗滌煩暑〔二九〕，晏然有餘歡。

遊惠山寺

王輔仁

紅社溪邊艤小舟，青蓮宇内作清遊。土花繡壁淡如畫〔三〇〕，嵐翠潑雲濃欲流〔三一〕。短李清風存古意，大蘇圓月洗春愁。摩挲泉石舒長嘯，未羨神仙十二樓。

登惠山

張遜

洩雲蒙青山，零雨暗村樹。重來丘壑暮，慰此清夜敘。高堂開翠戶，野客當楹據。踈鍾越林度，清嘯逾嶺去。風吹松可聽，石漱泉致飫。景勝煩顧接，心領各異趣。悦此神爲清，耿耿至達曙。

遊惠山寺

周 翼

路出城西紫陽頭，旌忠寺裏作春遊。枈欐葉暗雲初起，躑躅花開雨未收。古殿龍蛇唐制度，東山歌舞晉風流。野人不慣乘車馬，也向溪邊具小舟。

惠山寺酌泉

周 權

惠山鬱律九龍峰，磅礴大地包鴻濛。劃然一夕震風雨，欲啓靈境昭神功。六丁行空怒鞭斥，電火搖光飛霹靂。一聲槌裂老雲根，嵌洞中開迸寒液。道人甃玉深護藏，鏡涵萬古凝秋光。陸翁甄品親試嘗，翠浪煮出松風香。我來山下討幽境，自挈瓶罍汲清泠。味如甘雪凍齒牙，紺碧光中敲鳳餅。昏塵滌淨清淨觀，心源點透詩中禪。亟呼陶泓挾玄玉，揮灑字字泉聲寒。投閒半日聊此駐，孤棹明朝又東去。紅塵人世幾浮雲，鍾皷空山自朝暮。

遊惠山

楊文炳

騎馬西神訪遠公，湛君舊宅且從容。樓臺影落雙河口，鍾磬聲傳九隴峰。自汲清泉煎苦茗，又擕美酒看眠松。若冰禪洞寒流靜，應是當年養毒龍。

題惠山

倪瓚

重過湛公宅，因嘗陸子泉。佛香松葉裏，僧飯石岩前。市駿惟憐馬，池荒憶種蓮。清心有妙契，塵事久終捐。

謁膠山李忠定公祠

陳方

丞相非腐儒，慷慨遭國難。平生痛哭心，忍死抱長筭。嗚呼百歲後，寂寞誰享裸。至今空山中，祠宇妥涯岸。鳥迹上香臺，樓塵落風幔。山僧雖異流，展像亟稱讚。飄飄風塵際，黄屋在鼠竄。不有左轄尊，至今猶扼腕。公留人心安，公去人心亂。桓桓种將軍，一鼓鋭而悍。所至係其頸，小衂何足憚。魏公經濟才，安劉左吾袒。傾蓋出流離，中情始冰泮。倉皇青城役，慘淡失神觀。豈無婁敬策，尚足勤修捍。落落付空言，悠悠惜神斷。聲名宇宙間，草草入嗟歎。

留題時思精舍

李士行

匹馬九峰道，行行如山陰。勝境不暇接，爽氣襲衣襟。悠哉時思庵，寫我千古心。修竹秉高節，流泉響清音。日暮山下去，疎鐘烟霧深。

又

張　雨

重遊九龍峰，寒食生春陰。竹露灑我笠，松風吹我襟。況逢金閨彦，幽探愜素心。風泉繞屋壁，亂響琹筑音。翻然出谷去，回睇煙蘿深。

又

倪瓚

我生倦馳騖，無機如漢陰。重遊古蘭若，對山開我襟。風流李謫仙，賞靜諧夙心。琅然哦新詩，如聞《大雅》音。回首石林晚，白雲花雨深。

題趙蒙山悟空精舍

張雨

濯濯嘉樹色，肅肅紫殿陰。崇岡既延睇，寒泉復洗心。節物士女繁，而我得孤吟。杖者足易跛，移舟指烟林。龐公豈無家，魚鳥不厭深。適辨芳春月，就子碧山岑。

自仙源放船來雲林奉懷元鎮范致大德原

扁舟蕩槳出東城，最愛新流拍岸平。霽雨蘭苕來翡翠，晚風楊柳送鸝庚。盈盈溪女臨沙浣，歷歷郊農傍隴耕。謬倚林齋望山郭，憶君清話不勝情。

【校勘記】

〔一〕齊：原作「飛」，據《全唐詩》卷四八一改。

〔二〕澄：原無，據《全唐詩》卷四八二補。

〔三〕含：原無，據《全唐詩》卷四八二補。

〔四〕浮泡：原作「雙漚」，據《全唐詩》卷四八二改。

〔五〕影：原作「采」，據《全唐詩》卷四八二改。

〔六〕徹：原作「出」，據《全唐詩》卷六五七改。

〔七〕危堞：原作「花蝶」，據《全唐詩》卷二四九改。

〔八〕泱泱：原作「泱泱」，據《全唐詩》卷六一六改。

〔九〕薇：原作「微」，據《全唐詩》卷六一六改。

〔一〇〕春：原作「神」，據《全唐詩》卷五〇五改。

〔一一〕虜：原作「塞」，據《全唐詩》卷五〇五改。

〔一二〕緇：原作「淄」，據四庫全書本《東坡全集》卷一〇改。

〔一三〕歌：原作「欺」，據四庫全書本《東坡全集》卷一〇改。

〔一四〕此泉何以珍：原作「此山何以得」，據《端明集》卷三改。

〔一五〕箸下雲：原作「籬下雪」，據《端明集》卷三改。

〔一六〕令：原作「今」，據《山谷集》卷二改。

〔一七〕楊傑：《宋詩紀事》引《惠山集》作「楊旻」。

〔一八〕支公：原作「文公」，據《宋詩紀事》卷八二改。

〔一九〕出：原作「去」，據《臨川文集》卷一五改。按，此詩疑為王安石所作，而非蔣之奇。

〔二〇〕幽：原作「香」，據《宋詩紀事》卷二六引《惠山集》改。

〔二一〕未：原作「來」，據《宋詩紀事》卷一八引《惠山古今考》改。

〔二二〕嵇：原作「稽」，據《浮溪集》卷二九改。

〔二三〕孫覿：原作「孫迪」。按，卷四收此下四首詩，孫覿《鴻慶居士集》卷四收此下四首詩，據改。

〔二四〕袁植：原脫作者名，遂被誤為錢紳所作，茲據《宋詩紀事》卷八二引《惠山集》補。

〔二五〕看：原作「青」，據《誠齋集》卷七三改。

〔二六〕圖畫：原作「圖盡」，據《誠齋集》卷二九改。

〔二七〕惺：原作「醒」，據《御選宋金元明四朝詩》卷六〇改。

〔二八〕慧山：趙孟頫《松雪齋集》卷五作「惠山」。按，古惠山亦作慧山。

〔二九〕煮茗滌煩暑：原作「鬻茗滌愛渴」，據《脩吳集》卷一改。

〔三〇〕晝：原作「晝」，據《御選宋金元明四朝詩》卷五一改。

〔三一〕潑：原作「撥」，據《御選宋金元明四朝詩》卷五一改。

無錫縣志卷四中

辭章第四

記述四之二上

傳曰：文者，載道之器也。是故先民所重莫尚於文，道德仁義非文不彰，禮樂刑政非文不紀，著稱事業非文不周，討論古今非文不達。文其可後乎？先後所述有關於邑政悉纂錄之，俾後來者有所考。

唐

惠山寺新泉記

獨孤及

此寺居吳西神山之足，山小多泉，其高可憑而上。山下有靈池異花，載在方志。

山上有真僧隱客遺事故跡，而披勝録異者賤近不書〔一〕。

無錫令敬澄字深源〔二〕，以割雞之餘，考古按圖，葺之築之，乃飾乃圬。有客竟陵陸羽，多識名山大川之名，與此峰白雲相爲賓主，乃稽厥創始之所以而志之，談者然後知此山之方廣，勝掩佗境。

其泉伏湧潛泄，潗漝舍下，無沚無竇，蓄而不注。深源因地勢以順水性，始雙鑿袤丈之沼，疏爲懸流，使瀑布下鍾，甘溜湍激，若醴灑乳，噴及於禪床，周於僧房，灌注於德地，經營於法堂，潺潺有聲，聆之耳清。濯其源，飲其泉，使貪者讓，躁者靜，靜者勤道，道者堅固，境淨故也。

夫物不自美，因人異之。泉出於山，發於自然。非夫人疏之鑿之之工，則水之時用不廣；亦猶無錫之政煩民貧，深源導之則千室襦袴，仁智之所及，功用之所格，動若響荅，其揆一也。余飲其泉而悦之，乃志美於石〔三〕。

惠山寺記

陸　羽

惠山，古華山也。顧歡《吳地記》云：「華山在吳城西一百里。」釋寶唱《名僧傳》云：「沙門僧顯，宋元徽中過江，住京師彌陀寺，後入吳，憩華山精舍。華山有方池，池中生千葉蓮花，服之羽化，老子《枕中記》所謂吳西神山是也。」

山東峰當周秦間大産鉛錫，至漢興錫方殫，故創無錫縣，屬會稽。後漢有樵客於山下得《銘》，云：「有錫兵，天下爭；無錫寧，天下清；有錫沴，天下弊；無錫乂，天下濟。」自光武至孝順之世，錫果竭，順帝更爲無錫縣，屬吳郡。故山東謂之錫山，此則錫山之岑崟也。南朝多以北方山川郡邑之名權創其地，又以此山爲歷山以擬帝舜所耕者。

其山有九隴，俗謂之九隴山，或云九龍山，或云鬬龍山。九龍者，言山隴之形，若倉虬縹螭合沓然；鬬龍者，相傳云，隋大業末，山上有龍鬬六十日，因以名之。

凡聯峰沓嶂之中，有柯山、華陂、古洞陽觀、秦始皇塢。柯山者，吳子仲雍五世孫柯相所治也。華陂者，齊孝子華寶所築也。古洞陽觀下有洞穴潛通包山，其觀以梁天監年置，隋大業年廢。秦始皇塢者，柯墅之異名。昔始皇東巡會稽，望氣者以金陵、太湖之間有天子氣，故掘而厭之。

梁大同中，有青蓮花育於此山，因以古華山精舍爲惠山寺。寺在無錫縣西七里，宋司徒右長史湛茂之家此山下，故南平王鑠有贈答之詩，江淹、劉孝標、周文信並遊焉。寺前有曲水亭，一名憩亭，一名歇馬亭，以備士庶投息之所。其水九曲，甃以文甋甋甓，𤅷淪潺湲，濯漱移日。寺中有方池，一名千葉蓮花池，一名纑塘，亦名浣沼。歲集山姬野婦，漂紗滌縷，其皎皎之色，彼耶溪、鏡湖不類也。池上有大同殿，以梁大同年置，因名之。

從大同殿直上至望湖閣東北九里，有北湖，一名射貴湖，一名芙蓉湖。其湖南控長洲，東洞江陰，北淹晉陵，周回一萬五千三百頃，蒼蒼渺渺，迫於軒戶。閣西有黃公澗，昔楚考烈王之時封春申君黃歇於吳之故墟，則此也。其祠宇享以醪酒，樂以鼓舞，禪流道伴不勝淬噪，遷於山東南林墅之中。夫江南山淺土薄，不有流水，而此山泉源傍注崖谷，下溉田十餘頃。此山又當太湖之西北隅，縈疎四十餘里，唯中峰有叢篁灌木，餘盡古石嵌崒而已。凡煙嵐所集，發於蘿薜。今石山橫亙，濃翠可掬。昔周柱史伯陽謂之西神山，豈虛言哉！

傷其至靈，無當世之名；惜其至異，爲訛俗所棄。無當世之名，以其棟宇不完也；爲訛俗所棄，必其聞見不遠也。且如吳西之虎丘、丹徒之鶴林〔四〕、錢塘之天竺，以其臺殿樓榭崇崇業業，車輿薦至，是有嘉名，不然何以與此山爲儔列耶？若以鶴林望江，天竺觀海，虎丘平眺，郡郭以爲雄，則曷若此山絕頂下瞰五湖，彼大雷、小雷、洞庭諸山以掌睨可矣。向若引修廊，開邃宇，飛簷眺檻，凌煙架日，則江淮之地著名之寺，斯爲最也。此山亦猶人之秉至行、負淳德，無冠裳鐘鼎流也。苟無其源，流將安發？予敦其源，亦伺其流，希他日之營立，爲後世之洪注云。

錫山銘二首

後世無名人。

有錫兵，天下爭；無錫寧，天下清；有錫沴，天下弊；無錫乂，天下濟。

宋

常州無錫縣記

聶厚載

無錫建邑始於前漢。案陸羽《惠山寺記》云：「東峰當周秦間大産鉛錫，至漢興錫方殫，故創無錫縣。後漢有樵客於山下得銘，云：有錫兵，天下爭；無錫寧，天下清；有錫沵，天下弊；無錫乂，天下濟。」故順帝更爲無錫縣。又按《圖經》：「本隸會稽，王莽改爲有錫，至吳時改爲無錫。」又《縣廳記》云：「其有是邑得名之始，興建廢置之由，陸鴻漸《惠山寺》記之備矣。」然則《寺記》雖備，而與《圖經》互有得失，而不究其本矣。當周秦間大産鈆錫，乃六國時也，其後暴秦塗炭，劉、項戰爭之符也。樵客得《銘》合在文、景之世，是時弭師偃革，天下清晏，故神靈薦祉，其《銘》出矣，因之創縣，宜彰其美。陸云後漢得銘，非也，復不書王莽改易之弊。莽若不爲有錫，則順帝何以更爲無錫耶？莽既改革，則前漢得《銘》建邑明矣。前漢季世，錫乃復出，莽包篡逆之心，蘊姦邪之計，因其銘，改其邑，欲惑衆而祈應也。及順帝時，兵寇載戢，其錫復涃，故更爲無錫，益昭前讖《銘》之文非人文也，天意也。陸云無名人者，不可攷之辭也。《圖經》秪述王莽改更，不載得銘創邑之事，蓋闕文也。夫名山秀嶺，郡縣有之。苟峰巖奇峭，洞壑幽邃，勝惠山者多矣。若探治亂之幾，贊清寧之運，則海内諸岫莫之與比。

山在西郊，翠逼衙署。雖隔梁溪一水，而數尺之深不能截千仞之勢，陰陽流謂坐辛山、面巽水，宜其邑廣財豐，復多秀民也。太伯渡江，始居此地，六朝而下，賢才繼生，披《圖》可詳，不復悉紀。自僞唐納境之後，皇朝統御以來，民風載淳，文教益振，前後出宰者率多名士。如開寶乙亥迨天聖丁卯，五十載間，被唐虞之化，蔑覩戈戟，下悅卓魯之政，罔嗟苛刻，此亦大塊間福地也，豈非山岳之助乎？獨厚載濫司銅墨，素懵刑政，字人逖愧於前修，易俗欽徯於來者。

先是，縣封密接吳境，脣齒相醫，兵寇薦侵，官室民廬亟爲煨燼。後於縣城西南隅重建衙署，事皆草創，棟宇未完。咸平壬寅年，邑宰錢維周移就中位。其經營之美，石《記》具存。寒燠代遷，土木圮壞。乾興壬戌歲，縣令李晉卿明可禦姦，威能率下，悵公庭之卑陋，不足壯大邑之形勢，乃募豪傑，萃杞梓，利工善之器，揆定中之日，聽訟之廳雄構，擊鼓之樓峻峙，修廊挾室越柒拾間，迨棘丞王周繼政，工畢，縣庭壯麗，自此而始，俾黎庶望而畏之，增令長之威德。夫升是廳、治斯民者，得不端心秉節，誓公滅私，察下民之枉直，答元聖之寄任，然後不辱斯廳，不愧斯民矣。舊制，邑署修建，弗給官用，咸出於吏民之上。貪者徇私，忘公家之利；廉者潔己，避瓜李之嫌。所以縣寮公宇，罕有修葺。李公不畏率劍之譏，竭力公家之事，幹敏之譽猶沸民口，可謂縉紳中英傑也。惜其未立文誌，寖歷歲時，慮後人忘作者之勤勞，失建邑之本始，因訟空案簡，直書前烈，姑欲補《圖經》之闕，正《寺記》之誤，永李公之懿績也。

平清堂記

尤 爚

觀近臣以其所主，觀遠臣以其所爲主，古今不易之論也。蓋惟賢而後知賢，拔茅彙征，治道斯泰，而懷才抱德者，亦得以垂鴻名於盛世。

古靈陳先生在神廟朝薦士一疏，至三十有三人，皆一時名公偉哲，延洪我宋無疆之休，三百載如一日。猗歟休哉。沿海制使可齋先生，古靈之裔，清文直諒，每以進賢報國自任，不輕諾衣鉢有傳矣。錫山舊爲壯縣，邇來敗不可支，歲至五易長官。可齋衣繡日，幾選趙君紃夫來攝邑，歲值大獲，君聽訟以清，守己以正，敏明善斷，事至立辨。上承供億，下蘇凋瘵，士民感懷，列治績於臺府，乞就真以福百里，公朝報可。未幾，可齋入轄中臺，旋鎮東海，貽書以「平易近民、清苦律己」八言相勉，君因欲揭「平清」二字揭於公退之室以自律，可齋復大書鋟梓以惠之。君囑予著語，將勒堅珉，以侈教誨不倦之論。熻，邑人也，日聞善政，喜君之得所主，於是乎書。

淳祐次元長至前九日，朝請郎、直祕閣尤熻記。

無錫縣宰郗公德化記

陳 篆

上即位，改元建炎。秋八月，杭州守土軍竊發爲盜，意朝廷北伐之役，勢未及討，廼敢俘我王官，燔我民廬，釋獄囚，發府庫，掠金帛，殘毒百姓，據城以守。朝廷命辛將帥甲二千，用伐有罪，將私犒賞，不分士卒，仇之，師行次於加禾，共殺將以叛，勢不得進，反兵北首，聲假道於吳以如金陵，志實利寇松江，軒槁以備，賊得巨舟百數，夜襲松江，一夕煨燼，人無逃者。蘇人閉關塹河，被甲登堞，及賊距城，雖矢石紛下而不少卻。守臣實畏之，乃使人遺以書，廣設金穀，願得沿外壕以進。賊計吳城險固未易攻，徒老師爾，遂盟以許之。三日，棄蘇州以行，維舟於閶門之五里，賊意是將被我邑而及常也，語聞於道，欲焚我居屋，芟夷我農田，虔劉我士庶。邑人聞之，駭愕股栗，莫不舉手相弔，號若待盡。

邑宰郗公痛民之危，既盡傷心，且謀其策。丁國家軍興，倉庫所積無幾，公乃罄家之所蓄器用並帑藏，得銀二千兩，預一日遣人具咨，目以遺賊，賊見且喜，已善公之能迎勞，答公以狀詞，頗肯受。時又得丞相李伯紀弟季言，慨然謂公曰：「某職兼鈐轄屬官，公憂如此，又不可坐視，願前五十里迎賊，諭道公意，苟全此邑，亦某之衷、公之幸也。」公重信而聽之，季言不及省問家人，即衣褐單騎，從者數人，暮行夜宿於界亭。明日，賊舟果至，季言見首領，賓主禮唯謹，諭賊以公之恤民愛物如此，賊屈首無毅色，謂季言曰：「毋憂，敢不如所言。」季言即間遺公書，具道賊所以狀。公爲之喜且懼，謂兇人姦險，雖首肯而心或違，則適敗謀。又明日，賊舟將抵邑南門，公接見首領，以禮折勞曲，度賊氣平，改容正色語賊曰：「若所謂季公言不謬，百姓得賜更生，雖殺我以償所志無憾，不腆金幣以賞從者；或甘言紿我，陽許而陰背之，願先殺某，不忍百姓之罹凶毒也。」賊欷戲感歎，謂公曰：「學士與李君，實邑之父母，當戒士卒釋甲受犒。」即趣舟以行，乃指天以誓：「苟逾盟，有如日。」公聞而後喜可知也。賊於衢道間呼謂邑人曰：「爾等賴縣令郗公得保首領，不然則松江矣。雖燒頂斷臂，何以報德。」於是癃老扶杖，擁公之車，感泣跪謝。是日，賊兵果解維以去，一毫不取，士庶帖然弗擾。

嗚呼，公之覆護一邑如此之至，其古之遺愛乎？夫漢唐循吏止有一事可書，則勒功於碑，以爲甘棠遺愛，況公之德於吾民不啻覆載，使後世湮沒無稱，亦邑子之罪也，篆於是紀其事。篆聞唐朱泚之亂，得一何蕃而六館之士不從，君子謂蕃仁勇人也。公，儒者，平時理縣尚寬恤，百姓交愛之。及是，終以此得抗，非仁而有勇者乎？且以蘇州金城湯池，雖松江有大川可恃而卒破蕩，蘇人亦不免躬甲胄，赴矢石，爲城下之盟不愧，僅得免死，亦幸爾。無錫當通道，外無城堞以守，内無甲兵以敵，賊一舉手則旋踵而傾覆，郗公不動聲色，俾賊善解，李勣賢於長城遠矣。斯人今復見之。嗟夫，雷霆駭耳，蜂蠆起懷，雖賁諸荊育之倫，未有不猶豫奪常者。至若解紛赴難，確然有不可挫之色，自非足以化檮杌，未有能喊虓虎而集之氣者也。以賊之殺部將，破松江，視民如螻蟻，至我邑，以公故，罔敢流毒，非有以化之而然耶？昔漢劉弘農反火、虎渡河，後世以爲難事，以公匹之，過昆遠甚。是宜邑之父老必有爲公立祠者，兒童必有爲公歌謠者，駢四儷六、錦心綉口之士，必有濡毫染翰爲公作詩以頌其德者。至篆則恐公異日陞朝以濟大事，秉史筆者舉其大而遺其細，則敘公之事不能無闕文，得此則庶可少助。而摛文愧近俚〔五〕，蓋欲道其實焉。

公名漸，字子進。

丁未十月日，晉陵陳篆記。

常州無錫縣學記

章望之

有儒生謁於前曰：「我無錫之士人也。」示予以學宮之圖曰：「吾大夫祕書丞張樞言，始謀人也。其中南向者，文宣王之殿也。大門值其前，論堂橫其後。後又有先生之室，東西兩序則諸生之舍也。蓋在縣署東南三百步之間。其貲財所出，則吾邑業儒蓋百人矣，能倡義者裒諸儒之有爲之也。作之之日則丁酉秋也，成之之日則明年春也，諸生入學在四月之乙卯望。越十四日己巳，吾大夫與其僚宿於齋次。庚午朔，五鼓作，師生陪執事釋菜於廟庭，退而宴私於論堂之上，揖吾曹而謂之曰：凡我造學於茲，將使而習聞聖人之美，用於而躬，非專之決科也。諸生曰：敢不恭稟所教。」

令也請以事之始末諉予以文，久吾大夫之風於弊邑，何如？予爲之持觴以賀曰：「有本哉，張子之爲邑。而予之鄉里之慶也。」其令不擾而民信，其文不密而民畏。鄉尊耆艾之無過者而後生有勸，富家羣養孤獨之人而衆不憚煩，則吾即知之矣。

政其成矣，又興學校以貽人，得不曰有本哉？梓人之子知百木之堅脆，商人之子知四方貨財之有無，屠人之子善鼓刀，裘人之子善治皮，豈皆其天才自然耶？少而目治，長而手治，由是積習之漸耳。燕趙之好兵也，未必鈞好也，其見者兵也。荊楚之好巫也，未必鈞好也，其見者巫也。吴越之好漁也，未必鈞好也，其見者漁也。今夫孔子之道包百王之教，治則堯舜光顯，亂則桀紂誅亡，大之通天地，微之入鬼神，密義精言，散在經傳，厥有師敎，學者猶莫窮三家，使閉戶學之，筋骸憊矣。儻有得哉，勤勞已甚，邈焉大道，死矣無傳。如皆郡縣勸儒開設學館，長吏且有意焉，則其民感思自興，心志開而見聞博矣。異時庸知是邦不由樞言戶曉《詩》《書》，而尚禮義歟？

予故爲之詩曰：表表南山，興雲以雨。木之苞矣，春陽攸聚。念我慮善，教不有初。彼繰者絲，厥抽惟緒。築室維何？有殿有堂，有序有房。閑陰啓陽，翔翔者楹，盤盤者梁。工逸於成，伎臻其良。我之思矣，古之孔子。我居我處，友朋來萃。爰飲爰食，爰講爰議。永懷恭人，肅慎容止。敬恭明神，邑令有僚。盛服至止，徒御弗囂。齋明有日，其誠孔交。何以薦之？清酒少牢。咨示父兄，順聽邑命，爾子爾弟，勗成正性，必儒其躬，俾善其行，貽親以不病。咨示子弟，優優在道，律身如學，以忠以孝，令名匪今，於後有耀，貽孫以不詔。中田有稷，其實離離。張子有猷，神享人治。善人之延，百世攸宜。爾民其承之。

常州無錫縣崇寧增建學記

王　相

崇寧改元，上既庚用二三大臣克篤前烈，追盛三代唐虞之治，爰詔冢宰慎簡乃僚，置司講議政事當務之急。是秋，大丞相、司空、嘉國公，本原神宗皇帝以聖智稽古，即位之初，慨然追法先王訓經以迪士，置師儒以明道，廣學校以教養，嘗詔侍臣欲考古者庠序之制，闓明堂辟廱以施發政功，志未就，遭元祐變革，無復存者。恭惟皇帝陛下盛德大業，修明法度，追而述之，深悼風化之微，而欲善天下之俗，非學不能成之，謹以學校爲今日先務。制可之，遂詔天下郡縣皆立學，以三舍法取士。粤明年甲申，乃下詔曰：「神宗皇帝嘗欲以學校取士，而罷州縣科舉之令，其法始於畿甸，此學士大夫之所共知也。朕不愛百萬之財以教養天下之士，而以育材官人、善風俗、修政事爲急。其詔有司罷發解及省試，取士並由學校升貢，庶幾追復成周之隆，紹先帝之緒，以稱朕所以圖治之意。」其年十二月甲戌，皇帝視太學，幸辟雍，即敦化堂賜上舍釋褐者凡十有六人，其次免省試者二十有六人，内舍生及畿内貢士皆免解，其數幾半三歲賜第於集英者。於乎，盛矣美矣，不可以有加矣。雖三代教養之隆，未有甚於茲時者也。《詩》曰：「周王壽考，遐不作人？」信乎美成在久者，其必自於作人也。

愚竊以謂化人成俗，莫不由學，故先王之盛時，設庠序以養賢，論才德而取士，自天子諸侯之子下至國之俊造莫不入學，自成童而藝文，至四十而仕，其習乎禮樂之容，講乎仁義之說，敦乎孝弟之行，入以養其父兄，出以事其長上，與朋友交而有信，臨財廉，處衆不爭，行修於身，有聞於家，達於鄰里鄉黨，然後詢於僉言，又定於鄉老之可信者而薦之，始謂之秀士。久之，又取其甚秀者爲造士。然後司馬辨其論，隨其材而官之，任官然後爵之，位定然後禄之。夫如是，積德累善，其勤若此其久亦至，固非止取一日之長，然後求賢審官，寘彼周行，如此其慎而有次第，則浮僞矯激干利苟得之士不容於其間，風俗不陷於偷薄，而日以忠厚也。宋興葢百有五十年，而天下之學始克大立，稽古之制，放周之文。其養也教以經藝文辭，其取也考以材識行實，由三舍以察士之能否，而命之以官，可謂希闊之舉矣。是以詔下之日，遐邇慶幸，而奔走趍事者以後爲羞。

常州無錫縣有學，嘉祐初自龍圖張公詵始，其興制之本見於武寧章望之之《記》。後四十八年，其猶子元度繼宰是邑，會朝廷班學制，他邑皆承命經營，力作不暇，而茲得即舊以新之，功省十倍，然後知君子之澤，利施者遠，而事固不偶然者，是學之興適在其父子。

屬者，朝廷增養士之制，初，大縣以五十人爲率，後廼以三歲應書多寡計之，無錫宜增給百人，以百五十人爲率。而舊舍扁迫，隘不可容，今乃與其屬度學之西偏，增直購地斥廣而大之，别爲屋二十有六楹，又遷庖廚浴室於其北。鳩工於八月壬辰，考之於十一月戊辰。閎壯顯敞，踰於昔制。

令以予掾於尉曹，寔董廼事，會終，更屬予爲文，以識其成。予懼學者不明乎朝廷教養之美意，而師儒之官或不揣本而齊其末，失其所謂作成之方，謹具述明詔，如上所載，因誦其所聞而著之。

夫《大學》之道，將欲正心誠意修身以治其國家天下，而必先本於知至，則所謂知至者，貴達乎道德性命之理而已，非止乎期命辨説形名度數之間、弊於淺淺者爾。故先王教法必以智仁聖義忠和爲之别，以孝友睦婣任恤爲之同，藝則該之以禮樂射御書數。至於淫詞詖行，析言破律，異端之術，爲之誅禁。《書》曰：「格則承之庸之，否則威之。」方今舉皆法此，吾固知其教化之行，風俗之成，唐虞三代之治可跂足而待之。異時諸生道德明秀，行藝修飭，歲預升選〔六〕，賦《菁莪》《采芑》之詩，以頌明天子育材之意，晝繡而謁謝先聖先師，周覽牆屋，慨然思詠令佐之功績，而予因得並預茲榮，附托不朽，不亦幸哉。輒不自揆，退爲之記，俾刻諸石，以告學者。

崇寧三年景至日。

無錫縣學之記

李彌正

孔子删《詩》，列國獨存《魯頌》，非私魯也，以其君臣有道而庶事舉也，體大而有證，孰若修頖宫？鄭亦同姓國，學校不修，而《子衿》之刺興。其後，然明至欲毁鄉校，賴國僑知政，議尼不行。以鄭之刺，則魯之頌宜也。

厥今，天下郡縣同被王靈，固無異政，於奉令率職，身任風教，不爲具文避課，豈不宜大書特書，行之永久乎？毗陵，浙右支郡，文儒逾於大府。無錫於郡屬，又壯哉縣也。九峰峙其西，太湖漾其南，山川炳靈，人物阜夥，卿材民望，繼踵接武，服冠履、業弦誦者，肩摩地屬，異時庠序未稱，獨廟貌岌然孤立，旁無夾輔。春秋二丁，官吏用事，張以管葦，風雨不除，道路目笑。迺紹興甲子秋，詔諸縣治學舍，尚或窘於獄訟簿書，日不暇給，遲回未遑。越明年冬，邑宰胡君舜舉既下車，以儒雅飾吏事，迺惕然曰：「德音甚渥，矧大邑多士，其敢後！」於是營資庀具，拓地度材，屬主簿朱君奇視役。奇究心知務，纖悉必躬，克欽乃事，以輔其長，迄用有成。堂皇敞密，齋廡整潔，榱桷戶牖，丹雘塗塈，咸極精敏，庫置什器，廥蓄儲貯，炊烹滌皆有處所，凡爲屋大小五十有四楹。又徹殿蓋而新之。公無侈費，民不告勞。作始於丙寅春三月，至於十月工畢。丁未，率里之大夫士，釋菜於先聖，退鄉飲酒於講堂，主賓僎介〔七〕，升降獻酬，耆耋壯稚，式敘在位〔八〕，觴豆靜嘉，殽核旅美，揚觶致戒，情文具盡。禮成，拜送於庠門之外，觀者如堵，嗟咨歡忻，喜王化之復行。

伻圖來諗，俾記以文。斯舉也，夫子以爲宜頌，其敢惜辭，乃具載興建本末，且告諸方來。

曰：惟人萬物之靈者，有倫有類也，五典之序，自天子下達，有虞夏商之學名異實同，皆以明倫爲本。周制益詳，崇術立教，迪德訓行，悉有官師，以造俊秀，養老齒胄，獻馘受成，咸在焉。鄉學里選之法，出長入治之政，顧寓行於其間耳。由漢而來，取士之制一變而升孝廉，再變而置中正，三變而舉進士。雖科目猥多，途轍浸廣，而明君良臣、賢守令師，以立學官、增弟子員爲急先務，蓋教化淵源有在於是〔九〕，非直角文藝〔一〇〕、階進取而已〔一一〕。國朝自慶曆始詔州縣悉置學，元豐推行三舍法於賢關，崇寧遂頒天下，海隅遐荒，禮義滲漉〔一二〕。中更艱難，茲道乍熄。今天子撫運中興，儲神道藝，既修鄰睦，廓然無事〔一三〕，乃與大臣議建太學，繼及郡邑，以幸斯文。縣大夫洎其僚精白承休，亟就嘉績。嗚呼，士之遊息於斯，與夫耕養家食者，盍體勉勵訓飭之勤，平居孝弟忠信，修身行道，奉彝倫，蹈聖域，祿在其中矣。其或先利後義，綴緝口耳之學，覬以弋釣名第，如區區漢儒之陋，指典籍爲拾青紫具，陳車服以夸稽古力，斯豈君相崇儒易俗之旨，而大夫宣化流澤之意哉？

紹興十六年十一月朔旦。

無錫縣徐偃王廟庵記

尤 棟〔一四〕

錫山西南一舍而近，是爲五里湖。湖之陽有山，山之陽有廟，祀徐偃王。王嬴姓，誕其諱，爲周諸侯，治以仁義。穆王西遊瑤池忘返，諸國交執玉帛贄於徐。穆王馳歸伐之，王不忍兵其民，去之彭城武原山下而居焉。至章禹見執於吳〔一五〕，子孫散處揚、徐間，即所居立王祀。韓昌黎記衢州廟，網羅舊聞，於斯爲信。蓋衢、常皆古揚州境也。然今是邦蔑王子孫，廟籍之不廢，則里人若浮屠氏之力。嘗質圖志闕創始歲月，惟殿重建於紹聖戊寅，書棟可考。殿南爲軒，軒南爲門，共以東西二序。殿後小室，浮屠氏趺息地也。廟山相傳曰廟塘，廟據其趾，石塘橫其東，人是以名隸於廟者六十畝有奇，歲取薪櫝供祠祭等用。紹興間，善彬居之，業猶故。彬去，中廢，官税莫供，爲里正病。吾宗有佃於官，爲任輸送。慶元己未，衆謂祠宇日就荒蕪，水旱疾厲，將無所乎禱，遂選請宗佾繼彬之舊。佾敬共事神，清苦持戒，爲一方信。重經營補葺，由殿及序，翼欹而正，更汚而潔，結庵廟北，扁以保慶，中建閣以儲梵筴〔一六〕，旁闢軒以延賓客。逼湖波，往來病涉，又累石隄百餘丈，爲橋三。役竟，復慮無以供衆，乃置田三千七百餘步爲伏臘計。先後二紀，乃克就緒。一日，其嗣孫文禮款門曰：「廟菴規橅粗整，惟故山未復。」余曰：「於吾宗族歸之。」吁，始乎此廟僅有此山，今由菴而隄，隄而橋，照映湖濱，過者屬目。詢之衆，皆曰：「佾與其徒道恢等，弊衣粗食，積贏累奇而成〔一七〕。」余謂：「元本所在，皆王仁義之澤浸潤演迤，非惟子孫敬之，里人與浮屠氏皆敬之〔一八〕，故相爲扶持，廢者復興，失者復還也。」禮請記顛末。茲山去先塋近，余春秋掃祭，經祠下瞻敬，已登閣顧彼巖石磊隗〔一九〕，久欲剜苔以記曾遊。禮之言適與心會，故書。

景定癸亥孟冬朔，奉議郎、宜差知安慶府桐城縣、主管勸農管田公事、兼弓手寨兵軍正尤棟記〔二〇〕。

惠山泉記

聶厚載

水之甘苦猶人之賢愚。人生禀氣清則賢，濁則愚。水流因地潔則甘，穢則苦。石脈至潔，山泉悉甘。而斯泉勝諸泉者，以其感錫之氣也。苦井投黑錫於其中，久而則甘。查梅橙李，和鉛霜食之則美。蓋錫能變味致甘也。茲山當周秦間大産鉛錫，豈非假其餘味乎？

或云：「苟錫能致甘，則山下諸泉味當一矣，而獨美者何也？」曰：「山一而源異也。佗泉脈淺，發於山表；斯泉源深，出於山骨。故積霖而不溢，久旱而不竭。承平之代，錫乃深藏，故源深而得其液焉。不然則何以滑於衆泉，重於諸水？」

或云：古時錫産東峰，非泉脈矣。惠山，本也，東峰，枝也，未有本亡而枝有者也。利物之外，尤資茗荈。陸先生嘗，奇之，美名始振。夫食味別聲，人之常也。甘辛爽口，嬰蓋一致。至若水之淡薄，其味各別。能於淡薄之中紀其優劣，峻其等級，非奇人不能臻乎妙。亦猶金絲聰耳〔二二〕，清濁易辨。其或審興衰，察治亂，非賢者罕極其奥。審聲之奥，夔季而下，世有能者。别味之妙，生民以來，先生一人耳。且夔季於樂，聽於心而不聽於耳；先生於水，别於心而不别於口。後之慕先生名，悦水之味者，又不别於口，别於耳也。噫，别於耳者衆矣，非獨水之難别也。先生未生，泉味非苦；先生生後，泉方有譽。信乎蔡邕辨薪而爨，伯樂顧駿而增價。天下之山珠聯櫛比，山中之泉絲棼髮委。先生不登之山、未嘗之泉多矣，其間揖康洞而抗蘭谷者有之，不偶奇識，滔滔於汙潦之間，惜夫。且以無情之水，遇至鑒汲引，尚能紀名於簡冊，分甘於郡國，矧有道之士遇知己振發，豈不能澤潤生民，道濟天下，焕令名於今古哉？前所謂水猶賢者，言非過也。

感物而動，與泉作序。

陸鴻漸品水二十味：

江州廬山康王洞簾水第一。

常州無錫縣惠山石泉第二。

蘄州蘭溪石下水第三。

硤州扇子硤下石窟洩水第四。

蘇州虎丘山水第五。
江州廬山招賢寺下石橋潭水第六。
揚州揚子江中冷水第七。
洪州西山瀑布水第八。
唐州桐栢縣淮水源第九。
江州廬山頂龍池水第十。
潤州丹陽縣觀音寺水第十一。
揚州大明寺水第十二。
漢江金州上流中冷水第十三。
歸州玉虚洞香溪水第十四。
商州武關西谷水第十五。其水溫煖。
蘇州吳松江水第十六。
台州天台西南峰瀑布水第十七。亦呼十丈瀑布。
彬州圓泉第十八。

嚴州桐廬江嚴陵瀨水第十九。

雪水第二十。

惠山陸子泉亭記

孫 覿

陸鴻漸著《茶經》，別天下之水，而惠山之品最高。山距無錫縣治之西五里，而寺據山之麓。蒼崖翠阜，水行隙間，溢流爲池，如奏琴筑，如鸞鳳之音。味甘寒，最宜茶，於是茗飲盛天下，而缾罌負擔之所出通四海矣。

建炎末，羣盜嘯其中，洿壞之餘，龍淵一泉遂涸。會今鎮諸軍節度使、開府儀同三司、信安郡王、會稽尹孟公，以丘墓所在，疏請於朝，追助冥福，詔從之，賜名旌忠薦福，始命寺僧法皡主其院。法皡氣質不凡，以有爲法作佛事，糞除灌莽，疏治泉石，會其徒數百，築堂居之，積十年之勤，大屋穹墉，負崖四出，而一山之勝復完。泉舊有亭覆上，歲久腐敗，又斥其贏財撤而大之〔二二〕，廣深數丈〔二三〕，廓焉四達，遂與泉稱。皡請余文記之，余曰：「一亭無足言。」而余於皡獨有感也。

建炎南渡，天下州縣殘爲盜區，官吏寄民閭〔二四〕，藏錢廩粟分寓浮圖、老子之舍，市門日旰無行跡，遊客暮夜無託宿之地，藩垣缺壞，野鳥入室，如逃人家，士大夫如寓公寄客，屈指寄歸日，襲常蹈故，相帥成風，未有特立獨行破苟且之俗，奮然以功名自立於一世，故積亂十六七年。視今猶視昔也。法皡者不惟精神過絶人，而寺之廢興本末，與古今詩人名章俊語刻留山中者，皆能歷歷爲余道之。至其追營香火，奉佛齋衆，興頹起仆，絜除垢穢，於戎馬蹂踐之後，又置屋泉上，以待四方往來冠蓋之遊，凡昔所有皆具，而壯麗過之〔二五〕，可謂不欺其意者矣。而吾黨之士猶以不織不耕訾其徒，姑置勿論議焉為是〔二六〕。宜日夜淬礪其材〔二七〕，振飭蠱壞，以趍於成，無以毁瓦畫墁食其上，其庶矣乎。故書之，以寓一歎云〔二八〕。

紹興十一年六月日，晉陵孫覿記並書。

膠山竇乳泉記

翁　挺

膠山在無錫縣東，去惠山四十里，由芙蓉塘西南拔起平陸，聯綿迤邐，高下十數，而後峙爲大陸。有泉出其下曰爲寶乳泉，蓋昔人以其色與味命之。自梁天監時地爲佛廬，踞山北向，而泉出寺背。至唐咸通中，浮圖士諫改作今寺。

依東峰與惠山相望，則泉居左廡之南。水潦旱暵無所增損，隆冬祁寒不凝不涸，故其山雖不高，泉雖不深，而草木之澤，烟雲之氣，淑清秀潤，澒洞發越，皆茲泉之所爲也。然而疏鑿之初，因陋就簡，決渠引溜，不究其源，閱歲既久，瓴甓弗治，滴乳滲漏，淪入土壤。

建炎二年，余罷尚書郎，自建康歸閩，適聞本郡有寇，留滯浙河，因來避暑茲山，日酌泉以飲。病其湫隘，謂住山益公，能撤而新之，當以金錢十萬助其費。益公雅有才智，且感余之意，以語其徒元淨、慶殊、乂冲三人者，或願出力。於是坎其山入丈餘，得泉眼於嵌竇間，屏故壤，理缺甃，而泉益清駛，乃琢金石於包山爲之池，廣袤四尺，深三尺，以蓄泉。上結宇庇之，榜曰蒙齋。池之北瀉爲伏流，五丈有奇，以出於庭。跨伏流爲屋四楹，屬之廡，有扉啓閉之，榜曰寶乳之門。庭中始作大井再尋，疎其檽檻使衆汲，蓋數百千人之用，常沛然而無窮。

事既成，益公謂余曰：「寺有泉歷數百載，較其色味，與惠泉相去不能以寸，而名稱蔑然，公乃今發揮之，當遂遠聞。信物之顯晦，亦有待乎？」余笑曰：「水之品題盛於唐，而惠泉居天下第二，人至於今莫敢易其說，非以經陸子所目故耶？自承平來，茗飲逾侈，惠山適當道傍，聲利怵迫之徒往來臨之，又以缾罌甕盎挈餉千里，諸公貴人之家至以沃盥焉。泉之德至此益貶矣。今膠山所出，岡阜接而脈理通，固宜爲之流亞。獨恨余邁往之迹，介潔之名，非陸子不能與之爲重。然山去郭一舍，蹊隧阻而涇流陿，邑居者欲遊，或累歲不能至，況過客哉？比之君子，惠泉若進爲於時，故雖清而欲浼；竇乳類夫遠世俗而自藏者，將愈僻而無悶。以彼易此，泉必難之。而公顯晦有待，特以爲言，亦期之淺矣。」益公亦笑曰：「有是哉，請著之泉上，使遊二山之間者有感於斯焉。」遂書以授之。

歲戊申冬十有一月癸丑。

一梅堂記

蔣重珍

寶慶丁亥，皇上即位之四年也，重珍試吏茗幕，以病易鄞幕待次。歸治藥石，無容榻之地〔三〇〕，解脱闔中簪珥，得敗屋一區，掃灑扶持而居之。癸巳春，奉祠杜門，痼疾弗瘳，目昏耳聵，老態具見。乃於室之東南隅，撤舊而新，爲堂一間，兩挾置藥爐丹竈蒲團紙帳於其中，將静坐養痾，以苟旦暮之命。屋卑地狹，月餘落成。故舊有誚予者曰：「子其掃除一室之小者，丈夫歟？吾視子幼孤，繩樞甕牖，所居不能容膝，遷徙傍徨，將母而行，傍人籬落，竊一椽之芘，輒以爲幸。今破屋視昔已過分矣，而奚以堂爲？」余竦然而悲曰：「是予之過也。雖然，吾豈以堂爲樂哉！獨念吾家凋弊五十餘年，生意幾絶。某不肖〔三一〕，誤蒙寧廟親擢，未幾，叨被皇上召對，名列班簿，么微此身，病廢退休足矣，足矣。雖然，此身父母之遺體也，可不敬乎？築斯堂也〔三二〕，敬斯體也，乃所以報親也。不然則安宅何在？廣居何在？而顧區區於此堂哉？自斯堂而成，而可以求師也，凡齒德俱尊者，學可及人者〔三三〕，義理精熟者，克忠克孝者，博通經史者，深識時務者，吾於此下風而問焉〔三四〕，則身雖病而心不病矣。自斯堂而成，而可以合族也，凡姿稟可教者，好禮知恥者，遷善遠罪者，小廉曲謹者，貴不簡傲者，貧不卑屈者，文藝自將者，多識事物者，吾於此因材而篤焉，則身雖病而家不病矣。自斯堂而成，而可取友也，凡能修而通者，能言而踐者，卓犖而重者〔三五〕，淳靜而立者，已知大體者，能勤小物者，虚心無我者，善如己出者，惡如無隱者，相觀爲善者，吾於此久交而敬焉，則身雖病而道不病矣。夫心不病則不敝，家不病則不替，道不病則不孤，貧無憾也，賤無憾也，存順而没寧〔三六〕。嗚呼，此豈忘其親而事其身哉〔三七〕？」

堂之前有梅一株，清圓茂密，因以名堂，無所取義，示不改其舊也。

萬竹亭記

蔣重珍

余已記一梅堂，復爲後圃。開林爲徑，縛亭東偏，扁曰萬竹。亭有池，池上有梅，梅之外琅玕森然，向亭而立，如衆賢盍簪挺挺其清也，如三軍成列懔懔其嚴也。風清月明，發揮高爽，雨陰霧暗，韜晦蒙密，景物常變，皆啓人意。余時命蒼頭扶掖病足，自徑而亭焉，非日涉成趣之謂也，非起居適安之謂也，其所感慨深矣。

余生於淳熙末年，時和歲豐，田里安樂。先君與諸父實居鳳山，貧不聊生，故廬已屬有力者。然茅齋方池，飽足幽趣。前植古梅，後列修竹，藜杖野服，日引兒姪從容其間。故余平時清夢皆此時事，嘗刻之家傳，以寫罔極之思矣。今是亭之營，本非求合，而梅老竹茂，渾然天成，時異事殊，心感情愴，見先訓遺風，使余一刻之不能忘也。是余之一遊一息，洞洞屬屬然如將見之也，可不謹哉！雖然，園林之樂一也，而其所以樂此者，則有間焉。蓋先君諸公之樂此也安於貧，而予之樂此也厄於病。貧者循其理分之當然，病者出於形體之偶然。律之以原憲之言，則大有媿矣。先儒亦曰：「人多言，安於貧賤，皆是力屈才短，不能營畫。若稍動得，恐未肯安。」余之病廢，抑近是歟？書置壁間，因以自警。

通惠亭記

蔣　瑎

彭城錢侯申仲，世家於無錫。既仕而歸，乃卜居於邑南漆塘山中，聚書四萬卷，日取而讀之，探古聖賢之藴，以美其身。於其暇日，稍稍疏巖剔藪，立臺亭，蒔松竹，爲遊觀之適。然是山無水，率以罌瓶汲於湖，以供朝夕之用，僕奴顔汗肩赬，陟降告勞。

紹興三年春二月，申仲行於其居之南，爰有寒泉發於岩趾，以杖導之，如龍蛇蜿蜒，盈科而後進，酌而賞之，清洌滑甘，與惠山之泉無異。於是甃以瓴甓，洄爲方池，饋饍漱浣，日用而不竭。迺作亭於泉上，名之曰通惠，意其與惠山通。山居之父老聞而觀焉，驚顧顏色，且曰：「水之行地中一氣耳，茲山去惠山不百里，則其泉脈灌輸，理或有之。」或曰：「不然，吾與若居是山，老身長子，日以遠汲爲病，今錢侯涖止，而泉發於其居，豈天藏神閟，不輕付與，有待而出耶？」衆以其言爲是，乃相與歌曰：「泉何爲兮效祉，侯有德兮克君子。挹彼注茲兮，況羞饋祀。永收勿幕兮，自今以始。」又賡而歌曰：「孝友溫良，溢於文章。錢侯之德兮，演迤汪洋，惠我無疆。茲泉之澤兮，德積而愈光，澤久而彌昌，世世其無斁兮。」

於是宜興蔣瑎聞而異之，曰：「昔唐相李文饒既貴，重其服御飲食，必欲極四方之怪珍，常喜飲惠山泉，置驛以取水，天下苦之。有浮圖人告曰，長安昊天觀井水與惠山泉通。公試之，信然。遂罷水驛。」寥寥數百年間，其事相爲符望。然以予觀之，惠山距長安數千里，而遠有高山大川之限，是烏能相通哉？特以其味似之耳。今九壠、漆塘相望密邇，而申仲以隱德懿行，蒙神之貺，則泉爲時發，亦無足疑者。因取父老之謠言，且本其所以作亭之由，而爲之記。

橘中記

余永弼

江東計臺從事曾當時謂子余子曰：「我於梁谿所居之旁辟小室，周施纔丈尺，非有增臺傑觀晧旰華敞之足言也，而虛明靜深似可人意。日浩然其間，誦書著文，行歌坐嘯，客至則有棋有琴，一觴一詠，不知世之有所謂榮辱驩戚者。室雖小，滔乎其有餘，端不減商山之樂也。榜曰橘中，子爲我記之。」予曰：「嘻。子相家子也，何自而知此樂哉。夫極狗馬之好，騁遊田之荒，揚激楚之結風，發陽阿之妙音，宜子之所樂也；而方且馳騖乎書林，漁弋乎義圃，好古博雅過於藜藿之士。齊竽趙瑟，晉棘梁棃，宜子之所樂也，乃漫不屑意；至於商鼎魯鐘，昆吾之劍〔三八〕，岐陽之鼓，則耽玩研覈，恨不追軒、頡而揖冰、斯。又侈之以《詩》《書》六藝之學，先聖賢之德音，以成其文。故春容乎大篇，則高壯廣厚，辭正而體備；寂寥乎短章，則潔簡疏越，言峭而意美。風雨交於筆札，雲霞散於翰牘。窮情盡變，雖長吉之陣馬風檣，嘉謨之孤峰絕岸，不是過也。異時必能發揮志業，羽翼清朝，暢淑聲於不朽，是無愧於四老矣。此予所以樂爲子記之。若夫景物之勝，登臨之適，尚冀相羊其間而賦焉。」

隆興甲申上巳日，鄱陽余永弼記。

【校勘記】

〔一〕賤：原作「淺」，據《毗陵集》卷一七改。

〔二〕深源：原作「源深」，據《毗陵集》卷一七及下文乙正。

〔三〕美：原作「羡」，據《毗陵集》卷一七改。

〔四〕丹徒：原作「丹徙」，據四庫全書本《太平寰宇記》卷八九及《大清一統志》卷六三改。

〔五〕摛：原作「張」，據光緒《無錫金匱縣志》卷三五改。

〔六〕預：原作「頻」，據光緒《無錫金匱縣志》卷三五改。

〔七〕僎介：原作「遵」，據光緒《無錫金匱縣志》卷三五改。

〔八〕式：原作「成」，據光緒《無錫金匱縣志》卷三五改。

〔九〕教化：原作「牧化」，據光緒《無錫金匱縣志》卷三五改。

〔一〇〕角：原作「用」，據光緒《無錫金匱縣志》卷三五改。

〔一一〕階：原作「諧」，據光緒《無錫金匱縣志》卷三五改。

〔一二〕禮義：原作「禮乂」，據光緒《無錫金匱縣志》卷三五改。

〔一三〕廓然：原作「廓廓」，據光緒《無錫金匱縣志》卷三五改。

〔一四〕楝：原注「缺名」，據弘治《重修無錫縣志》卷三三補。

〔一五〕執：原作「止」，據光緒《無錫金匱縣志》卷三五改。

〔一六〕筴：原作「爽」，據光緒《無錫金匱縣志》卷三五改。

〔一七〕積贏：原作「稽贏」，據光緒《無錫金匱縣志》卷三五改。

〔一八〕里人：原脱，據光緒《無錫金匱縣志》卷三五補。

〔一九〕磊隗：原作「磊魄」，據光緒《無錫金匱縣志》卷三五改。

〔二〇〕楝：原注「缺名」，據弘治《重修無錫縣志》卷三三補。

〔二一〕聰耳：原作「睦耳」，據弘治《重修無錫縣志》卷三三改。

〔二二〕財撤：「財」字原脱，「撤」作「徹」，據《鴻慶居士集》卷二一補、改。

〔二三〕數：原作「亥」，據《鴻慶居士集》卷二一改。

〔二四〕民閻；原作「民間」，據《鴻慶居士集》卷二一改。

〔二五〕而壯麗過之：原脱，據《鴻慶居士集》卷二一補。

〔二六〕為：原脱，據《鴻慶居士集》卷二一補。

〔二七〕日夜：原脱，據《鴻慶居士集》卷二一補。

〔二八〕以：原脱，據《鴻慶居士集》卷二一補。

〔二九〕隧：原作「遯」，据光緒《無錫金匱縣志》卷三五改。

〔三〇〕容榻：原作「宏榻」，據弘治《重修無錫縣志》卷三三改。

〔三一〕某：原作「其」，據弘治《重修無錫縣志》卷三三改。

〔三二〕堂：原作「室」，據弘治《重修無錫縣志》卷三三改。按，據上下文義，作「堂」是。

〔三三〕學：原作「孝」，據弘治《重修無錫縣志》卷三三改。

〔三四〕原「下」字下衍「一」字，據弘治《重修無錫縣志》卷三三刪。

〔三五〕而：原作「之」，據弘治《重修無錫縣志》卷三三改。

〔三六〕「順」下原衍一「事」字，據弘治《重修無錫縣志》卷三三刪。

〔三七〕事其身：「事」下原脱「其」字，據弘治《重修無錫縣志》卷三三補。

〔三八〕剑：原作「刻」，據光緒《無錫金匱縣志》卷三五改。

無錫縣志卷四下

辭章第四

記述四之二下

宋

蔣狀元母夫人墓誌銘

魏了翁

嘉定十有六年夏五月戊申，蔣重珍舉進士第一。故事，京師給騶哄，自端門騎至期集所侯王大第，供帳左右觀焉。時重珍迎侍母顧夫人於京，下馬稱壽，都人榮之。留兩月餘，授僉書建康軍節度判官，御其母以歸於常州之無錫。方榮聞四馳，惕然如將弗勝，韜輝潛實，益求其可願者竊所器愛焉。明年，重珍以書來曰：「走也不夭，以禍吾母，曾不及豆區之養。嗚呼，尚忍言之。吾母十餘歲鞠於外家管氏，一日，父母家絕糧，母祝髮而號曰：天乎，吾親之未憖也，此髮其有售乎？命鬻於市，得百錢以給炊〔一〕。自是，父母家生理稍蘇，若有相之者。迨歸，我先君事大母軒氏樂而忘其疾，我諸父七人，或夭或貧。先君不能自振，假館於人。吾母贊治室事，既備且戒，能誦習五經、《論》、《孟》，親以授重珍，有關於孝義〔二〕，則伸而復之。重珍既孤，諸父給以饘粥，母治絲枲，取毫末之羸以衣之〔三〕。嘗驟寒無衾，重珍覺而溫如，則吾母紉纊以覆之，且語曰：保汝以奉先祀也。重珍泣數行下。孀孤之人〔四〕，不堪其苦。或以貲訹重珍爲之子，而奪母志，以配累舉得官者，吾母叱之。吾先君之未泯，則母之力也。重珍年十七歲，爲人授小學，有糯鶉結，忍敝以待束修之入。它日，吾母持敝襦於諸父曰：藏此，俾無忘貧賤時。有欲妻重珍以女，室廬田土皆具。母謂，幼孤，得不死者，諸父之力，謹毋他徙。乃固謝焉。重珍年四十餘，始獲齒名於進士籍。冬至之前日，親黨賀吾母生辰，母曰：吾雅憚宴娭〔五〕；今不聽，汝爲之，後將有悔。重珍艴然以疑〔六〕。季冬得疾，月正元日而卒，身後惟破褚敗衣〔七〕。嗚呼，天乎。使吾母居約蹈困〔八〕，而曾不食子之報也。今將以三月庚申葬於謝堰之原，祔先君兆。重惟昔試禮部，嘗以文字受知於先生，由是幸有錄於門，心授神予，非他人面交勢合比也。墓中之石不可以它屬。」

某嘗聞之國人曰：重珍之父南式，資方嚴〔九〕，爲學該贍〔一〇〕，不事舉子業。其卒也，重珍方生十年，顧夫人持家教子有儀法，讀書至男子由右，婦人由左誦之。尤喜言李氏斷臂事，以爲婦人義當如此〔一一〕。所居雖容膝，而檢防内外，凜不可越。然則今於重珍之請也，曷敢不諾〔一二〕。顧氏，晉散騎常侍贈侍中榮之後，世居建業，入國朝，徙毗陵。曾大父某，大父某，父某，子男一人〔一三〕，即重珍。女適李大年。孫女一人。銘曰：

先儒有言，婦適不再，婦適而再，飢寒之害。然飢寒之事小，而失節之罪大。此豈婦焉之責，抑為士也之戒。自義理之不競，渺世途之焉居，雖本無飢寒迫己，莫知此身之愛。偉哉夫人，七十九載，困窮陻阨，而若是介，百挫一忻，亦莫之待。琢銘幽宮，其永勿壞。

宋故刑部侍郎蔣公壙誌

尤焴

公諱重珍，字良貴，常州無錫人。曾祖紹，祖端卿，父南式，皆隱德不仕。父以公貴，贈奉議郎。

嘉定癸未，公以進士第一人擢承事郎、僉書建昌軍節度判官廳公事，未上，丁太夫人顧氏憂。服闋，除僉書昭慶軍。莅官一考，引疾告歸，改僉書奉國軍需次。紹定己丑，召除秘書省正字。入對，奏語剴切，執政者不悅，遂謁告還家。就遷校書郎，力辭不拜。改通判鎮江府，復以疾辭，遂以直寶章閣，主管華州雲臺觀。端平改元，上厲精更化，召爲秘書郎，兼莊文府教授，辭不得命，乃詣。尋兼崇政殿說書，俄遷著作佐郎，兼權司封郎官，權起居舍人，兼國史院編修官，實錄院檢討官，同知貢舉。遷起居郎，說書常如故。以疾丐外，除集英殿修撰，知安吉州。當上，病甚，屢請祠宫，不允，召爲刑部侍郎。趨朝甚急，而公疾不可爲矣，請致其事，詔特贈兩官，守權刑部侍郎致仕，積階朝散郎，享年五十有四。

公少以儁異聞於鄉，踰壯以高文魁天下士，入朝以直言名震天下，由是受上異知，入侍講席，晉拜柱石。密勿嚴近，知無不言，而朞年遂退處於家，蓋平生侃侃自持，不肯詭隨流俗，少不得其意，則必奉身而退，於名位利祿常若浼已。上思其忠藎，方倚以大用，而公遽歿，朝野莫不歎惜焉。

公生於淳熙癸卯三月己巳，歿於端平丙申十一月乙丑，次年二月壬寅葬於當縣謝堰先塋之右，從遺命也。娶闕水丘氏承務郎介之女，封恭人。子二人，長儀，次似。女一人，許適登仕郎趙與可。孫一人，遂孫。公之清名勁節，歿而不朽，自有名儒鉅筆任是責者，茲謹撮出處大略，書而納諸壙。

朝奉大夫除直寶文閣差知吉州尤焴述書。

元

無錫陞州記

李晦

粤自黃帝畫壄分州，堯命禹別爲九，舜承堯肇爲十二，縣之名未聞。殷封國始有天子之縣，縣之名聞而未詳。至周作雒，千里百縣，縣有四郡，縣百里，郡五十里，縣之名詳而在郡上。始皇易封建爲郡，縣以郡統，蓋昉於此。自唐改郡稱州，繼此以州領縣定矣，歷代沿襲。州縣之名號雖一，州縣之更改不同。

錫山境土，初有人於山下得古銘云：「有錫兵，天下爭；無錫寧，天下平。」因名無錫。舊志載：周武王封周章少子贇於無錫安陽鄉，嘗爲侯國，秦漢爲縣，新莽亦嘗改爲有錫，吳省並，晉復置，陳禎明中升吳州，尋復爲縣。中間隸會稽、隸吳不同，最後隋於常熟置州，取縣名爲常，未幾隸常州，時唐武德七年也。緜歷至今。

左姑蘇而右南徐，引蠡湖而控申江。錫山，州西可五里許，清淑之氣蜿蜒扶輿，磅礴鬱積而爲惠山，拔起萬仞。泉居天下第二。故其俗愿而文，民多魁傑，忠信才德，地大物稠，古號繁劇。

天開景運二十餘年，沾濡聖澤，生齒日益衆。元貞元年夏五月〔一四〕，被詔升爲中州，名仍其舊，存古也。明年正月之吉開藩，於今五年，升改州記未立，非所以侈皇恩而崇偉觀也，誠爲缺典。今知州禾速嘉勞甫與長官暨同列，莅官年餘，政事修舉，一日謀之儒館，補其未備，博士張元孫命余着筆，余老矣，猶能記憶前世州縣名義沿革一二，並述今日升改年月，以爲他日刪修圖誌之一助云。

大德庚子中秋，州人前鄉貢進士李晦顯翁記。

常州路無錫州重建譙樓記

虞薦發

古者兵車所次，必巢居於其上以觀敵，譙門之設蓋昉諸此。考之史傳，已見於秦置郡縣時，其來遠矣。無錫古壯縣，今爲常之支郡，郡非縣比也。陞改初，郡治嘗一撤而新之，獨譙門仍舊貫，因陋就簡，人多議其未稱。廼龍集壬寅秋七月朔，海颶闖淮浙間，官署之漂毀者什九，以改併其陋且簡者，一甓不復存。值年儉，重於勞民，越嗣歲癸卯，州長率乃僚相爲謀曰：「譙門，一郡政令所自出，而千里之觀望係焉，闕而不理，過矣。然必策不靡於官，不漁於民，計乃善。」會州尹楊公以寬民急務入籲中朝，而長貳治辨，歲終，事填委，唯州倅杜公昶職專警捕，就董焉。先是，鄰郡僝工土木往往以田籍計畝而裒於民，吏弄滋張，侈大踰度，卒致徵呼旁午，人不堪之。杜公之佐郡，敏而惠，乃召吏於庭，以謂譙門之役，斷無它技，捐官吏半朞之俸，可得千五百緡，不給，則輟公田以繼之而已爾。其度財於賈，傭夫於市，毋奪人，毋妨農，吏奉示虔。既戒既備，遂以是歲仲冬之七日始事，歲除而告成。於是近者悅，遠者來，行者議於道，更相告語，以爲郡府者吾生聚事育之所倚賴，今獨諉之於官若吏，豈人情哉。一日，衆環堵於前，或貫而鏹，或觴而酒，俎而肉。衆未及言，而公遽諭之曰：「若輩欲何爲耶？是役也，吾官吏力足以辦此，毋溷汝爲也。」衆懽以入，輒委之吏舍而去，以緡計者七千五百有奇，吏因悉上送官，爲用不匱矣。《大學》曰：「有諸己而后求諸人。」《書》曰：「民情大可見。」皇衷烝彝，千古不泯。謂民風之漓不足以觀感之者，厚誣吾民也。向使有一毫強拂於其間，則怨汝詈汝者至矣，況望其麾之而不去哉。昔孔門高弟有何如斯可以從政之問，吾夫子誨之以尊美而屏惡，因民所利而利之，擇可勞而勞之，美也；不戒視成〔一五〕，慢令致期，惡也。聖人之言嚴矣哉。世率以儒者之論多迂闊於事情，余觀錫山之政，非聖言之一驗歟？杜公徵余記興造之歲月，因以爲後之從政者之戒云。

時大德八年歲在甲辰夏五旦日，郡人虞薦發記。

億豐倉記

陳　迈

國家謹租賦之入，東南諸郡尤加之意，故二千石長官專任其事，所以重民食也。常之爲郡，沃壤多而稅石夥，於是置倉。無錫州以便海漕，合是州及義興、溧陽之糧，凡爲石四十七萬八百五十有奇，悉於此輸納焉。歲率大府分官董之，其責至不輕也。

今總管丁侯以開敏練達之才，兼得爲政之體，釐剔中外，周知民間利病。至順三年冬，寔涖是倉。先是，倉吏並緣爲姦，往往高下其手，當民租入時，設計漁取，或至倍輸。羨餘既多，則縱姦民乘間爲欺，詭攬掩冒，莫能究也。夫漕事有嚴，發廩視之，米色腐黑者有焉，糧數折閲者有焉，向常爲官府之累矣。侯思所以革之，爰命屬吏，疏厥糧多者俾先輸，且躬授教條，立期程信，賞罰壹斗，槩均富貧，政不擾而民信從，率皆趍事唯謹，務先期以濟，向之漁取倍輸之患，有不懲而自息焉。侯之德，民戴之寔深，非有過人之才者，能如是乎？昔漢兒寬爲左內史，收租稅時，裁闊狹與民相假貸，故民樂輸，繦屬不絕，課吏以最，史臣稱之。繄侯之治毗陵也，下車未久，適中寬猛之政，彬彬可紀；及董制糧事來錫山也，一舉而掃數十年之弊，其事有難於兒内史者。今因州人士有請，故書其事於石。

侯名亦祖丁，世系仕籍，有史筆焉。

梁溪義塾記

吴澂

梁溪義塾者，湖廣等處儒學提舉强以德之所建，以淑其里中之子弟者也。塾在無錫州西南隅梁溪之東，屋以間計三十而赢，田以畝計一千而赢，歲入以斛計五百而赢。燕居有申申夭夭之儀，報祀有濟濟鏘鏘之禮。延請名儒以施其教，招集後進以受其教，務俾講習其間者，皆能明經修行，以稱時需，此其意也。

侯嘗教授於南劍福州，又提舉江浙湖廣。其在官也，政教所被，亦云廣矣。其居家也，乃於里塾之教拳拳若是。

予竊證之以古。古者國有國學，鄉有鄉學，二千五之州，五百之黨，既莫不有學，而二十五家之閭猶必有塾，里中有道有德之老朝夕教焉。何也？蓋教必自近始，始於塾而升之黨，升之州，以達於國，然後考論其材而官之，培其根本者深厚，而非晨種暮獲之比，古之人才，所以後世莫能及也。

今日有路府州縣儒學，有舊設新創書院，不爲不多，視古者鄉遂州黨之學，豈有異乎？然教官例從省部注擬，何能一一得其人哉？學院之教有虛名而無實效，往往由此。

義塾之教不然，選擇師儒在己識鑑，而無所牽制，雖未必有如淳古道德之師，然苟能得耆艾博碩之彥，引導有其方，熏漬有其漸，不壞之以速成，不害之以小利，亦庶幾乎古焉爾。凡遊處義塾之子弟，勿卑汚其志，斷斷以古之人才自期，此心此理必通貫體用而無闕遺，所言所行對越天地而無愧怍。若夫淺末於口耳，葩華於筆墨，以釣譽媒身而已，寧不負義塾所以教之意也？

夫強侯又捐山四百畝爲義塚，凡貧而無地可葬者得葬焉。侯之用心亦仁矣。至治三年，當路以其事轉聞於朝，立門旌表，以示勸云。

重建五先生祠堂記

尤棟

寶祐戊午，四明袁擇善從尹常之無錫，創先賢祠附庸於學，歷十九年。時丁元二眂廟貌不如，故自虞君薦發出而教授生徒，乃汎掃蕪穢，一撤而新。已而增博諭師長之員〔一六〕，會孫君桂發居之。之二人者皆鄉人也，相與諏經訂禮，爲之言曰：「必釋奠於其國之先師，無先師則與鄰國合。國有人焉，何庸取諸其鄰？我楊文靖龜山先生，雖非吾錫之人，而寓居於郡者十有八載，今城東精舍乃其講學之地，是即鄉之先師也。鄉者先生標表是祠，居中奠位，曾謂土崩瓦解之勢。我興受之，然有不依形而立者參倚如見，吾黨小子忍倍此而更師乎？喻工部玉泉先生、尤文簡遂初先生、李肅簡小山先生、蔣忠文實齋先生，何莫非吾錫之人而起家於邑者。相望百有餘歲，今里中故宅尚有指爲藏書之所，非鄉之先師與？玉泉、遂初、實齋三先生已有秩祀，而小山先生未及與享，迎之致敬，獨可遺乎？若夫廣漢大儒，非不同宗河洛，景定間已繇此而陞從祀，然猶不敢先之。繹而江西顓門之派，其師友父子視吾諸老先生之所學，未能無頓漸之異，伊欲借晉人將無同之說以復其位，庸詎知不見幾而作乎？審厥象而儀圖之，盍亦知所變置。」

烏虖，職教者之能爲是言，是必有默契於心而無疑者，抑慮夫斯道之無師無傳，復質之鄉老蔣公應新，以其規接前輩，年幾八旬，其尚論人品，具得之於耳聞目見之真〔一七〕。公曰：「如吾五先生，則有可言者，惟堯、舜、文、武、周公、孔子、孟氏所傳之道，至河南二程夫子而復傳，而龜山先生蓋受學於二程夫子。昔伊川自涪歸，獨稱楊、謝長進，使其學少變於凋落之餘，詎有是言哉？慨思龜山載道東南，士之遊先生之門者甚衆。玉泉乃登其門而能續程夫子之道；遂初不及登其門而從玉泉學，亦能續程夫子之道；小山、實齋二公固不及登龜山之門，又不及從玉泉之學，因龜山、玉泉二先生《論》、《孟》、《中庸》、《大學》之遺言，而皆能續程夫子之道。故玉泉得之而主紹興之正論，遂初得之而爲乾、淳之老儒，小山得之而居慶元之學黨，實齋得之而號端平之善類。自九京之莫作，而國人之無所矜式也久矣。不有君子，其能國乎？始吾學之祠諸賢，吾見其居於位者與先生並，果孰使之然哉？近若潭之長沙，有祠周元公先生，而以胡子五峰、張子南軒、朱子晦庵爲配者，而鶴山魏公了翁，因其修祠，嘗爲之祀，亦深嘉而樂道之，今可法也。《曲禮》曰：『羣居五人，則長者必異席。』曷不即玉泉、遂初、小山、實齋四先生，而配我龜山先生乎？」讙曰：「然。」

論定，然後肖其貌。是歲垂光大荒落，卜六月丁亥，展舍菜之敬〔一八〕，周服殷冠，魚雅就泄。枚數先生之族子裔孫，有涣乎無萃，竊幸尤氏、喻氏、蔣氏文獻之存，輯冠者五六人，奔走與祭。是禮也，救滅亡而扶壞爛，豈曰小補之哉。

其初，位次未定，繪事未素，棟方臥疾未興，虞君數四貽書，俾識其事，奈何不能守墳墓，政懼夫無詞以自白其先人，何敢表先儒而厲後進，輒謝不敏。暨歸粱溪澤中，值落其成〔一九〕，固以請，自揆愚隘無能，言之不出，恥躬之不逮，𦘦子侍側，語之曰：「二子之所云，一老之所發揮，是即記也。吾奚以文爲？女其敬誦所聞，告諸執事者。」雖然，棟豈終無言耶？夫祭不越望，魯可以祭泰山，楚不可以祭河。惟人亦然。自生以來，未有夫子，然終漢之世，其廟猶不出闕里。永平二年，詔郡縣行鄉飲，始祀周公、孔子，亦未有作廟之文。唐武德二年，始命胄監立孔廟。貞觀四年，始勅州縣皆立孔廟，出闕里，徧祠夫子。距今載六百五十年。繇此觀之，其在諸子，非其鄉國而祭之，僭也。僭祭非古也。不於其僭，而於其古，則蒐遺黜異〔二〇〕。凡今日之所是正者，庶幾解逐客之嘲。楝不學，妄論至此，不能不爲先生之罪人。尚有餘藴，吾牛飢，姑止。

後學尤楝記。

重修淮海先生祠堂記

戴　溪〔二一〕

淮海先生秦少遊，建中靖國初卒藤，歸葬高郵。致和中遷葬於常州無錫縣惠山之原，子孫因家焉。墓故有亭，刻建炎四年追贈龍圖閣告並山谷送秦少章詩，置之亭中。秦氏仕不顯，諸孫貧窶，墓四旁地皆豪右所得，亭亦毀壞不存，山谷詩石歸邑好事者，獨贈碑荒蕪榛杞中，樵蘇不禁，墓祭幾絕。

開禧丙寅，永康應純之以州判官攝邑事，訪問遺蹟，慨然興念，封殖其墓，取旁近地還之，率邑士大夫合錢建亭，乃立贈碑，且贖還詩石，擇秦氏諸孫知學者使肄學職，得月給，使具祭祀。倉臺黄公、常守湯公皆助其凡廢〔二二〕。

應君故從余學，余自澄江召歸，道出無錫，應君首及茲事，且請余記之。余嘉其志，不待再請，然行役，未及作也。至吳門，會淮東漕孟良夫，因論少遊醉臥古藤陰下人，謂卒於藤之讖也。獨未知一事，少遊墓後古松一株，直幹高聳，有巨藤自墓穴中出，周匝數四，已乃施於松上，蓋覆其墓，此真古藤陰下也。松爲人斫去，藤芽曁今僅存爾。良夫，信忠孫，惠山寺功德院也，故知其事最悉。應君來索記，因併及之。

四月朔日，永嘉戴溪〔二三〕。

無錫州退學齋記

尤　棟

錫，常邑也，士窮不離學，歲大比，視闔郡所薦，率強半；擢奉常第亦項背相望。時哉時哉，其結纓裹革者不可作，枚卜生之徒今餘幾。

虞君君瑞職教，喟然歎曰：「昔者所進，將沒世而不稱乎？周轍東，人之楊之墨各於其黨，孟子辭而闢之，孔道以明。二三子何患於喪乎？歸而求之有餘師力。

相學西隙地結廬可五十席，築亭伐石，不隕其名，使遺簪墮履，歲時燕序，而子若孫來者之所景慕。」落之日，惟余未反屠肆，君瑞走書寄所以齋額來審，余輒謂：「齋固所以待先進之士，政所以崇易退之風。苟知進而不知退，士何學？擬之名退學，何如？」君瑞曰：「名之必可言也。請爲我屬筆。」

噫，難言也。聖門四科之目，非後之科目比，吾夫子不能無所優劣，至論進退大義，則恥原憲、德南容、直史魚而君子伯玉，其嚴於《春秋》之法，凡我同盟，當相與不負。好學苟不由其道而往者，則吾問之曰：「先生學何之？」

進士尤棟題，蔣應新書。

華孝子故址記

高明

惠山寺之東偏，當泉水之上，有三賢祠。按志書，今祠址，華孝子所居宅也。初，祠久廢，吳人王彬始復倡建，既成，則以三賢事刻諸石，且曰：「初址實孝子故居，孝子之事不以沒而不著，復礱其碑陰以記其事，章善也。」

按《齊史》，孝子名寶，晉義熙末始八歲，父豪戍長安，且行，謂曰：「我還，爲汝冠。」後長安陷，父歿。寶奉命，至七十不婚冠。或問之，不忍荅，輒號慟彌日。建元三年，詔表其門閭。凡史載孝子事若此。

蓋自西晉以來尚玄虛，賤名檢，教弛法斁，波流風靡，而孝子獨能篤至行，終始不渝，其誠意惻怛可以貫金石於雲霓，若與宇宙日月同其久。於此見天之降衷、人之秉彝，不以衰世末俗而有異也。孝子晉人，而志謂齊孝子者，蓋孝子生於晉，長於宋，沒於齊。當其一身，而天下三易姓，當時居朝廷有爵位者，朝事司馬氏，夕事劉，朝事劉，夕事蕭，恬不以爲怍。而孝子奉父一言，七十年餘未嘗斯須忘，以至沒身不替。使當時朝廷有爵位者，其奉君命、恪官守亦咸若華氏子，則晉不當爲宋，宋不當爲齊，而孝子宜不曰齊孝子也。

凡遊於茲者，憇幽林，酌清泉，臨風覽古，懷三賢之高風，慕孝子之至行，其素有志者宜加奮勵，其未能者則澄思革心、勉追遐躅。是則某所以樹碑之意云爾。夫人性一耳，有爲者亦若是，吾徒宜毋自怠。

薇山先生虞公墓志銘

韓　性

薇山先生虞公既葬十有八年，其嗣志道使使至山陰貽性書曰：「先人力學厲行，期見於用，維卒不施抱志而沒，不肖孤承乏官使，蒙恩追秩承務郎常州路同知無錫州事。惟是冢木盈把矣，而刻石未立，懼無以逭不孝，願爲銘詩刻諸冢上，以示無止。」性辭不獲，則諾而爲銘。

公諱薦發，字君瑞。虞氏遠有世緒，居丹陽者尤稱大族。七世祖諱申，行父其字，爲安定先生門人，實生衢州府君諱澂，以恩贈中奉大夫。再世曰將仕郎諱柄，娶於晉陵，遂遷晉陵，於公爲曾祖。祖諱伯夔，考諱杲，皆耆年，隱德爲善。宋德祐中，公避地無錫，樂其土風，居焉。幼穎悟，讀書過目成誦，未弱冠，試鄉校輒高等。賈師憲爲淮東閫，擬試甚盛，試者率多爲卷以幸得。公笑曰：「是罔利者，非耶？一卷可矣。」已而果中前列，文聲益著。家公鉉翁爲郡守，客之郡齋，屢上吏部。未幾，而科舉革矣。公益力學不倦。

性純孝，事親、葬、祭盡禮。與弟應酉極友愛，自爲師生。待宗族盡婣睦之道，族人有被掠於兵者，有去從異教者，公詢訪得之，經理其田宅，賴以不絕。與人交，和不苟同。故舊有過，不輕棄。喜節義。處約而好施，人有急難，周之惟恐後。歲歉貴糶，損其直與人，富人稍稍效之。平生口不言錢，不以産業爲意，視貴勢不以一毫挫也。

無錫學廢，士無所歸，強起公爲師，招諸生坐齋中，講説義理，考論德業，士聞風而至，課試無慮數百。士有田籍官，俾給驛傳。公言於帥若憲，諏律引誼，其言懇懇，諸使素重公，從其請，得免者且百家。鄉飲酒久廢，贊使邑長行之再。龜山先生之來南也，居於常者十八年，公爲祠堂，奠龜山於中，而列鄉之先賢於左右，歲時祠焉。秦淮海之墓在惠山南，爲趙氏業，公諭趙歸其地於學，爲之封殖，士論韙之。

爲鄉校官十餘年，廩禄皆辭不受，而校官之所當爲者舉行無遺。文風之盛，它邑莫能及。聲譽聞於中外，當路貽書於公，將致公都下，而行其法於它學，公謝不往，因遂辭學事。則又貽書曰：「杭學者，一省之望。爲杭學得賢師，江左之士有所式矣。」公又力辭。即遣使賫勑授興國路儒學教授，拜命不赴，自是杜門謝所還往。號薇山老人以見志，學者稱之爲薇山先生。

延祐甲寅，初行科舉，左丞許公董試江浙，擇試官必當世師表，遣使致公。公曰：「科舉興廢，吾道所係，今取士本朱文公貢舉私議，吾遊場屋時所願行者，不意莫年見之。且所避者利祿也，今幸無是。」遂應命試闈。經疑，問忠恕，或引天地忠恕以對。他試官曰：「地豈有忠恕耶？」乙其處。公曉之曰：「此非川流山峙之地。」不對，且轉語同列，若此者黜。公作色曰：「此程子之説，君非寡陋者，豈偶忘之耶？吾無書自隨，君求程氏書密視之，毋令人笑其陋也。」他試官始媿服。公因盡閲餘卷，黜而復取者數人。監試佟公伯起謝曰：「微公，幾誤事。」公之學精而守固，於此亦可少見矣。

素不喜佛老氏學，不道機鬼神異之事。暇日惟以《詩》、《書》自娛，每戒其子曰：「爾既仕，當以職業自見，謹勿藉手書尺求知也。」由是志道累任，果有立。

《文集》《雜著》二十卷藏於家。

素康強少疾，童顏蒼髯，如未始衰者。一日忽晨起，正衣冠，步入正寢，顧諸子曰：「今日三月十九日也。」顔色不異，雙眸炯然，拱手避足而逝。生於宋嘉熙己亥四月廿七日，卒於延祐三年三月十九，壽七十八。以是年五月十九葬開元鄉惠山之陽。

娶趙氏，先公五十年卒，追封恭人；唐氏封晉陵縣太君，太君謹重修整，處己待人皆足以爲閫範，後公十六年、年九十而卒，生宋嘉熙壬寅四月二十日，卒於至順二年十一月初四，其年十二月十九合葬於公之墓。

子男三人：志道，承務郎，嘉興路嘉興縣尹致仕；師道，慶元路儒學正；守道。女二人。孫男七人，士、弘早卒，淵，慶元路慈溪税務提領，沆、浚、洞、瀓；女十四人。曾孫男女十二人。

嘗試論之，士患於無才。有才矣，患不知學。學不足致用，猶無學也。足以致用而汲汲焉惟用之求，不得則若有觖焉者，有道之士不是爲也。公負穎異之才，而加之學力，故其成就有過人者，卓然以經術行誼爲東南學者所宗，足以致用，而用之不究，從容進退皆適其宜，可謂賢矣。安定先生以體用之學教人，公其有得於家傳者歟？引其家學，久而彌長。追榮錫爵，人所共羡，而公之志不若是止也。夫學見於用者徵其用，用之不究者尚其志，志之難言也久矣。公之所望於後，而後人之所當益勉者也，予故反覆論著而不敢略也。遂爲之銘。銘曰：

學成於己，以用而彰。譬彼導江，其流洋洋。行父氏虞，學於安定。位不稱名，以鴻厥慶。其傳七世，是生先生。束髮亹亹，祖訓是承。跂彼修途，有捷坐趍。珮玉長裾，獨行徐徐。用之於鄉，鄉人是懌。行於膠庠，衿佩是式。論議已愨，操履彌堅。索其緒餘，可知其全。采薇於山，於焉是息。以順以寧，緊學之力。學期於成，用不期售。鬱彼新阡，克昌爾後。

故惠泉散更顯翁先生李府君墓誌銘

白雄飛

至大四年三月二十七日己亥，惠泉散更李顯翁先生病革，香巖白雄飛偕貳車劉通甫往問焉，先生撫己而謂曰：「人生天地間，過客耳；生死，理之常也。矧吾逢太平之世，行年七十有四，精力強健，子孫滿前，安享甘旨，日與故舊賓客相羊閭里，間從詩酒琹書之樂，茲亦大幸，雖瞑目無憾矣。」以身後碑銘託於公曰〔二四〕：

「先生之材，世所推服如山斗。尊韓之仰，何待贅辭。儻遇不諱，當如斯言。」先生首允，而竟不復語。既出，舉家悲號，知下世矣。聞者莫不盡盡。越三日，闔郡官僚鄉閭士大夫從大守石抹公詣門往弔。嗚呼哀哉，已矣乎。善人吾不得而見之矣，會哭而去。

卒哭之日，乃子元招持書篇衰絰來見，泣而告曰：「此先君自述墓誌也。」其辭云：「顯翁名晦，小字原孫，姓李氏，自臯陶蔓衍，支派具載家譜。予一脈居於常之砧石，始祖熙靖，立朝三十年，徧歷華要，因家於汴，詳見《東都事略》。南渡後，復居於常，終端明，贈少師。子元淪，以國子入學，釋褐未幾，中詞科，贅錫州胡參政家，卒朝請員外郎，葬邑之開元鄉，遂占籍焉。乃五世祖也。曾祖正誼，父煥，世習儒業，隱德不仕。生兄弟四人，予居其長。育於外家。外祖尤梅澗，業宏博科，俾任檢閱書史，其猶子率齋棟，壬戌省魁，持其筆硯十有四年，夜以繼日，孜孜於學，隆冬惟紙衾，破而復補，不恥也。凡有觀覽，一見即通，若宿世然。咸淳戊辰，遊學京庠。元名燧，鄉簾，引經義無慮二百卷，多溫福士，名實未孚，俱以尋常視。我暨中首選，始願內交。宿齋三年，聞見愈博。庚午，歸應鄉舉，更今名，拔郡解，赴禮闈，《書》義即常州解試題，執政者慮考先泄。至日皮筒下大院，與別院兩易其題，有鄉人竟以予所作主意破題，不易一字，冠别頭。朋友常以李省魁目之，自此文聲益振。赴館，珠舍陳簿适兄弟遇之最厚。東脯過於守宰祿，家道稍豐，皆稽古力也。元二之變，停貢舉，脱去時文窠臼，得以肆意簡編。教子，凡經子史集，醫卜陰陽，筭數射覆，真草篆隸，下至詼諧小說，釋道二教，無不講貫。大德甲辰，劉行省之子世常平父，許魯齋高弟也，守無錫，一見契合，首問鄉校無書板，遂出《白虎通》、《風俗通》、《家山圖書》、《韓魏公家祭式》，俾予悉爲校正繡梓，貯於學。家無宿舂好延客，廚無積薪喜買花。臺省時貴折節相過，親戚故舊時來聚首。《詩》、《書》辯論，琴尊情話，殆無虛日。忘勢利，齊物我，是以壽踰七十，優遊暇豫，得終天年。自號惠泉散更。有《事文類聚刊誤》四集、《顯翁記聞》三卷板行於世。有《惠泉小藁》七十卷、《李姓源流》一卷，見俾兩子元昭、元明求名傳，刪定續刊。茲懼溘先，故自述我心，鐫石遺命，歿則樹於墓前，使後人覽之，庶知其爲錫山之一逸民也。吁！至大戊申十一月十五誌。」

又曰：「先君生於宋嘉熙戊戌七月二十七日，配周氏。子男二人，長曰元昭，玷充慶元慈湖書院山長，次曰元明，亦隸儒選。女二人，長適玉泉喻工部孫之緯，次適湖州德清院主簿王將仕子鑣。孫男四人，實、容、寀皆習儒業，宣尚幼；女一人，在室。將以困敦之月重光作噩之日，卜葬於州隅景雲鄉弓河之原，從治命也。慎終追遠之禮，敢不盡心；棺槨衣衾，謹遵古制〔二五〕。唯誌石未完其文，以道義爲重，交分深密者，莫若我公，願無忘吾先君臨終之言而銘焉。謹泣血以請。」

余聞而哀之，不敢辭。銘曰：

錫山青青，惠泉泠泠。鍾奇孕秀，生此豪英。心潛聖學，選中王庭。閉戶著書，揮麈談經。國人矜式，學者儀刑。壽踰七十，令德惟馨。疾革蚤作，遺訓叮嚀。天不慭遺，遽夢奠楹。孝哉二子，元昭元明，朝夕號泣，罔極哀情。弓河之原〔二六〕，鬱鬱佳城。刻銘立石，永賁幽扃。

【校勘記】

〔一〕錢：原作「金」，據四庫全書本《鶴山集》卷七三改。

〔二〕孝：原脱，據四庫全書本《鶴山集》卷七三補。

〔三〕衣：原作「給」，據四庫全書本《鶴山集》卷七三改。

〔四〕之：原作「乏」，據四庫全書本《鶴山集》卷七三改。

〔五〕娭：原作「族」，據四庫全書本《鶴山集》卷七三改。

〔六〕豔：原作「色」，據四庫全書本《鶴山集》卷七三改。

〔七〕褚：原作「楮」，據四庫全書本《鶴山集》卷七三改。

〔八〕使：原作「仗」，據四庫全書本《鶴山集》卷七三改。

〔九〕嚴：原作「教」，據四庫全書本《鶴山集》卷七三改。

〔一〇〕該：原作「謗」，據四庫全書本《鶴山集》卷七三改。

〔一一〕義：原脱，據四庫全書本《鶴山集》卷七三補。

〔一二〕敢不：原作「不敢」，據四庫全書本《鶴山集》卷七三乙正。

〔一三〕子男：原作「男子」，據四庫全書本《鶴山集》卷七三乙正。
〔一四〕月：原脱，據光緒《無錫金匱縣志》卷三六補。
〔一五〕視：原作「而」，據《論語注疏》卷二〇改。
〔一六〕博諭：原作「博喻」，據光緒《無錫金匱縣志》卷三六改。
〔一七〕之真：「之」字原脱，據光緒《無錫金匱縣志》卷三六補。
〔一八〕菜：原作「釆」，據光緒《無錫金匱縣志》卷三六改。
〔一九〕值：原作「直」，據光緒《無錫金匱縣志》卷三六改。
〔二〇〕黜：原作「默」，據光緒《無錫金匱縣志》卷三六改。
〔二一〕戴溪：原注「闕名」，據光緒《無錫金匱縣志》卷三六補。按，據記文，作者恐是宋人戴溪，而文中「致和」年號疑是「政和」之誤。故此文不當列於元朝，而當列入宋朝。
〔二二〕此句或其下疑有訛脱。
〔二三〕戴溪：原注「闕」字，據光緒《無錫金匱縣志》卷三六補。
〔二四〕以身後碑銘託於公曰：與下文不相協，疑當作「以身後碑銘託余，余曰」。
〔二五〕謹：原作「僅」，據文義改。
〔二六〕原：原作「源」，據上文及文義改。

參考書目

《論語》影印文淵閣四庫全書本
《史記》（漢）司馬遷撰　百衲本
《後漢書》（劉宋）范曄撰　百衲本
《晉書》（唐）房玄齡等撰　百衲本
《南史》（唐）李延壽撰　百衲本
《宋史》（元）脱脱等撰　百衲本
《舊唐書》（後晉）劉昫撰　百衲本
《新唐書》（宋）歐陽修撰　百衲本
《東都事略》（宋）王偁撰　影印文淵閣四庫全書本
《名臣碑傳琬琰之集》（宋）杜大珪編　影印文淵閣四庫全書本

《太平寰宇記》（宋）樂史撰　影印文淵閣四庫全書本
《大清一統志》（清）乾隆年間勅撰　影印文淵閣四庫全書本
乾隆《江南通志》（清）趙宏恩等修　影印文淵閣四庫全書本
《重修無錫縣志》（明）吳鳳翔修　李庶纂　弘治七年刻本
《無錫金匱縣志》（清）裴大中等修　光緒七年刻本
《白孔六帖》（唐）白居易（宋）孔傳撰　影印文淵閣四庫全書本
《禪林僧寶傳》（宋）釋惠洪撰　影印文淵閣四庫全書本
《聞見錄》（宋）邵伯溫撰　影印文淵閣四庫全書本
《佩文齋書畫譜》（清）聖祖御定　影印文淵閣四庫全書本
《六藝之一錄》（清）倪濤撰　影印文淵閣四庫全書本
《毗陵集》（唐）獨孤及撰　影印文淵閣四庫全書本
《東坡全集》（宋）蘇軾撰　影印文淵閣四庫全書本
《端明集》（宋）蔡襄撰　影印文淵閣四庫全書本
《山谷集》（宋）黃庭堅撰　影印文淵閣四庫全書本

《臨川文集》（宋）王安石撰　影印文淵閣四庫全書本
《浮溪集》（宋）汪藻撰　影印文淵閣四庫全書本
《鴻慶居士集》（宋）孫覿撰　影印文淵閣四庫全書本
《誠齋集》（宋）楊萬里撰　影印文淵閣四庫全書本
《毗陵集》（宋）張守撰　影印文淵閣四庫全書本
《鶴山集》（宋）魏了翁撰　影印文淵閣四庫全書本
《松雪齋集》（元）趙孟頫撰　影印文淵閣四庫全書本
《僑吳集》（元）鄭元祐撰　影印文淵閣四庫全書本
《宋詩紀事》（清）厲鶚撰　影印文淵閣四庫全書本
《全唐詩》（清）彭定求等撰　影印文淵閣四庫全書本
《御選宋金元明四朝詩》（清）张豫章等編　影印文淵閣四庫全書本

宋元珍稀地方志叢刊

淳祐玉峰志

（宋）項公澤 修　凌萬頃 邊 實 纂

李勇先 校點

四川大學歷史地理研究所學術叢書

前言

《淳祐玉峰志》三卷，宋項公澤修，凌萬頃、邊實纂。項公澤，字德潤，永嘉人，紹定進士。嘗知吉州、安吉州、潮州，俱有能聲。淳祐間宰崑山，以文學飾吏事，買田養士，爲政廉敏，百廢具舉，官至中奉大夫，嘗作《崑山縣社稷壇記》、《跋御書放生碑》諸文。凌萬頃，字叔度，景定三年進士。本陽羨人，因其父親壻於崑山顏氏，因家焉。邊實，開封陳留縣人，樞密直學士肅七世孫，自高祖以下始居於此，爲崑山人。

按玉峰縣在古爲婁縣。秦、漢隸會稽郡。後漢、吴、晉、宋、齊屬吴郡。梁天監中，分婁縣置信義縣，屬信義郡。大同初，郡廢，復分信義置崑山。隋平陳，縣省。開皇十八年，復置。唐五代及宋皆因之。宋南渡時，始析崑山爲玉峰縣。據淳祐壬子項公澤謹跋云，崑山爲吴壯邑，地險俗勁，田多賦重，積弊有年，然於稽古載籍之事多闕焉。攷之《吳郡志》，亦不可得而詳聞。本欲與鄉校諸友議斯闕典，欲網羅補苴，然公事方殷，未遑修志之舉。淳祐壬子，邑令項公澤始屬叔度等搜訪掇拾，以成是志。而凌、邊二公俱有俊譽，慨然以爲己任，博採廣集，纂成是編，为目二十有七。據原書目録，卷首嘗有《縣境圖》、《縣郭圖》、《馬鞍山圖》諸圖，而今皆無之，殆傳鈔者所脱佚歟。至若廢置因革、財賦課利、人物異聞，視昔爲詳。淳祐辛亥五月始修，壬子二月書成，首刊於縣學，鋟梓以傳。凌萬頃序亦謂郡縣必有志，獨崑山無之，豈前人之長不及此哉？期會之事有急於此，則謂之不急也亦宜然。往無所稽，來無所據，識者每以爲歎。永嘉項公出宰兹邑，百廢俱興。一日扣圖經事，以萬頃嘗編敘一二，蓋略焉而未備也。掌儀邊君尤勤於搜訪，遂相與編次，期年乃成，本古經郡志所附，而益以耳聞目見之可攷者，大概公之修創增益爲多。志中所載沿革、風俗以及人物、古蹟甚悉。宋元時，崑山志乘世不多得，是冊足備一方之文獻。該書有《凡例》一篇，冠諸卷首。一是「凡事舊在崑山而今在嘉定者，以今不隸本邑，今皆不載」；二是「凡碑記現存者書其名，不載其文，不存者載其文」；三是「凡事有《吳郡志》所載與今所修不同者，以今所聞見無異者修」；四是「凡敘人物有本邑人而今居他所、本非邑人而今寓居者今皆載」；五是「凡事有重見者止載一處，餘書見某門，更不重載」，從中體現出作者之編纂思想。

《淳祐玉峰志》爲玉峰志乘之始。自宋刻以後，歷經元明，刊本久佚。至清修《四庫全書》時，未見是書，故《四庫》未收。此書晚出，阮元《揅經室外集·四庫未收書目提要》曾載列之，阮氏本收入《宛委別藏》中。《玉峰志》於宋刻以外，尚有諸家鈔本。清宣統元年，太倉繆氏《彙刻太倉舊志五種》本，即以源於宋刻之舊鈔本校勘付印。據光緒戊申繆朝荃跋識稱，時家筱珊、繆朝荃彙刻太倉舊志，出所藏鈔本見示，前有銜名一葉，則知此鈔源自宋刻。朝荃遂託筱珊由江寧付梓。梓既竟，以樣本寄閱，其中尚有誤脱處，無從糾正，深以爲憾。一日，李惠農述及崑山趙學南有黄丕烈藏祝枝山京兆手鈔本，遂假借舊鈔。由惠農校勘，頗甚精密。朝荃又覈審數過，將兩通者存之，其確係誤脱者逐一校正，並士禮居《題跋》及《揅經室提要》附於卷末。此外，是志尚有多種清鈔本，如清康熙間鈔本、緑格傳鈔本、吴縣吴翌鳳手鈔本、德化李氏木犀軒手校舊鈔本、稽瑞樓傳鈔本、黄氏士禮居鈔本、將維培求是齋鈔本等等。今以清宣統元年彙刻太倉舊志五種本爲底本，校以宛委别藏本、清黄氏士禮居鈔本，並參攷其他相關文獻，加以校點整理。

李勇先

二〇〇九年三月書於川大竹林村

目錄

淳祐玉峰志卷下……一一一

序

淳祐玉峰志序

郡縣必有志，獨崑山無之，豈前人之長不及此哉？期會之事有急於此，則謂之不急也亦宜然。往無所稽，來無所據，識者每以爲歎。永嘉項公出宰兹邑，百廢俱興。一日下扣圖經事，以萬頃嘗編敘一二，蓋略焉而未備也。掌儀邊君尤厪於搜訪，遂相與編次，期年乃成，本古經郡志所附，而益以耳聞目見之可攷者，大概公之修創增益爲多。昔人以笏比甘棠，後之覽者猶笏然，則是志爲不徒作矣，博雅之士尚訂正之。

松臞淩萬頃叔度書。

四庫未收書目提要

《玉峰志》三卷，《玉峰續志》一卷，宋凌萬頃、邊實同撰。萬頃，字叔度。景定三年進士。本陽羨人，因其父壻於崑山顔氏，因家焉。邊實，陳留人。其高祖始遷崑山，詳前志邊惇德傳。而《續志》又復爲自序一篇，誇其家世。玉峰本崑山地，宋南渡時，始析爲縣，即今之嘉定是也。志中所載沿革、風俗以及人物、古蹟甚悉。宋元時，崑山志乘世不多得，是冊足備一方之文獻也。（阮元《揅經室外集》）

凡例

凡事舊在崑山而今在嘉定者，以今不隸本邑，今皆不載。

凡碑記現存者書其名，不載其文，不存者載其文。

凡事有《吳郡志》所載與今所修不同者，以今所聞見無異者修。

凡敘人物有本邑人而今居他所、本非邑人而今寓居者今皆載。

凡事有重見者止載一處，餘書見某門，更不重載。

淳祐玉峰志卷上

沿革

望，崑山縣。古婁縣也。在《禹貢》爲揚州之域，在周爲吳。秦併天下，分郡三十六，始置會稽郡。漢因之，婁縣隸焉。王莽改曰婁治。後漢、晉、宋、齊皆曰婁，屬吳郡。《吳志》張昭、陸遜皆封婁侯。今縣東北三里有村曰婁縣，蓋古縣治也。梁天監中，分婁縣置信義縣，屬信義郡。大同初，郡廢，復分信義置崑山。今縣西二十里有村曰真義，豈亦古縣治所寓，後訛「信」爲「真」耶？隋平陳，省吳州七縣，崑山預焉。開皇十八年，復置。唐、五代至皇朝皆因之。縣有山曰崑山，陸機宅於山之陰，縣本因山得名。今山乃在華亭，而陸氏後又居嘉禾。按唐天寶間始立華亭縣，本崑山縣地。《輿地記》。吳郡太守趙居真奏割嘉興、海鹽、崑山三縣地爲華亭縣，《元和郡國志》。由是崑山有縣之名。而山實在華亭，今隸境者，乃馬鞍山也。故自婁縣而分信義，自信義而分崑山，又自崑山而分華亭，至今猶號壯縣，則昔之廣袤尤可想見。縣鄉一十四，都五十二。嘉定十年，知府趙彦橚〔一〕、提刑王棐奏分安亭、春申、平樂、醋塘、臨江五鄉爲嘉定縣。今所管者九鄉、二十四保而已。以上並以前後漢、晉、宋、齊、梁、陳、隋、唐《書》、《通鑑》、《三國志》、《五代史》修。

縣境

東西六十三里。

南北一百三十里。

縣郭

東西三里三十步。

南北二里二百八十步。

四至八到

東至嘉定縣界三十六里。

西至長洲縣界二十七里。

南至嘉興府華亭縣界八十里。

北至常熟縣界五十里。

東南到嘉興府華亭縣界一百里。

東北到通州海門縣界一百五十里，以海爲界。

西南到長洲縣界五十里。

西北到長洲縣界六十里。

鄉鎮〔二〕

積善鄉。在縣西南三里，界止三十六里。

第一、第二保。

朱塘鄉。在縣西一十五里，界止四十里。

第三、第四保。

全吳鄉。在縣西南三十里，界止七十里。

第五、第六保。

浬川鄉。在縣東南五十里，界止九十里。

第七、第八保。

武元鄉。在縣東南二十五里，界止三十里。

第九第十保。

永安鄉。在縣東四十五里，界止五十里。

第十一、第十二、第十三、第十四保。

湖川鄉。在縣東七十里，界止一百里。

第廿一、第廿二保。

新安鄉。在縣東北八十里。界止一百一十里。

第廿三、第廿四、第廿五、第廿六保。

惠安鄉。在縣東北三十里，界止七十里。

第廿七、第廿八、第廿九、第三十保。

崑山鎮。在縣東南一里，後廢。今薦嚴資福寺即故基。

城社

按古圖經云：縣故有城，在東南三百步。然今縣境無城，以竹木爲柵。相傳婁縣猶有城基，其田尚有城裏田之稱。墟落間以城名者舊有十二，今可知者七爾。

東城。在縣東三百步，城雖莫考，今橋巷猶以東城爲名〔三〕。《吳志》云：耕者於東寺後多得古城磚及銅箭鏃。

武城。在縣西北里〔四〕。《漢書》婁縣注云：「有南武城，闔閭起以候越。」今其地疑即是。

金城。在縣東三里〔五〕，城基猶存，相傳云吳王所築，今猶有金城浦之稱。

常熟故城。在縣東一百三十里。梁以南沙爲常熟縣，因築城，高一丈，厚四尺，周迴二百二十步。唐武德七年，移縣治海虞鄉，城遂不存。

度　城。在縣東南七十里。相傳黄巢時所築。今城雖不存，猶有城濠，及掘地，間得城磚。

西鹿城。即今土山。山下有卜將軍廟。《墓碑》云：死葬於西鹿城。

巴　城。在縣西北十八里。其地有巴王墓，莫詳其因。

雉　城。在縣西北十八里。

東林城。在縣北十八里。

顔縣城、瓦浦城〔六〕。並古經所載。

社　壇。在縣西南二百九十步〔七〕。淳祐壬子，知縣項公澤重修。仍建齋宫，有記。

山 墩墟崗

吾邑因山得名。玉出崑崗，蓋所以比機、雲也。今山隸華亭。邑所有山，實名馬鞍。近年以來得名，鑱之，則瑩潔之態儼與玉同，得非地因人勝，而馬鞍山可以出玉耶？當有機、雲若人者出，庶不負此山云〔八〕。

古崑山。在縣東南。高一百五十丈，周迴八里。陸機居此山。機《思鄉》詩云：「彷彿谷水陽，婉孌崑山陰〔九〕。」今屬華亭縣。

馬鞍山。在縣西北三里。高七十丈。山上下皆擇勝爲僧舍，雲窗霧閣，間見層出，不可形容繪畫，吳人謂真山似假山，最得其實。大略見張祜、孟郊詩及蓋嶼所作圖序。皇祐中，王荆公以舒倅被旨來相水利，夜秉炬登山，閲張、孟詩，和之，遂爲山中四絶。登臨勝處，古上方爲冠，月華閣、妙峰菴次之。山中又有翠微〔一〇〕、連雲、淩峰、垂雲、淩虚、凝雲諸閣，及芝華、豐年、淩虚諸亭，夕秀、壓雲、翠屏、翠茂〔一一〕、留雲諸軒，名公各有詩，見雜詠。淳熙間，月華先焚，上方次之。今或存或廢者不一。

土　山。在縣西北一里。周迴一里，高三丈。又名南山。上有卜將軍廟。詳見祠廟門。

秦柱山。在縣南二十里。南帶海上，有烽火樓基，吴時以望海寇。《吴錄》云，名秦望山，昔秦始皇嘗登此望海。今在千墩寺佛殿後〔一二〕，高二丈。

媧婦山。在縣東十八里。周迴四十步，高一丈五尺。上有媧婦廟。今大駟村有女媧廟〔一三〕，山不存。

趙靈山。在縣西南三十里吴淞江南興福寺佛殿後，高一丈五尺。馬鞍山之西坡田中有石湧出，高六七尺，上亦有古樹，父老相傳此是崑山，不知何所據，姑存以俟質證。

綽　墩。在縣西十八里。古老相傳唐黄幡綽墓在焉，因名綽墩。

青　墩。在縣西北十里〔一四〕。

塘　墩。在縣東北口口口里大海横泙之口〔一五〕。

尖　墩。在縣東六里。

天女墩。在縣東南十八里，地名洪莊村。墩上下皆茅葦，惟中間一路，若有人行者，雖植草不生。相傳有天子之女葬於此墩〔一六〕，莫詳世代。墩中有金龍舟，每風雨夕，即聞金鼓聲。有一村民夜過其處，見所謂龍舟者，攫取之，僅得一人像，長可尺許。既歸，即大病。復取所攜像置水濱，明旦起，不見，病亦尋愈。嘗有強暴者欲發視〔一七〕，爲毒蜂飛火逐之〔一八〕，不果。

縣東北三十里，地名木瓜，其地數十里〔一九〕，内有墩九百九十有九，村人嘗往發之，得金玉之類。至縣東南千墩浦亦有一墩，於是湊木瓜墩數〔二〇〕，號千墩浦。一説吳淞江自吳門至千墩浦江之南北凡有墩共一千所，故謂之千墩〔二一〕。二説未知孰是，姑存以俟來者質證之。

戴墟。在縣西三十里。

丁墟。在縣東南二十里。本名兵墟，吳國嘗屯兵於此，故曰兵墟。今俗訛爲丁墟，非也。

高墟。在縣西十五里。今盛氏園中有小山，高丈餘，中亦隱然有名。

石墩。在縣東南六十里。

十八里墩。在縣南一十八里至和塘傍〔二二〕。

廟墩。在縣西南一十二里。

湯墩。在縣東南六十里。

唐墩。在縣東南三十六里吳松江之南〔二三〕，與海口之塘墩名同而地異。

相墩。在縣西南二十五里。

長墩。在縣西北十五里。

青崗。在縣東北四十二里。

五家崗。在縣東北五十二里。莫詳「五家」之因。今村落中賈爲大姓，恐以五賈名崗，亦未可知。

《吳郡志》攷證外崗、青崗、五家崗、蒲崗屬崑山，以證舊經之誤。今外崗、蒲崗又分屬嘉定云。

邑自太倉以東，有所謂岡身〔二四〕，曰太倉岡身、上岡身、下岡身、歸胡岡身、岡身官路，凡有五岡身。又有所謂岡門，曰彭岡門、潘岡門、曲岡門、大岡門、秦岡門、應岡門、馮岡門、金岡門、賈岡門、邵岡門、吳岡門、顧岡門、丁岡門，凡有十四岡門，其地勢皆高峻，與常州地形相等。或謂岡身有路，直通南京。今止聞歸胡岡身之稱，未知孰然，當必有博古君子爲之辨證云。

水

吾邑素號澤國，襟江帶湖〔二五〕，朝宗於海，而潮汐又往來於旦晝，故雖間有水旱，而田無不登。比年以來，豪家勢戶圍田湖中者大半，而江湖傍諸浦多爲堰以阻其流，由是水勢不相入。中間屢嘗開發，而洳堰如故，識者皆病之。若至和一塘，由是以達郡者，其壅塞尤甚，疏而通之，當必有爲國家任事者出云。

吳松江。在縣南九里。古《禹貢》三江之一也。《書》曰：「三江既入，震澤底定。」韋昭以爲三江者，松江、浙江、浦陽江也。今浙江與浦陽江不相入，韋說非也。《史記正義》謂三江者在蘇州東南三十里，名三江口。一江西南上七十里至太湖，名曰松江，古笠澤江；一江東南上七十里白蜆湖〔二六〕，名曰上江，亦曰東江；一江東北下三百餘里入海，名曰下江，亦曰婁江，於其分處號三江口〔二七〕。

顧夷《吳記》云：松江東北行七十里得三江口，東北入海爲婁江，東南入海爲東江，並松江爲三江口〔二八〕。是則今所謂吳松江，乃古婁江也，然有新、舊江之别。嘉祐間，吳中水災，時李兵部復圭爲轉運使，韓殿省正彦宰昆山，開白鶴匯，如盤龍匯之法。知縣沈某略灣取直〔二九〕，以開新江。邑舊有所謂臨江鄉，今隸嘉定者是也。江之勢東入於海，西入於松江、太湖，南入於陳湖等瀼，北入於鰻鯉湖等瀼〔三〇〕。江之南北隸於邑者凡有大浦四十四，隸他邑者不在焉。南則有石浦、道褐浦、蕭市浦、金竈浦、千墩浦、窪浦、張潭浦、棠梨浦〔三一〕、同丘浦、諸天浦、張浦、凡規浦、六直浦、甫里浦、渡頭浦、東齋浦、刹力浦、界浦，北則有界浦、真義浦、黄瀆浦、薛莊浦、樂浦、心瀆浦、華翔浦、梁里浦、大虞浦、小虞浦、社城浦、廣浦、馬仁浦、天明浦、下駕浦、木瓜浦、顧幕浦、金城浦、三林浦、瓦浦、北矮浦、徐公浦、安亭浦、顧浦，又有小港支派入於江湖者不一也。

新洋江。在縣東南六里。本有故道，錢氏時嘗浚治之，其源出於松江，而其流溉於岡身。中有橫塘，通小虞浦，其餘支派皆通運河。

陽城湖、包湖、傀儡蕩。三水合爲一，在縣西北三十里。其所通之浦凡十，曰吳涇〔三二〕、真義浦、黄浦，朱昌涇，則在其南。曰張茜涇〔三三〕、上元涇〔三四〕、巴城涇、雉城涇，則在其北。自尤涇、雉城涇入於大虞，梁里浦則南入於松江，諸湖瀼惟此最廣。

百家瀼、大泗瀼。二水合爲一，在縣北十八里。南自新洋江入於松江，西自牛尾涇、清水港、櫻桃塘入於鰻鱺瀼，東自岳力湖川塘會於鴨頭塘〔三五〕，直入於海，杜漕涇對張涇〔三六〕，入於岡身。有《百家瀼》詩，見雜詠〔三七〕。

鰻鱺湖。在縣西北十八里。南入於小虞浦，北入於江家瀼，西亦可入陽城湖。

江家瀼。在縣西北二十里。在鰻鱺湖北〔三八〕。

澱山湖。在縣東南八十里。北自磧礇塘入千墩浦〔三九〕，入於吳松江。

陳湖。在縣西南七十里。北自界浦、渡頭浦入於吳松江。

朱窠瀼。在縣南三十里。北自東宿、西宿兩浦會於棠梨浦，入於吳松江。

度城湖。在縣東南七十里。北自石浦、道褐浦、蕭市浦入於吳松江。

小虞浦。在縣西柵外，已附見於吳松門。入郡而趨江者，由是而往，與新洋江相對，於松江之西北諸塘浦惟此最深闊〔四〇〕。

至和塘。自縣西柵至界首凡二十七里。舊名崑山塘。從古爲湖瀼，多風濤。本朝至道中，邑人朱珏父子嘗論其事，太守陳令公嘗按行之，以費浩不果。皇祐中，發運使許公嘗建此議，朝廷差殿中丞王安石相視，又會事不果。至和二年，知縣錢公紀始修治成塘，遂以年號名。

丘與權《至和塘記》

吳城東閫距崑山縣七十里，俗謂之崑山塘。北納陽城湖，南吐松江，由隄防之不立，故風波相憑以馳突，廢民田以瀦魚鼈。其民病賦入之侵蝨，相從以逋徙〔四一〕。姦人緣之，以邀劫行旅，通鹽賈以自利，吏莫能禁。父老相傳，自唐至今三百餘年，欲有營作而弗克也。有宋至道二年，陳令公之守蘇，嘗與中貴人按行之。邑人朱珏父子相繼論其事，爲州縣者亦繼經度之，皆以横絕巨浸，費用十數萬緡，中議而沮〔四二〕。皇祐中，發運使許公建言，蘇之田膏腴，而地下嘗苦水患，乞置官司，以畎澮之請。今舒州通判、殿中丞王安石先相視焉，朝廷從之。王君既至，從縣吏䢴荒梗，浮傾沮，訊其鄉人，盡得其利害。度長繩短，順其故道，施之圖繪，疏曰請議如許公，朝廷未之行也〔四三〕。至和初，今太守呂公既下車，問民所愁苦，蓋有意於疏導矣〔四四〕。明年，與權爲崑山簿，始陳五利：一曰便舟楫，二曰闢田疇，三曰復租賦，四曰止盜賊，五曰禁姦商，其餘所濟，非可以勝擬。願約故制，役民以興作，經費寡而售效速。若其不成，請以身塞責。既而令錢君復言之。太守嘗念所以興利之計，喜其謀之叶從，於是列而上聞其副，以決於監司。乃誠庸力，經遠邇，興屯舍，宿餱薪。既成，以授有司，郡相元君實總之。粤十月甲午治役，先設外防，以遏上流，立横埭以限之〔四五〕，乃自下流浚而決焉。畚鍤所至，皆於平陸。其始戒也，猖風號霾，迅雷驟雨，乃用牲於神，至癸巳夜半雨息，逮明休霽，以卒其役，人皆以爲有相之者。始計月餘，蓋旬有九日而成，深五尺，廣六十尺，用民力纔一十五萬六千工，費民財若干貫，米纔四千六百八十石，爲橋梁五十二，蒔榆柳五萬七千八百，其貳河植茭蒲〔四六〕、芙渠稱是，計其入以爲修完。料民之餘〔四七〕，治小虞，自嚴村至於鰻鱺瀼。治新洋江，自朱瀝至於清港〔四八〕。治山塘，自山南至於東。浚諸涇六十四，浦四十四，塘六，於是陽城諸湖瀼皆通而及江，田無洿瀦，民不病涉矣。初，治河至唯亭，得古閘，用柏合抱，以爲楹，蓋古渠，況今深數尺，設閘者以限松江之潮勢耳，耆舊莫能詳之。嗚呼！爲民者，因循而至此乎！是役也，自城東走二十里曰任浦〔四九〕，崑山治其東，長洲治其西，以俗名非便，於是論請，更之曰至和，識年號也。建亭曰乙未，紀歲功也。太守嘉其有成，謂與權實區區於其間，其言必詳，命之爲記。嘉祐六年十二月立於亭〔五〇〕。然塘雖成，陸塗猶未備。有獻計者，就水中以蘧篨爲牆〔五一〕，兩行相去三尺，去牆六尺。又爲一牆，亦如此。漉水中淤泥，實蘧篨中，候乾，則以水車畎去兩牆間舊水。牆間六尺，皆留半以爲隄脚，掘其半爲渠，取土以爲隄。每三四里則爲一橋，以通南北之水。於是岸始備。嘉祐二年，知縣韓正彦、同運使李復圭重修。熙寧間，邑人郟亶上奏欲治，不果。其後開浚者不一。塘之南北凡一十七浦，南則小虞浦、大虞浦、梁里浦、心瀆浦、景浦、薛莊浦、黄瀆浦、真義浦〔五二〕，以通於江；北則小虞浦、梁里浦、尤涇、高塘涇、朱昌涇、黄瀆浦、真義浦、吳涇，以通於湖瀼。近年壅塞爲甚，登舟者直至界首，或從江湖迂環而轉，則又有風濤之虞云。

江湖傍諸浦，既各附見。吾鄉號爲澤國，按圖而索，鼓棹而遊，凡塘浦涇港之可紀者，在積善鄉則有至和塘、太倉塘、許墓塘、顧墓塘、交湖塘、漢浦塘、六河塘、櫻桃塘、山塘、官塘、四塘、針塘、婁縣上下塘、大小虞浦、溢瀆浦、新漕浦、李箕浦、馬仁浦、孛錄浦、熊莊浦〔五三〕、老丫浦、浪墅浦、迎鐘浦、潭市浦〔五四〕、朱明浦、莊浦、葛浦、曹浦、廣浦、馮浦、寒浦、丁丫涇、陳段涇、牛尾涇、聰明涇、邵黄涇〔五五〕、黄墓涇、石人涇、吳涇、景涇、鄭涇、丁涇、盛涇、清水港、斜港。

朱塘鄉則有駙馬塘、雉城塘、聖王塘、古塘、官塘、黄瀆浦、界浦、下里浦、景浦、蔣浦、心瀆浦、平洛浦、華翔浦、韓溪浦、石榴浦、東西羅浦、淙浦、趙浦、上元涇、顧市涇〔五六〕、師姑涇、鰻鱺涇、施澤涇、黄茜涇、溫焦涇、五千涇、二千涇、雉城涇、全吳涇、大小南涇、羊丫涇、羅莊涇、朱舍涇、大渭涇、黄蘆涇、東西吳涇、楊巷涇、尤涇、倉涇、殷涇、張涇、新涇、廟涇、相涇、横涇、光涇、武城東西港、莆港。

全吳鄉則有曲塘、浪浦、漁漣浦〔五七〕、甘子浦、新漕浦、宿浦、季星涇、界涇、新涇、邵涇、徐涇。

泙川鄉則有石塘、曲塘、古塘、磧礇塘、横涇塘、大小石浦、陸虞浦、千墩浦、若里浦、善浦、道褐浦、白段涇、坊巷涇、寺巷涇〔五八〕、小錢涇、陶墩涇、八千涇、寺涇、廟涇、度城涇、張涇、大漕港。

武元鄉則有茹律塘、王孝塘、車塘、大小湖浦、白雉浦、墅瀆浦、張六浦、北弓浦、夏侯浦、平巷浦、大小瓜浦〔五九〕、天明浦、黄墩浦、陶仁浦、小桃浦〔六〇〕、茅老浦、東茅老浦、宋浦、市浦、徐浦、城迸涇、邵莊涇、東全涇、大小横涇、黄鄒涇、小蔣涇、西揚涇、閭涇、陳從涇、黄泥涇、彭段涇、泥橋涇、莫葉涇、廟丫涇、獨兒涇、新豐涇、馬新涇、陳顔涇、陸巷涇、江莊涇、南北殷涇、馬塘涇〔六一〕、菱段涇、顧臯涇、胡浦涇、白西段涇、東楊涇、四段涇、新涇、葑涇、殷涇、趧涇、郭涇、戴涇、趙涇、莊涇、李涇、甲涇、何涇、巷涇、腰港。

永安鄉則有鷄鳴塘、黄孝塘、郭澤塘、曹塘、横塘、黄墅浦、三林浦、顧幕浦、瓦浦、小瓦浦、北澥浦、潘孫浦、大小須浦、陳連浦、白填浦、徐公浦、大顧浦、金竈浦〔六二〕、鴨善浦、木瓜浦〔六三〕、北陳浦、南陳浦〔六四〕、白鶴浦、武桑浦、眉浦、鄒浦、蔡浦、彭浦、蔣浦、姚浦、湯浦〔六五〕、瓦浦〔六六〕、蘆浦〔六七〕、全浦〔六八〕、嚴莊涇、張師涇、中城涇、石丫涇、官路涇、新開涇、田婁涇、東西潘涇、廟丫涇、朱洞涇、馬湖涇、運水涇、泗橋涇、陸緒涇、安亭涇、朱村涇、據莊涇、交段涇、南交段涇〔六九〕、鰍洞涇、流浪涇〔七〇〕、廟丫涇、丫舡涇、若墩涇、謝湖涇、牛洞涇、韓村涇、塘子涇、莊基涇、董段涇、螺螄涇、米主涇〔七一〕、朝廷涇〔七二〕、黄丫涇、寺涇、乙涇、北涇〔七三〕、談涇、蔡涇、馬涇、丫涇、刀涇、全涇、戈涇、汙涇、鮑涇、吳涇、陸涇、朱泗港。

湖川鄉則有湖川塘、六里塘、新塘、東西花浦、崔漕浦、蔣漕浦、馬漕浦、大赦浦涇〔七四〕、凡莊涇、李黄涇、千步涇、陶源涇、斗門涇、南北陳涇、南北朱涇、黄思涇、吳六涇、陸婆涇、雙湖涇、馬路涇、糜場涇、杭涇〔七五〕、陶涇、吳涇、曲涇、眉涇、湯涇、沈涇、顧涇、横涇、蕩涇、界涇、楮涇、十二港、甚港。

新安鄉則有半逕塘、鹽鐵塘、杜漕塘、葉逕塘、鴨頭塘、七丫塘、小七浦、塘古塘、洪塘、上花浦、浪港浦、戴浦〔七六〕、天路涇、寺塘涇、六尺涇、八尺涇、李漕涇、梅園涇、東張涇、棋盤涇、楊園涇、石孔涇、朱望涇、薄秀涇、周孫涇、尋揚涇〔七七〕、東西揚涇〔七八〕、通船涇、項王涇、南北馮涇、謝莊涇、杜陵涇〔七九〕、杜令涇、龔伯涇、馬舍涇、大瀼涇、項脊涇、花浦涇、蔡墓涇、磨羅涇、袁門涇、鄒段涇、司馬涇、鄭涇、丁涇、新涇、鬼涇、寺涇、楚涇、錢涇、廟涇、金涇、康涇、滌涇、黄涇、通商港、楊林港、陶家港、東吳港、奚路港〔八〇〕、三王港、直北港、斜港、施宗義港、涇港、吳港、施港、陸文宗港、王守宜港〔八一〕、沈宗港、孫昉明港、沈港〔八二〕、曹港、石港、盧港、孫港、中港、陳港〔八三〕、裴港。惠安鄉則有上吳塘、吉涇塘、泥塘、官塘、侯塘、新塘、古塘、白苧浦、大潮浦、盧福浦、秧浦、中趙浦、南北趙浦、五莊浦涇〔八四〕、小朱涇、因丹涇、恬靜涇、中洛涇、東西杭涇、徐丫涇、下公涇、車漕涇、張烏涇〔八五〕、小半涇、大王涇、菱門涇、西半涇、浪市涇、錢涇、湛涇、朱涇、周涇、張涇、横涇、姚涇、盛涇、時涇、徐涇、孟涇、湯涇、葑涇、薪涇〔八六〕、苑涇、斜塘港、章五港、斜港。合九鄉而言之，凡爲塘四十七，浦一百零八，涇二百五十，港三十九，共四百四十有四，皆名隸朝郡者，所謂某家洪〔八七〕、某家涇之類皆不在此數。

風俗

崑山自昔號壯盛，吳諸邑之最繁劇者。大抵其俗仍太伯、季札之風，崇尚禮遜，無復好劍多鬬之舊〔八八〕。其民務耕織，有常業，然多奢少儉，競節物，信鬼神。歲節山寺有歲懺，爲佛會。一月士女駢闐，車蓋相屬。上元取燈於郡，所謂萬眼羅、琉璃球之類甲天下〔八九〕，燈影月色，照耀里陌，舞歌簫鼓，連夕不絕。二月望，景德寺有釋迦涅槃雙林會尤盛。自三月旦，爭往嶽祠，拜祈禱賽。四月八日，尼寺設飯茶供，名無礙會。是日，浮屠浴佛，徧走閭里。望日，山神誕，縣迎神設佛老教以祈歲事，并社爲會以送神，自山塘至邑前，幕次相屬，紅翠如畫，它州負販而來者肩袂陸續。後兩日，則觀角觝於山之西。八月望，西津觀潮，縣設酤於問潮館〔九〇〕，綵旗迎潮，觀者如堵。十月朔，謁墓如寒食，不拜朔，謂之鬼節。俗重冬至，新朋饋送，交馳於道。臘月二十四日，祭竈，婦女不預。二十五日，食赤荳粥，下至婢僕貓犬皆有之。有出外者，亦分及，名口數粥。是日，爆竹驅儺，田家燃炬，名照田蠶。歲節祀先用，除夜焚蒼朮，辟瘟丹，家人酌酒。分歲夜分，祭瘟鬼，易桃符，向明打灰堆，飲屠蘇。此一歲風俗大略〔九一〕。惟歲節、冬至，縣官率鄉之寓賢士友聚拜於學之明倫堂，會茶而散，禮儀雍雍，長幼有序。自樂庵李公行之，至今五六十歲，則它邑所無。今令尹項公澤又捐金置田租〔九二〕，以充所費云。

戶口

古經載祥符間主戶一萬三千七十八，客戶三千二百七十二〔九三〕。主丁一萬五千三百八十九，客丁三千三百零三。慶元間主戶三萬五千三百四十二〔九四〕，客戶三千七百，視昔已多。今主、客共四萬五千三百六十八戶，一十三萬四千五百口，較之古經蓋將數倍，生齒日繁，則邑之壯盛可見云。

學校

縣舊有文宣王廟，在縣東南七十五步，中以兵火廢。唐制，郡邑得廟祀夫子〔九五〕。大曆九年，大理司直王綱爲令，始立學於廟垣。後黃巢之亂，更五代，五六十年不建。至雍熙間，縣令邊傚因遺址重立廟，門闕甚麗，狀十哲於傍。王禹偁爲記。景祐初，范文正公請立郡庠，於是亦有學。元祐間，知縣杜采始建〔九六〕，在縣西南二百九十步。紹興間，知縣程沂重修，張九成爲記，郡守蔣璨名講堂爲致道〔九七〕，仍書學扁。隆興間知縣李結、淳熙間知縣葉子強、周承勛，紹熙間知縣李稠重修〔九八〕，各有記。慶元間，知縣章萬里改致道堂爲明倫。嘉定間，知縣巫似重修，建大成殿。近歲知縣徐聞詩重修，重書學扁。學有齋六：曰居仁、由義、履信、教忠、成德、致道。自知縣徐聞詩立月書季考之式，而累政又益置學田，由是教養兩備云〔九九〕。

唐梁肅《縣學記》

學之制與政損益，故學舉則道舉，政污則道污。崑，吳東鄙之縣。先是，縣有文宣王廟〔一〇〇〕，廟堂之後有學室〔一〇一〕。中年兵饉薦臻，堂宇大壞。方郡縣多故，未遑繕完〔一〇二〕。其後長民者或因而葺之，以民尚未泰，故講習之事，設而未備〔一〇三〕。大曆九年，大原王綱以大理司直兼縣令，既釋奠於廟，退而歎曰：「夫化民成俗，以學為本，是而不崇，何政之為？」乃諭三老、主吏整序民，飭班事〔一〇四〕，大啓室於廟垣之右〔一〇五〕。聚五經於其間，以邑人沈嗣宗躬履經學，俾為博士。於是遐邇學徒，或童或冠，不召而至，如歸市焉。公聽治之暇，則往敷大猷以聳之，博考明德以翼之，優而柔之，使自求之；揭而厲之，使自趨之。故民見德興行〔一〇六〕，行於鄉黨〔一〇七〕，洽於四境〔一〇八〕，父篤其子，兄勉其弟，有不被儒服而行，莫不恥焉。僉曰：公主設教嚮其本〔一〇九〕，不墜其末〔一一〇〕；易其俗，不失其宜也〔一一一〕。傳曰：本立而道生。昔崔瑗有《南陽文學志》，王粲有《荆州文學志》，皆表儒訓，以著不朽。遂繼其流，為縣學記，俾來者知我邑經藝文教之所以興。是歲龍集乙卯，公為縣之明年也。大曆九年十月望日撰〔一一二〕。

學租米〔一一三〕

舊管二百四十石。

知縣樓條置八十六石六斗七升。

知縣項公澤置一百七十一石六斗二升，内一十八石斗升係充茶會用〔一一四〕。

學租錢

舊管三十六貫一百五十文，十八界二貫文足〔一一五〕。

坊陌橋梁

里有坊，坊有扁，所以識道里、示觀瞻也〔一一六〕。邑舊有坊四：曰光化、平樂、招賢、永昌；有市二：曰都場、永安，皆舊經所載，今莫詳其所。淳熙甲辰，文節衛公魁天下，始建坊石浦。今令尹項公澤下車以來〔一一七〕，百廢具舉，捐金勸民，爲坊凡三十有二，扁皆前簿吳堅所書，遂爲邑之壯觀。

近民坊。近民館西。

覽德坊。主簿廳東。

平政坊。陳老橋北〔一一八〕。

武寧坊。尉司衙東。

成達坊。縣學東。

朝京坊。西栅。

朝宗坊。南柵。
婁豐坊。北柵。
玉鎮坊。山前。
忠正坊。趙忠簡府前。
登平坊。倉巷。
春和坊。平橋東。
登春坊。柵巷〔一一九〕。
日新坊。前新街。
又新坊。後新街。
通德坊。鄭大資府前。
安定坊。安定橋西。
太平坊。太平橋南。
積善坊。甫庫橋南。
富德坊。甫庫橋北。

儒學坊。茆家橋東。

寶信坊。寶月橋南。

貴德坊。通闤橋東。

德潤坊。後市橋南。

明德坊。後市巷西。

餘慶坊。蕁菜橋東。

厚俗坊。陳老橋東。

片玉坊。陳老橋西。

安榮坊。姚家巷南。

興仁坊。東城巷南。

惠政坊。西寺巷南。

進賢坊〔一二〇〕。醋庫巷内〔一二一〕。

縣以市名者二：曰市心，曰後市。市心在寶月橋之南，後市在後市橋之西〔一二二〕。

縣以巷名者二十有七：曰社壇巷、醋庫巷、東寺巷、西寺巷、北倉巷、東城巷、弓手巷、華亭巷、後市巷〔一二三〕、周廳巷〔一二四〕、項客巷、姚家巷、金童巷、秦家巷、潘家巷、鄧家巷、章家巷〔一二五〕、郁家巷、辛家巷、孫家巷、明王堂巷、李侍御巷、顧二耆巷、陳賣羊巷、楊編笄巷、柴巷、焚巷〔一二六〕。

縣橋梁之有名可紀者近七十，而郭外者不在此數。

篋行橋〔一二七〕。

縣東橋。

太平橋。並縣東。

張家橋。

縣西。

平　橋。

秦迪橋。

酒坊橋。

陳老橋。

望江橋。

並縣南。

北倉橋。

山溪橋。

衆安橋。

並縣北。

釘行橋。

菜行橋。

魚行橋。

崑山寺西板橋。

鎮東橋。

紹法巷橋。

鎮堂東橋〔一二八〕。

廟堂西橋。

慈濟橋。已上並舊經。

秦蔡橋〔一二九〕。

廣濟橋。

朱辛橋。

通闤橋。

寶月橋。

後市橋。

姚家橋。

甫庫橋。

永福橋。

東城橋。

茆家橋。

悲濟橋〔一三〇〕。

羅漢橋。
鑽黿橋。
蝦麻橋。
並縣東南。
惠政橋。
進賢橋。
進福橋。
舞雩橋。
積善橋。
高平橋。
迎仙橋。
景德寺橋。
駟馬橋。
迎恩橋。

滎陽橋〔一三一〕。

進儒橋。

普通橋。

陸家橋。

宋塔橋。

無不利橋。

並縣西南。

戊己橋。

富春橋。

望山橋。

萬壽橋。

安定橋。

迎壽橋。

流慶橋。

慶元萬壽橋。
並縣東北。
全相橋。舊經。
清風橋。
明月橋。
半山橋。
見山橋。
鼇峰橋。
慧聚寺橋。
並縣西北。

營寨

古開江第二指揮。

在縣西南二百八十五步。元額五百人，創於嘉祐間。自朱勔進花石綱，盡奪營卒以往，其營遂空。紹興二十八年，知府蔣璨言於朝。

省劄節文

太湖者，數州之巨浸，而獨泄以松江之一川，宜其勢有所不逮。是以昔人於崑山之東開二十一浦，分而納之海。後為潮汐沙積，而開江之卒亦廢。天聖間，漕臣張綸嘗於崑山縣開衆浦。景祐間，郡守范仲淹亦親至海浦，開五河。政和間，提舉趙霖又開三十餘浦。此皆見於已行。今諸浦湮塞，又非前比。平江積水，兩月未退，乞於崑山縣招填三百人，仍涖開江指揮移之〔一三二〕。

後徙於州。至今府之隸役猶有開江兵士之目，而邑之營地遂改爲常平倉，又改爲觀風館，又改爲全吳驛，又改爲務官廳。廳廢，今隸縣學。

楊林寨。在縣東北八十里，地名茜涇。紹興四年置。

【校勘記】

〔一〕趙彦槠：原作「趙彦摢」，據宛委別藏本、黄氏鈔本改。

〔二〕按「鄉鎮」以下内容宛委別藏本、清黄氏士禮居鈔本（以下簡稱黄氏鈔本）置於上文「四至八到」之前。

〔三〕巷：原作「巻」，據《姑蘇志》卷三三改。

〔四〕按「西北」下原本空兩字。按《姑蘇志》卷三三、《江南經略》卷二下云：「武城，在縣西北。」皆不言里數。

〔五〕三里：宛委別別藏本、黄氏鈔本「三」字闕。按《江南經略》卷二下云：「金城，在縣東三里，世傳吴王所築。今有金城浦。」《姑蘇志》卷三三亦作「三里」。

〔六〕「瓦浦城」下宛委別藏本、黄氏鈔本有「二城」二字。

〔七〕九：原作「六」，據宛委別藏本、黄氏鈔本及《名蹟錄》卷一《崑山州重修學宫碑》改。

〔八〕云：原本脱，據黄氏鈔本補。

〔九〕婉孌：宛委別藏本作「春戀」，黄氏鈔本作「眷戀」。按《文選註》卷二四、《六臣註文選》

卷二四、《漢魏六朝百三家集》卷四九皆作「婉孌」。

〔一〇〕「山」字下宛委別藏本、黄氏鈔本有「之」字。

〔一一〕翠茂：原作「翠筏」，據宛委別藏本、黄氏鈔本及《吴郡志》卷三五、《姑蘇志》卷三〇、《吴都文粹》卷九改。

〔一二〕墩：原作「坡」，據宛委別藏本、黄氏鈔本及《大清一統志》卷五四、乾隆《江南通志》卷一二改。

〔一三〕女：原本脱，徑補。

〔一四〕在縣西北十里：宛委別藏本作「在縣西北口里」，黄氏鈔本作「在縣北里」。

〔一五〕按原本「東北」下闕三字，宛委別藏本闕二字。按《姑蘇志》卷九云：「在縣東北海口。」不載里數。

〔一六〕墩：宛委別藏本、黄氏鈔本及《姑蘇志》卷九無。

〔一七〕者：宛委別藏本、黄氏鈔本無。

〔一八〕之：原本脱，據宛委別藏本、黄氏鈔本及《姑蘇志》卷九補。

〔一九〕數十：宛委別藏本作「十數」。

〔二〇〕湊：宛委別藏本作「輳」。

〔二一〕「故」字下宛委別藏本有「世」字，黃氏鈔本有「所」字。

〔二二〕南：宛委別藏本、黃氏鈔本作「西南」，無「二」字。

〔二三〕南：宛委別藏本、黃氏鈔本作「側」。

〔二四〕岡：宛委別藏本、黃氏鈔本作「鋞」。下同。

〔二五〕江帶：宛委別藏本、黃氏鈔本作「帶江」。

〔二六〕白：宛委別藏本、黃氏鈔本作「曰」。按《吳郡志》卷四八、《至元嘉禾志》卷四、《姑蘇志》卷一〇皆有白蜆湖，作「白」字是。

〔二七〕「號」字下宛委別藏本有「曰」字。

〔二八〕「松」字上宛委別藏本有「吳」字。按《駱丞集》卷二《冬日野望》詩注無「吳」字。《太平御覽》卷六五、《吳郡志》卷四八、《會稽志》卷四、《姑蘇志》卷一〇皆無「吳」字。所謂吳松江，即吳之松江。

〔二九〕知縣：原作「知承」，宛委別藏本、黃氏鈔本作「知丞」，據《姑蘇志》卷一〇改。

〔三〇〕鯉：宛委別藏本、黃氏鈔本作「鰺」，《姑蘇志》卷一〇作「鱺」。下同。

〔三一〕梨：宛委别藏本、黄氏鈔本作「黎」。

〔三二〕曰：宛委别藏本、黄氏鈔本作「四」，屬上讀。

〔三三〕茜：《姑蘇志》卷一〇作「西」。

〔三四〕涇：原脱，據黄氏鈔本及《姑蘇志》卷一〇補。

〔三五〕按《姑蘇志》卷一〇、《吳中水利全書》卷四無「岳力」二字。

〔三六〕杜：原作「壯」，據宛委别藏本、黄氏鈔本及《三吳水攷》卷三改。

〔三七〕「見」字下宛委别藏本、黄氏鈔本空二字。

〔三八〕《校勘記》：「又原脱在鰻鱺湖北。」

〔三九〕北自：原作「自北」，據宛委别藏本乙。又「磈」字，原作「澳」，據宛委别藏本、黄氏鈔本及《姑蘇志》卷一〇、《三吳水攷》卷三、《吳中水利全書》卷四、卷五改。

〔四〇〕西北：宛委别藏本、黄氏鈔本作「東北」。

〔四一〕以：原本無，據宛委别藏本、黄氏鈔本及《吳都文粹》卷五、《浙西水利書》卷上、《吳中水利全書》卷二四補。

〔四二〕沮：原作「阻」，據宛委别藏本、黄氏鈔本及《吳都文粹》卷五、《浙西水利書》卷上、

《吳中水利全書》卷二四改。

〔四三〕未之行也：宛委別藏本、黃氏鈔本作「未從」。

〔四四〕有：宛委別藏本、黃氏鈔本作「存」。

〔四五〕埭：原作「塘」，據宛委別藏本、黃氏鈔本及《吳都文粹》卷五、《浙西水利書》卷上、《吳中水利全書》卷二四改。

〔四六〕茭蒲：原作「茭浦」，據宛委別藏本、黃氏鈔本及《吳都文粹》卷五、《浙西水利書》卷上、《吳中水利全書》卷二四改。

〔四七〕料：《吳中水利全書》卷二四作「節」。

〔四八〕朱瀝：宛委別藏本、黃氏鈔本作「朱澤涇」。按《吳都文粹》卷五、《浙西水利書》卷上、《吳中水利全書》卷二四或作「朱歷」，或作「朱瀝」。

〔四九〕東：宛委別藏本、黃氏鈔本作「西」。按《吳都文粹》卷五、《吳中水利全書》卷二四皆作「東」。

〔五〇〕十二：黃氏鈔本作「十一」。按《吳中水利全書》卷二四作「十二」。

〔五一〕蘧：宛委別藏本、黃氏鈔本作「籧」。下同。

〔五二〕真義浦：宛委別藏本、黄氏鈔本作「進義浦」。按《姑蘇志》卷一〇、《三吳水攷》卷三、卷八、卷九、《吳中水利全書》卷二、卷四、卷五、卷一三、《吳都文粹》卷五皆作「真義浦」。

〔五三〕熊：原作「能」，據黄氏鈔本及《吳中水利全書》卷五改。

〔五四〕市：原作「亦」，據宛委別藏本、黄氏鈔本及《三吳水攷》卷三、《吳中水利全書》卷五改。

〔五五〕原本「邵」下衍「涇」字，據宛委別藏本、黄氏鈔本及《吳中水利全書》卷五刪。

〔五六〕顧：原本無，據宛委別藏本、黄氏鈔本及《吳中水利全書》卷五補。

〔五七〕漣：原作「漣」，據宛委別藏本、黄氏鈔本改。《吳中水利全書》卷五作「連」。

〔五八〕「寺巷涇」三字宛委別藏本無。按《吳中水利全書》卷五有「寺巷涇」。

〔五九〕大小瓜浦：宛委別藏本、黄氏鈔本作「大小瓜瀆浦」。按《三吳水利錄》卷四、《吳中水利全書》卷一八有「木瓜浦」。待攷。

〔六〇〕小桃浦：宛委別藏本、黄氏鈔本作「小桃仁浦」。

〔六一〕塘：原本無，據宛委別藏本、黄氏鈔本及《吳中水利全書》卷五補。

〔六二〕黿：原作「鼂」，據宛委別藏本、黄氏鈔本及《吳中水利全書》卷五改。

〔六三〕木：原作「水」，據宛委別藏本、黄氏鈔本及《吳中水利全書》卷五改。

〔六四〕南陳浦：宛委別藏本、黄氏鈔本無。按《三吳水利録》卷一、《三吳水攷》卷八、《吳中水利全書》卷五、卷一三、《吳都文粹》卷五皆無南陳浦記載，存此俟攷。

〔六五〕按「湯浦」宛委別藏本置於「蔣浦」上。

〔六六〕「瓦浦」上宛委別藏本、黄氏鈔本有「楊浦」。按《吳中水利全書》卷五「瓦浦」或作「究浦」。

〔六七〕蘆：《吳中水利全書》卷五作「盧」。

〔六八〕全：《吳中水利全書》卷五作「金」。

〔六九〕段：黄氏鈔本作「叚」。按《吳中水利全書》卷五作「段」。

〔七〇〕流：原本無，據宛委別藏本、黄氏鈔本及《吳中水利全書》卷五補。

〔七一〕米主涇：宛委別藏本、黄氏鈔本作「米至涇」，《吳中水利全書》卷五作「朱至涇」。

〔七二〕朝廷涇：宛委別藏本、黄氏鈔本及《吳中水利全書》卷五作「潮庭涇」。

〔七三〕《校勘記》云：「扎（原誤北）涇」。按《吳中水利全書》卷五「談涇」上即有「北涇」。

〔七四〕大赦浦涇：黄氏鈔本作「大赦涇」，宛委别藏本無「浦涇」二字。

〔七五〕涇：原本無，據宛委别藏本、黄氏鈔本補。

〔七六〕戴：原作「載」，據宛委别藏本、黄氏鈔本及《吴中水利全書》卷五改。

〔七七〕揚：宛委别藏本、黄氏鈔本作「楊」。

〔七八〕揚：宛委别藏本、黄氏鈔本作「楊」。

〔七九〕杜：原作「莊」，據宛委别藏本、黄氏鈔本改。下「杜令涇」同。

〔八〇〕路：宛委别藏本、黄氏鈔本作「洛」。

〔八一〕宜：宛委别藏本、黄氏鈔本作「宣」。

〔八二〕沈港：宛委别藏本、黄氏鈔本作「吕沈港」。

〔八三〕港：原作「沈」，據宛委别藏本、黄氏鈔本改。

〔八四〕浦：宛委别藏本、黄氏鈔本無。

〔八五〕烏：原作「馬」，據宛委别藏本、黄氏鈔本及《三吴水攷》卷三、《吴中水利全書》卷五、卷七改。

〔八六〕薪：宛委别藏本、黄氏鈔本作「新」。

〔八七〕「所」字上黃氏鈔本有「而」字。

〔八八〕「多」字上宛委別藏本、黃氏鈔本有「喜」字，黃氏鈔本「多」作「名」。

〔八九〕球：宛委別藏本、黃氏鈔本無。按《吳郡志》卷二有「毬」字。《吳都文粹續集》卷二七有范成大《萬眼羅》、《玻璃毬》詩。

〔九〇〕酤：宛委別藏本、黃氏鈔本作「酒」。

〔九一〕「俗」字下宛委別藏本、黃氏鈔本有「之」字。

〔九二〕田：宛委別藏本、黃氏鈔本無。

〔九三〕七十二：宛委別藏本、黃氏鈔本作「七十」。

〔九四〕三百：宛委別藏本、黃氏鈔本作「二百」。

〔九五〕祀：宛委別藏本、黃氏鈔本無。

〔九六〕杜采：原作「杜操」，據宛委別藏本、黃氏鈔本及《姑蘇志》卷二四、乾隆《江南通志》卷八七、《名蹟錄》卷一、《吳都文粹續集》卷五改。

〔九七〕蔣璨：宛委別藏本、黃氏鈔本作「蔣堂」。按《姑蘇志》卷二四作「蔣璨」。《吳郡志》卷六、卷一一、《姑蘇志》卷一二、卷二二、《吳興備志》卷一八皆云紹興二十八年間蔣璨嘗任平江知府。作「蔣璨」是。

〔九八〕紹熙：原作「紹興」，據宛委別藏本、黄氏鈔本及《姑蘇志》卷二三改。按《姑蘇志》作李裯紹熙三年任知縣。而卷二六又作李稠，俟攷。

〔九九〕備：原作「偁」，據宛委別藏本、黄氏鈔本改。

〔一〇〇〕有：原本無，據《文苑英華》卷八一六、《吳都文粹》卷一補。

〔一〇一〕廟：原本無，據宛委別藏本、黄氏鈔本及《文苑英華》卷八一六、《吳都文粹》卷一補。

〔一〇二〕遑：宛委別藏本、黄氏鈔本作「逮」，《文苑英華》卷八一六作「遍」。

〔一〇三〕未：宛委別藏本、黄氏鈔本及《文苑英華》卷八一六作「不」。

〔一〇四〕飭：宛委別藏本、黄氏鈔本作「節」，《文苑英華》卷八一六、《吳都文粹》卷一作「飾」。

〔一〇五〕右：宛委別藏本、黄氏鈔本作「任」。

〔一〇六〕《吳都文粹》卷一「德」下有「而」字。

〔一〇七〕行：宛委別藏本、黄氏鈔本作「之」，屬上讀。《吳都文粹》卷一作「始」。

〔一〇八〕洽：宛委別藏本、黃氏鈔本作「治」。按《文苑英華》卷八一六、《吳都文粹》卷一皆作「洽」。

〔一〇九〕公主設教嚮其本：原本「本」作「末」，據《吳都文粹》卷一改。黃氏鈔本「主」下有「于」字，《吳都文粹》「主」作「于」。《文苑英華》卷八一六此句作「公主于設教嬌其末」「主於」下注：「二字集作之」。

〔一一〇〕末：原作「本」，據《吳都文粹》卷一改。

〔一一一〕也：原本無，據宛委別藏本、黃氏鈔本及《文苑英華》卷八一六、《吳都文粹》卷一補。

〔一一二〕十月望日撰：黃氏鈔本僅有「月」字。《吳都文粹》卷一作「九年月日梁肅記」。

〔一一三〕租米：原脫，據宛委別藏本、黃氏鈔本補。

〔一一四〕「斗」、「升」上原本各空一字，宛委別藏本、黃氏鈔本同。

〔一一五〕「界」字下宛委別藏本空一字。

〔一一六〕示：原作「視」，據宛委別藏本、黃氏鈔本改。

〔一一七〕今：宛委別藏本、黃氏鈔本無。

〔一一八〕「北」字下宛委別藏本、黄氏鈔本有「對縣」二字。

〔一一九〕柵：黄氏鈔本作「棚」。按《姑蘇志》卷一七作「柵」。

〔一二〇〕進：《姑蘇志》卷一七作「近」。

〔一二一〕内：黄氏鈔本作「南」。按《姑蘇志》卷一七作「内」。

〔一二二〕後市橋：原作「後橋」，據宛委別藏本、黄氏鈔本及下文補。

〔一二三〕後市巷：宛委別藏本、黄氏鈔本作「後寺巷」。按《姑蘇志》卷一七作「後市巷」。

〔一二四〕周：《姑蘇志》卷一七作「州」。

〔一二五〕章：原作「童」，據宛委別藏本、黄氏鈔本及《姑蘇志》卷一七改。

〔一二六〕焚：原作「樊」，據宛委別藏本、黄氏鈔本及《姑蘇志》卷一七改。

〔一二七〕「橋」字下宛委別藏本、黄氏鈔本有「舊經」二字。

〔一二八〕鎮：宛委別藏本、黄氏鈔本作「廟」。

〔一二九〕「秦蔡橋」下宛委別藏本、黄氏鈔本有「唐家橋」。按《姑蘇志》卷二〇「通濟橋」下有「唐家橋」條。

〔一三〇〕悲：宛委別藏本、黄氏鈔本作「惠」。

〔一三一〕陽：原作「楊」，據宛委別藏本、黄氏鈔本及《姑蘇志》卷二〇改。

〔一三二〕仍：宛委別藏本、黄氏鈔本作「役」，屬上讀。

淳祐玉峰志卷中

公宇

公宇觀瞻所係〔一〕，政令出焉，惟不以傳舍視之，則一日必葺，有興無廢〔二〕。此邦公宇素壯麗，非他邑所可及。鼓樓重創纔兩稔，若近民館、賞心樓，則前所未有，今令尹項公澤所建云。

縣　衙。在縣内正北。紹興二十六年〔三〕，知縣程沂重建。舊傳孟尚書捨宅爲之，故今猶祠孟於縣門内之東。

鼓　樓。嘉熙丁酉七月圮於大風，因循十餘年，屢更令，不克造。淳祐丁未，知縣徐聞詩嘗具材植欲造〔四〕，不果。己酉，知縣婁條市大木别建，視昔高廣。今二卿樓公治書額〔五〕。

頒春、宣詔二亭。在縣樓左右，紹熙三年知縣李裯建〔六〕。

平政堂。在縣治內。舊名琴堂，知縣李伯長改今名。有詩，見雜詠。

讀書堂。在縣治內。知縣葉子強建。有詩，見雜詠。知縣李伯長改今名。

松竹林。在縣治內。知縣項公澤建。

縣　圃。在縣治內之東。知縣葉子強創。中有錦香、絃歌、藴輝亭，有詩，見雜詠。

縣丞廳。在縣治之東。

主簿廳。在縣治之西。廳事後名西堂。久皆頹圮，扁亦不存。淳祐己酉，主簿吴堅重建，名覽輝堂，又新創高士軒於廳事之西。

縣尉司。在縣南五十步。舊有隱齋、咲月亭、分翠軒，皆縣尉王齊輿建。有詩，見雜詠。淳祐乙巳，縣尉陳肖孫創書院於廳事之東。

教　場。在衙內之西。舊有立武亭，後廢。淳祐壬子，知縣項公澤重建。

監務廳。在縣西南二百八十五步。今廢。

殿丞解舍。在縣西南。今廢。

巡塘廨舍。在縣西南。今廢。

問潮館。在縣西南二里四十步。知縣葉子強建，以識「潮過夷亭出狀元」之讖。淳祐辛亥，知縣項公澤重修。

觀風館。在縣西南二百八十五步。知縣李稠建。嘉泰間，改名全吳驛。今廢，地隸縣學。

近民館。在縣樓之東。淳祐庚戌，知縣項公澤建。

新江驛。今廢。

縣　倉。在縣東北百步。

常平倉。在縣西南二百八十五步。今廢。

酒稅務。在縣西南二里。

商稅茶鹽場。在縣東一百步〔七〕。今廢。

醋　庫。在縣西南。

戶部漳浦酒庫、石浦酒庫、新永安酒庫，各以贍軍〔八〕，吏部揭闕注官，課入版曹，兩浙漕臣提領其事〔九〕，月解徑詣臺，縣無預。

安懷坊。在縣東北一里十步。淳祐辛亥，知縣項公澤建。

春和樓。在縣南五十步。淳祐己酉〔一〇〕，知縣項公澤建。

賞心樓。在縣東南市心。本民居，淳祐庚戌，知縣項公澤置，徹而新之，視春和樓尤爲雄壯。

税賦

田地有賦，此常制也。土地縣衺，故税賦盛多。考之古經，景德、祥符間，夏税丁身鹽錢叁千六百餘貫〔一一〕，絹一萬五千三百四疋，紬七百七十疋〔一二〕，縣一千三百屯，秋苗米一十萬有畸。慶元間，夏税倍其數，縣十倍之，秋苗則益以八千石〔一三〕。自嘉定分治東邑，賦隨地遷，由是歲輸減半。

今列見管者於後：

秋苗

額管五萬九千八百四十七石五斗九升，內糯苗六千二百一十四石三斗八升八合，折苗四千七十四石二斗二升。

自淳祐以來平苗十石以上及折苗、糯苗，皆在府倉輸納。平苗十石以下，在縣倉輸納。郡又差吏監廒，以平苗月據所納多寡徑抛下支散。許浦水軍，縣不干預，仍以折苗一千一百五十三石八斗五升借縣務充糴糯酒本。然坍江〔一四〕、事故、荒白及改爲圍營、沒官等田者甚多，故每歲所催合三色僅及五萬餘石，已該蠲放。

夏稅

折帛和買錢六萬三千一百三十三貫九百五十七文〔一五〕，然坍江、事故、荒白及改爲圍營、沒官等田者甚多，故每歲所催止四萬餘貫。

役錢

縣管催積善、朱塘、全吳、新安、惠安鄉共六千六百五十貫一十二文。

縣丞廳管催泙川〔一六〕、永安、武元鄉一千九百九十貫五百文。

課利

稅賦之外有課利，所以供趁版計等錢，而所取辦者酒稅而已。酒息之多寡，視令之能否〔一七〕，不可以一定論。若稅錢則坐賈包納〔一八〕，歲有成例云〔一九〕。

使府版帳錢

正月、二月分各三千一百五十貫九百八十四文〔二〇〕。

三月分四千九十一貫二百七十六文。

四月分四千九百五十八貫九百六十五文。
五月分五千一百九十四貫六百八十五文。
六月分三千八百四十四貫六百八十五文。
七月、八月分各五千三百三十五貫八十五文〔二一〕。
九月分四千一百七十八貫六百二十六文。
十月分三千三百四十二貫四文。
十一月、十二月分各三千三百四十一貫七百四文。
已上並五分十八界會〔二二〕，五分現錢解發。

使府下綱錢

正月、二月、三月、十月、十一月、十二月分各八貫四百文省錢。
四月、五月、六月、七月、八月、九月分各九貫六百文省錢。

通判廳版帳錢

正月、二月分各一千二百七十四貫六百六十文。

三月分二千四十四貫九百五十一文〔二三〕。

四月分二千七百五十八貫二十七文〔二四〕。

五月、六月、七月、八月分各二千七百五十八貫二十七文。

九月分一千九百八十七貫七百三十文。

十月、十一月、十二月分各一千二百七十四貫六百六十文。

已上並五分十八界會，五分現錢解發。

右具上件，守倅廳錢、會並係酒息樁辦。

通判廳役錢

每月分二百五十貫文。

通判廳五六分錢

每月分一百五貫四百三十八文〔二五〕。並係五分十八界會，五分現錢解發。

通判廳五分頭子錢

每月分一十貫文，錢、會中半。

已上三項，以役錢及坊名錢樁辦〔二六〕。若不足，則以酒課凑發。

通判廳截撥下綱錢

正月、二月分各三百六貫二百六十文。

三月分五十一貫一百九十二文。

四月分六十六貫八百一十二文。

五月、六月分各七十貫六十文〔二七〕。

七月分六十九貫九百八十四文。

八月分六十四貫六百五十文。

九月分五十一貫七百七十五文。

十月、十一月、十二月分各四十貫五百一十二文。

已上並係十八界會。

遇大禮年分解發，使府五百一十三貫七百文〔二八〕。

遇大比年分解發，使府二百貫文〔二九〕。使府不排辦人使錢，每歲二百五十貫文〔三〇〕。

已上十八界會〔三一〕，並以本縣酒息樁辦。

提刑司吏祿錢

每月八十八貫七百四十三文。

三分錢，七分十八界會。

提舉司吏祿錢

每月七十六貫六百文〔三二〕。

已上二項，催湖川鄉役錢並雜色錢輳解。

提舉司接官頭子錢〔三三〕

二百貫文，十八界會支〔三四〕，遇接新憲時行下支發。

提刑司職租頭子錢

每月四十七貫二百六十四文。

十八界錢、會三七分。

通判東廳職租頭子錢

一百一十三貫七百一十九文〔三五〕。十八界錢、會中半。

通判西廳職租頭子錢

三百三十八貫七百九十四文。

已上四項，並於職田頭子錢樁辦。如不足，則以職田米撥糴湊解。

官租

官租名色凡十〔三六〕，曰：

朝籍圍田

舊隸安邊所。

版帳圍田

舊隸本縣，以助版帳月解。續淮東總領徐掾取隸總領所，而版帳月額不減。

沒官田

舊隸憲、倉兩司。

常平官租

舊隸倉司。

投買常平官租

舊隸本府。

草蕩圍田、營田、沙田、沙地、塗田

舊隸倅廳。

舊例，圍田每畝二斗，沒官田每畝五百省錢，投買常平田、營田每畝六升五合。自淳祐七年，尚書省置田事所，差幹辦公事葉峇、馮端符、縣丞樓條扦量〔三七〕，於是又增新、續改正兩項圍田，雖嚮之隱賦不輸者皆不可逃。然租額比舊增多，圍田每畝四斗，營田、沙田、投買常平田每畝三斗，沙塗田每畝二斗，没官田依鄉原例斗器不等。圍蕩、營蕩、沙地每畝十八界一貫，並隸田事所。近淳祐庚戌，又以新舊籍圍田〔三八〕、常平田、没官田、沙田、營田隸淮東總所，若田畝之虚實，租額之重輕，又未可以一歲爲定。後之能察民瘼者，轉而上聞，民之幸也。

諸色圍田租米

六萬七千二百九十三石六斗。

營田租米

一萬八千一百八十石一斗二升。

沙田租米

一千四百四十四石七斗一升五合。

新舊籍没官田租米

四千七百九十九石一斗四升五合。

常平田官租米〔三九〕

二千一百八十二石一斗四升。

投買常平田官租米〔四〇〕

一千七百一十石。

蕩錢

一萬七百貫六百六十五文。

學田租米

已具學校門。

職田租米〔四一〕

知縣四百四十六石六斗一升。
縣丞三百四石五斗八升。
主簿二百三十九石九斗七升。
縣尉二百二十九石八斗九升。
監務一百八十七石四斗七升。
楊林巡檢一百二十一石七升。
已上並省斛。

安懷坊租米

五百二十四石六斗九升五合，項知縣任内用錢交易置到。
並二百三十合足斛。

獄糧租米

九十石四斗内一十五石六斗，項知縣任内用錢交易置到。係二百三十合足斛〔四二〕。

縣令題名

自梁以來，宰邑以善聞者已見名宧條。至本朝，而復有題名碑具焉。自邊傚至汪稽中，則葉子強爲記。自趙汝㯋至今，則周寓爲記。碑在縣廳之東。

邊　傚。

李　維。

李垂則。

趙　稹〔四三〕。

蓋上行。

梁適。

陳從直。

張方平。

李安。

徐執中。

錢公紀。

韓正彥。

錢勰。

高保行。

吳安度。

沈遼。

顧中。

杜操〔四四〕。

葛　永。

侯　渙。

李　乘。

錢景遜。

周　擬。

鮑朝賓。

姚舜明。

郭　淵。

蓋　璵。

黃浩然。

梁澤民。

孫　丞〔四五〕。

吴　昉。

孫　畸。

舒邦弼。

邵相。

董蔣〔四六〕。

施壎。

俞彦興。

劉澈。

張漢之。

魏彦樞。

祝振卿。

邵序。

莫伯虚。

朱端稟。

胡喆。

張鎮。

程沂。
湯松年。
胡庭傑。
羅鞏。
徐譚。
李結。
裴定。
黃鍔。
劉壎。
聞人大雅（四七）。
王璪（四八）。
葉子強。
王子溱。
邵褒然。

劉藻。
邵輶。
張真卿。
周承勛。
孫僑。
李稠。
翟眗。
章萬里〔四九〕。
吳槩。
潘友文。
徐挺之。
章定。
林晳之。
芮度。

應復之。
汪稽中。
趙汝橓。
周　寓。
馮自強。
巫似修。
趙汝鄭。
李　桄。
趙善莒。
李伯長。
張晉之。
楊　奭。
薛儀老。
周逢漢。

林清之〔五〇〕。

王伯深。

陳宣子。

潘彙征。

張應運。

徐聞詩。

樓條。

項公澤。

樓昞。

胡棨。

名宦

蔽芾甘棠，勿翦勿伐，民之去思也。自梁及今，官於是者凡幾人〔五一〕，今以可書者表而出之〔五二〕，使後來者慨慕遐想，罔俾專美於前，實一邑所望云。

梁陸　慶。少好學，通五經，尤好《左氏春秋》，節操甚高。仕爲婁令，以善政聞。

唐王　綱。以大理司直充縣令，政務化民。始建縣學，有梁肅記。見縣學門。

孟庭份。爲尉。郊之父。能詩。生郊於此，後以詩名於世。

權立爲。主簿。德輿之從兄。敏於學行，薄於宦情〔五三〕，德輿嘗作序送之。

劉綺莊。爲尉，研窮今古，博考傳記，作類書百卷行於世，名《崑山編》。

皇朝邊　倣。雍熙初爲令，因舊址新作夫子廟，自是縣學復興。時淮海王如京師，方獻圖籍。上聞倣之賢，賜璽書獎勞。

張方平。景祐中爲令。時吳越歸國未久，前此豪民占田者多積訟，有數十年不決者。公召問所輸幾何，大率百緡一二。乃悉收其羨田，以賦貧民，訟亦息。時蔣希魯守郡〔五四〕，得其所著《蒭蕘論》上之，遂舉賢良科。

韓正彥。字師德〔五五〕，魏公之姪。嘉祐中爲令，創石隄，疏斗門，作塘七十里，以達於郡，得膏腴田數百萬頃〔五六〕，又請以輸州之賦十三萬從便輸於縣〔五七〕，鳩作塘餘材爲縣倉，民大悦。比去，爲立生祠，作《思韓記》。

張漢之爲令，其父兩爲憲漕，五領郡符，而家極清貧。漢之政務寬厚，尤緩於索租，邑人戲爲言曰：「渠家自來無此，故不欲與人索也。」

潘友文。字文叔，東萊先生之友。爲政寬厚，慈祥愛人，俗呼爲潘佛子。秩滿，爭結綵樓於路，號曰去思。植桃於山，題詠甚多，見雜詠。

王萬樞。韶之曾孫，遂之父。爲尉，得海盜溢格，吏請出郊以應「親獲」之文，萬樞據實卻之，其有守如此。

陳璧。字君玉。爲主簿，留意教養，開學以作成士子，講論勸勉，不憚其勞，邑人造問者無虚日，所成就極多。

進士題名

慈恩千佛之經，所以侈同登而勉方來也。《進士題名》敘先後科甲，吾邑爲尤盛，魁天下，魁南宫，魁右科，鼎鼎流傳。自端拱至今，凡進士百二十有八，來者續書未艾。

端拱元年程宿榜

龔識默甫。殿中侍御史。

天聖五年王堯臣榜

龔宗元會之。識子，都官郎官。

嘉祐二年章衡榜

郟亶正夫。比部郎官。

治平三年彭汝礪榜

孫載積中。朝議大夫。

熙寧六年余中榜〔五八〕

龔程信民。宗元子。

崇寧五年蔡嶷榜

龔況濬之。程子〔五九〕。祠部員外郎。

政和五年何㮚榜

唐輝子明。禮部侍郎。

黄偉時俊。

政和八年王嘉榜

衛閺致虚。太學博士。

張德本復之。

宣和六年沈晦榜

王葆彦光。監察御史。

范雩伯達。祕書郎。

建炎二年李易榜

唐燁子光。輝弟。朝議大夫。

馬友直伯忠。特科。

紹興二年張九成榜

尤著少蒙。

紹興五年汪應辰榜

郯昇卿師古。亶孫。知常州。

范成象至先。雩姪。工部。

紹興八年黄公度榜

沈詢嘉問。

王嘉彦邦美〔六〇〕。葆姪。

紹興十二年陳誠之榜〔六一〕

嚴煥子文。

袁鼈可久。

陳璹器則。

鄭晞顔君亞〔六二〕。

張之才周美。特科。

紹興十五年劉章榜

李衡彦平。侍御史。

邊惇德公辯。特科第二〔六三〕。

顧聞彦和。特科。

紹興二十一年趙逵榜

成端亮伯準。

紹興二十四年張孝祥榜

陳九思希魯。特科〔六四〕。

鄭績公玉。

范成大至能。雩子。參知政事。

樂備功成。將作監簿

紹興二十七年王十朋榜

顔度魯子〔六五〕。工部侍郎。

王萬必。大葆弟。

紹興三十年梁克家榜

宋光遠民望。

趙善祥道卿。

秦膺剛和仲。特科。

隆興元年木待問榜

唐子壽致遠。輝子。朝議大夫。

郁異舜舉。

趙彦竦欽仲。

趙公高成甫。

袁宗仁壽卿。鼇子。書庫官。

姚申之崧卿。

賀三聘湯輔。

李廷直世南。

成欽亮仲鄰。端亮弟。知峽州。

乾道二年蕭國梁榜

葉季亨時質〔六六〕。特科。

林梓材卿。特科。

乾道五年鄭僑榜

辛機應仲。

陳茂英季實。

王邁德遠。

陳九德希皋。九思弟。

潘孜道任，特科。

錢允弼叔憲〔六七〕。特科。

郟晉卿師尹。昇卿弟，特科。

乾道八年黃定榜

范之柔叔剛。禮部尚書。

范藻德明。成象子。

張左右民。特科。

李燁良佐〔六八〕。特科。

淳熙二年詹騤榜

張舜卿次夔。之才子。

陳宗召景南。禮部尚書。

王嘉謀叔明。特科。

辛元膺應辰。特科。

胡元佐德懋。特科。

陸自新德輝。特科。

周良臣君顯。特科。

淳熙五年姚穎榜

吳仁傑斗南。國子録。

顧澈伯澄。特科。

淳熙八年黃由榜

黃真卿元吉。特科。

淳熙十一年衛涇榜

衛涇清叔。閬孫。参知政事。

呂伯奮忠甫。

夏允中彦執。

翁謙天益。

淳熙十四年王容榜

李應祥夢龍。衡子。

顔叔淵養原〔六九〕。度姪。

馬先覺少伊。友直孫。架閣。

紹熙元年余復榜

李起宗揚祖。衡子〔七〇〕。

顔叔玠景珪。度姪〔七一〕。

趙善蘧衡卿〔七二〕。善祥弟〔七三〕。

顔叔平景晏。度子。

陳振震亨。太府寺丞。

顏庶。叔修，度弟。
朱起宗元振。特科。
胡杶德進〔七四〕。特科。
鄭允文元修。縝兄。特科。
紹熙四年陳亮榜
張松子觀。
慶元二年鄒應龍榜
鄭準器先。中奉大夫。
王芹元采。特科。
慶元五年曾從龍榜
陳貴誼正夫。宗召子。參知政事。
顏叔瑤粹中。叔玠弟。
衛沂與叔。涇兄〔七五〕。
潘興嗣顯祖。

敖陶孫器之。

沈晞顔文仲。

嘉泰二年傅行簡榜

趙絣君善直。寶章閣。

楊昕希黯。

沈誠天瑞。詢孫。

顔叔開景容〔七六〕。度姪。特科。

開禧元年毛自知榜

江先子明〔七七〕。朝請大夫。

趙汝淳子埜。

顔叔璵器之。度姪。特科。

邊瀛道卿。惇德子。特科。

嘉定元年鄭自誠榜

衛洙魯叔。涇弟。右司郎中。

衛洽晉叔。涇弟。

袁宗魯道卿。宗仁弟。特科。

鄭勬王休〔七八〕。特科。

博學宏詞科一人

陳貴誼正夫。慶元五年進士。

嘉定四年趙建大榜

稽原子長。上舍。

呂叔獻恭父。伯奮弟。特科。

胡天選賢卿。特科。

嘉定七年袁甫榜

衛洙魯叔。涇弟。再及第。

黄必大昌卿。

王杲卿晞賢〔七九〕。特科。

嘉定十年吴潛榜

王圭君玉。邁子。

嘉定十三年劉渭榜

黄保大和卿。必大弟。省元〔八〇〕。

鄭肅文捷〔八一〕。準兄。特科。

嘉定十六年蔣仲珍榜

蔡珏珍父。内舍。

郁雲景龍。巽姪。内舍〔八二〕。

紹定二年黄朴榜

郁中正叔。雲弟，巽姪。

顧然雍叔。

沈逢原深甫。特科。

郭思義德甫。特科。

端平二年吴叔告榜〔八三〕

陳拱泰亨。振弟。

嘉熙四年周坦榜

劉必成。右科狀元。

淳祐元年徐儼夫榜

邊應升子用。惇德孫。特科。

李湆晉甫。應祥子。特科。

淳祐七年張淵微榜

袁逢午中甫。宗仁姪。特科。

人物 氏族

「玉人生此山，山亦得此名。」誦荆公之詩，則地因人勝舊矣。機、雲以來，人才相望，流芳餘慶，姓氏猶香〔八四〕，接踵繼聲，其來未艾。表而出之，示所庸敬云。

晉陸　機。字士衡。祖遜，父抗。機長七尺，聲如鐘。少有異才〔八五〕，文章冠世。閉門勤學，非禮勿動。太康末，與弟雲入洛，張華謂伐吴之役，利在獲二俊，遂延譽薦之。成都王穎假機後將軍、河北大都督。宦人孟玖譖機於穎，遂遇害。葛洪稱機文猶玄圃積玉，無非夜光，五河吐流，泉源如一。其宏麗妍贍，英鋭漂逸，亦一代之絕。所著文章三百餘篇，行於世。弟雲，字士龍。六歲能屬文，性清正，有才理，與兄齊名，雖文章不及，而持論過之，號曰二陸。舉賢良，時年十六歲。吴平入洛，周浚謂爲當今之顔子。補浚儀令，後百姓圖形配食縣社。入拜中書侍郎，亦爲穎所害。著文章及新書二百餘篇。

唐陸龜蒙。字魯望，元方七世孫，賓虞子。龜蒙舉進士不中，往從張摶辟。後居松江甫里，多所論撰。雖幽憂疾憒，貲無十日計，不少輟。有田數百畝，與江通，常苦饑，躬畚鍤之勤。嗜茶，置園顧渚山下，歲取租焉。不喜與流俗交，雖造門不肯見。不乘馬，每升舟設篷席，齎束書、茶竈、筆牀、釣具往來，時謂江湖散人，或號天隨子、甫里先生，自比涪翁、漁父、江上丈人。後以高士召，不至。李蔚、盧携素與善，及當國，召拜左拾遺，詔下而卒。光化中，贈右補闕。有《吴興實錄》、《松陵集》、《笠澤叢書》行於世。

史德義。咸寧初，隱居武丘山，以琴書自適。或騎牛帶瓢，出入郊郭東市〔八六〕，號爲逸人。高宗聞其名，召赴洛陽。尋稱疾歸，公卿皆賦詩餞别，德義亦以詩留贈，其才甚佳。天授初，江南道宣勞使周興表薦，則天授諫議大夫，後放歸山壑。

陶峴。以文學自許。生知八音，不謀宦遊。富田業，擇人不欺者悉付之。身泛江湖，遍遊煙水，往往數歲不歸。製三舟，一自載，一置賓客，一貯飲饌〔八七〕。與客孟彦深、孟雲卿、焦遂共載，逢山水，必窮其勝。開元末，名聞朝廷。經過郡邑，靡不招之，峴不肯來，自謂麋鹿野人，非王公上客。亦有不招而自詣者，吳越之士號爲水仙。常慕謝康樂之爲人，言終當樂死山水。浪迹垂三十年，後遊襄陽西塞，歸老於吳〔八八〕。

張後胤。字嗣宗。祖僧紹，梁零陵太守。父沖，陳國子博士。入隋，爲漢王諒並州博士。後胤以學傳其家，以經授太宗，封新野縣公，終散騎常侍，謚曰康〔八九〕。

皇朝龔識。字默甫，給事中慎儀之子。登端拱進士第。祥符間，翰林學士李宗諤薦擢監察御史，遷殿中侍御史，兼左巡使。本朝襲唐制，御史不專言職，至是始擇學術醇正、操履端方、可紀綱朝廷者俾入臺言事，識始被選。本朝吳士登科者始於識，今府學先達題名以識爲首。識之後有宗元等列於後。徙居黄姑塘，猶藏其登科時金花榜帖子。宗元，天聖進士，終都官員外郎。子程，熙寧進士，終桐廬令。子況，崇寧進士，終祠部員外郎。子明之，有孝行，終宣教郎。子昱。

郟亶。字正夫，太倉農家子。自幼知讀書識度，不碌碌。登嘉祐進士第。崑山自國朝以來登科者自亶始。亶常條吳中水利，爲書上之。熙寧間，以亶爲司農寺丞，奉使浙西措置水利，民不便之，遂罷歸。治所居西水田曰大泗瀼者〔九〇〕，如所獻之説，爲圩岸、溝洫、井澮、場圃，俱用井田之制，歲入甚厚，圖狀以獻，且以明前法非苟然者。及條水之利害，著書行於世。後召爲司農寺簿，遷丞，歷江東運判，知溫州，以比部郎中召，未至而卒。子僑，亦有才，鄉里推重，謂之郟長官。嘗爲王荆公所器許，見之於詩，有幼成《警悟集》行於世。孫升卿，紹興進士。知常、徽二州。

孫載。字積中。其曾祖漢英，仕錢氏，爲蘇州崑山鎮遏使，故爲崑山人。登治平進士第。嘗知考城縣，一日巡尉來告盜集境上，將以上元夜掠近郭。至期，載張鐙樂飲，許民嬉遊，不禁夜，如故事。盜叵測，遂遁去〔九一〕。迄受代，無復鼠竊者。後歷廣東、河北、淮西使者，知海、沂、婺、亳州，治務大體，時號循吏。以嘗薦元祐黨人，丐祠以歸。一日，徧謁先隴及嘗與往來者，呼妻子與訣。問日早晏，焚香而逝，終朝議大夫，年七十五。

唐　輝。字子明，吳郡人，寓居崑山。以文章名於時。登政和進士第，仕至禮部侍郎。弟燁，建炎進士。子子壽，隆興進士。今其後多居崑城〔九二〕。居於邑者一曰叔達，官至通直郎，賜緋，年幾九十，猶強健云。

王　葆。字彥光，逸野堂僖之姪。崑山自孫載登第，甲子一周，而葆繼登宣和第，邑人美之。葆學行俱高，潛心古道，人皆稱爲鄉先生。初主麗水簿〔九三〕，上疏論十弊，末以儲嗣爲請，語尤切直。暨和議既定，葆時爲宗正寺簿，爲書上秦檜，言伊周去留之得失。後爲司封郎官，一日，檜語葆曰：「檜待告老，如何？」葆曰：「此事不當問於葆。」檜曰：「它人不敢言，以公有直氣，故問。嘗記紹興八年檜爲右相時，公以書勸去位，保全功名，今何故不言？」葆曰：「果欲告老，不問親與讐，擇其可任國家之事者使居相位，誠天下生民之福。」檜默然。後除監察御史、兼崇政殿説書，終浙東提刑。葆於人物鑒裁尤精。丞相周公必大初中第，葆即妻以女。樂庵侍御李公衡布衣流落時，亦妻以女弟。其知人類如此。弟萬，姪嘉彦，中進士第，嘉謀奏名。

馬友直。字伯忠。其先本姓司馬氏。有名球者，仕吳越，以御史中丞爲崑山鎮遏使，因家焉。子孫樂道不仕，隨俗止稱馬氏，聚族居邑之全吳鄉六直里，以孝義著。兄弟六人，皆力穡，獨友直以儒業自奮，入京師太學。迨宣和水災，兄弟皆狼狽營妻子，友直獨迎其親徙居邑之進賢里僦屋以居，躬菽水養。建炎中，奏名主武康簿，奉嶽祠，尋以宣教郎致仕。孫先覺，紹興進士。

王綯。字唐公，秦正懿王審琦之孫。建炎己酉，爲御史中丞，自建康扈從至鎮江，從容奏陳陳東以忠諫被誅〔九四〕，此其鄉里。上即命賙其家，官其子。後綯拜參知政事，以和議不合，求去，御書「霖雨思賢佐」一聯以賜之。綯雖爲執政，其家貧甚，每以禄不及親，自奉愈儉薄。寓東禪僧舍，蕭然一室，服食器用，無異寒士。天性仁厚〔九五〕，賙恤㛐婭〔九六〕，復明於死生禍福之説。薨前一夕，書「戊戌」

字示左右。及死之日，果戊戌也。其前知如此。終資政殿大學士，謚文恭。

李衡。字彦平，本江都人，避地居崑山。登紹興進士第，爲溧陽宰，以德化民，四年無犯罪者。剡章交上，召對，陳便民十餘事，除知溫州。未行，擢監察御史，出知婺州。召拜司封郎官，遷樞密院檢詳〔九七〕。俄引年掛冠，築庵圓明村，自號樂庵。年餘，落致仕，除侍御史、同知貢舉，因上疏論張說不當居樞筦。遷起居郎，不就。知台州，又不就。復上請老之章，時莊治作《四賢》詩以美之〔九八〕。四賢者，周必大、莫濟、王希吕及衡也。衡道學精明，且樂於教人。初自淮南來吴，萬頃先祖實相從遊，同居崑山縣，授以《莊子》一卷。寓樂庵時，朝夕講説，《和寒山拾得詩》一册，行書整整，皆達理悟性之語。蓋衡絶欲清修，自中年後，惟一蒼頭給事，故年幾八十，視聽不衰，而理性益明。一夕作手書數十紙，遍别親友，且戒其子毋得隨俗作佛事。有《樂庵語錄》一集行於世。《和寒山拾得詩》，萬頃今藏於家。子應祥、起宗，相繼登第。孫澹，淳祐奏名。

范成大。字至能。父雩，宣和進士，終祕書郎。成大登紹興進士第，歷官參知政事，贈太師，謚文穆。後居石湖，是爲石湖先生。嘗仗節使虜，虜伏穹廬不起，袖出私書切責之，其所負不凡類此。餘見國史及神道碑、行狀甚詳。有《石湖大全集》刊於郡庠。弟成象，紹興進士。姪藻，乾道進士。

邊惇德。字公辯，實之曾祖也。本開封人，樞密直學士肅之四世孫。高祖仕於吳，遂家於崑山。幼孤至孝，貧不廢禮，以文詩名一時。屢與石湖先生唱酬，至有「敢嚮詩壇挑老將」之句。其詩實今藏於家，筆法如新。以連五薦，就奏名第三。歷仕舉員及格，會舉將坐累，失改秩。年踰六旬，即掛冠。賞格儒林，例改宣教。鄉達列其行，朝廷賢其高，特改陞朝，仍著爲令。有《脂韋子》五十卷存於家。子孫俱業儒。止安陳先生有詩云「十載不曾空榜帖，縣人那得此籯金」者，蓋指實先人應升及先叔應登也。先人連捧三薦，淳祐奏名，終丹徒簿。

樂備。字功成，本淮海人，寓居崑山。以詩文名於時。登紹興進士第，仕至軍器監簿。與范石湖諸公共結詩社。

顔度。字魯子，兗國公五十三世孫，由唐魯公之兄子仕常熟，遂爲吳人。後寓居崑山，以文章政事名一時〔九九〕。登紹興進士第，仕至工部侍郎。孝宗謂度每出一言，不動如山，因以自號。弟庶，子叔平，姪叔玠、叔瑤、叔淵，皆及第。叔開、叔璵奏名。其子孫諸族皆居城中，仕者尚多。萬頃先人雲蓋，公姪婿云。

吳仁傑。字斗南。以詩文名一時。登淳熙進士第，仕至國子錄。自號蠹隱，著書行於世者甚多。

袁宗仁。字壽卿。父龍，紹興進士。宗仁登乾道進士第，仕至國子監書庫官，亦以文名於鄉。弟宗魯，嘉定奏名。姪惟寅，中鎖廳。應酉，捧鄉書。逢午，由太學奏名，今主安吉簿。

衛涇。字清叔。祖闐，政和進士，終太學博士。涇，淳熙大魁，官至參知政事，贈太師，謚文穆。方其立朝，正韓侂胄用事，時不爲勢怵，罷歸，十年不調。後除御史中丞，而侂胄之誅，涇之功爲多。餘見國史及神道碑、行狀。有《後樂集》若干卷。兄沂，慶元進士。弟洽、洙、湜。洽、洙皆嘉定進士，洙官至右司郎中，湜亦屢中鎖廳。嘗編《禮記集解》，後除太府寺丞、將作少監，皆不赴，終直寶謨閣。子樵，魁銓闈，又魁鎖廳，終知信州。樸，中鎖廳，終倉部郎官。樗，魁國子，終太社。枅，魁銓闈，中鎖廳，今承議郎〔一〇〇〕。諸孫仕者尚多，亦屢有中鎖廳者云。

陳宗召。字景南，本福清人，因贅而居。登淳熙進士第，終禮部尚書。三子〔一〇一〕：貴謙，祕閣修撰；紹熙，尚左郎官〔一〇二〕；貴誼，慶元進士，參知政事，謚文定。宗召與其子貴謙、貴誼俱中宏詞。

范之柔。字叔剛，文正之五世孫〔一〇三〕。登乾道進士第，仕至禮部尚書，贈特進、端明殿大學士，謚清憲。子克家、寧家。寧家今奉議郎。姪慶家，今通判建康府。

呂伯奮。字忠甫。登淳熙進士第。幼與其弟仲堪、叔獻皆中童科，名公賦詠甚多，見雜詠。

趙監。字儒文，忠簡公之孫。知興國軍。子綝，嘉泰進士，終朝奉大夫、直寶章閣。

王邁。字德遠。登乾道進士第，通判太平州〔一〇四〕。子圭，嘉定進士，今朝奉大夫，知常州。

陳振。字震亨。以詩文名於時，尤工楷書。登紹熙進士，仕至太府寺丞、知瑞州、朝議大夫致仕。自號止安居士，有文集五十卷存於家。弟拱，端平進士。子昌世，三中鎖廳，今通判安吉州。孫師尹，魁鄉薦。次明，復魁銓闈，中鎖廳，今主鹽官簿。

敖陶孫。字器之。本長樂人，因贅而居。登慶元進士第，官奉議郎、僉判泉州。自號瞿庵，以詩名於時，而復以詩得罪於朝，然詩益高，名益重。

鄭準。字器先。本開封人，祖、父皆寓居崑山。由蔭補，魁銓闈，尋登慶元進士第。後知袁州，到官年餘，丐祠以歸。子竑、竢、竬。竬今貴池宰。姪端、竦。端，嘗中鎖廳。竦，知泰州，改知邵州，又改知韶州，不赴。端終淮東提刑，兼知高郵軍〔一〇五〕。

【校勘記】

〔一〕係：原作「以」，據宛委別藏本、黄氏鈔本改。

〔二〕無：黄氏鈔本作「有」。

〔三〕十六：原本無，據宛委別藏本、黄氏鈔本及《姑蘇志》卷二三補。按《姑蘇志》卷二三、卷二四、《吳都文粹續集》卷五載，程沂紹興二十六至二十八年任崑山縣令。

〔四〕具：宛委別藏本、黄氏鈔本作「興」。

〔五〕治：宛委別藏本作「泊」，黄氏鈔本作「泊」。

〔六〕紹熙：原作「紹興」，據黄氏鈔本及《姑蘇志》卷二三改。説見上。

〔七〕縣東：宛委別藏本、黄氏鈔本作「縣東南」。

〔八〕各：宛委別藏本、黄氏鈔本作「名」。

〔九〕「兩」字上宛委別藏本、黄氏鈔本有「而」字。

〔一〇〕己酉：原作「乙酉」，據宛委別藏本、黄氏鈔本改。按淳祐無「乙酉」年。

〔一一〕叁：原作「二」，據宛委別藏本、黄氏鈔本改。

〔一二〕紬：原作「綢」，據宛委別藏本、黄氏鈔本改。

〔一三〕石：宛委別藏本、黄氏鈔本作「碩」。下同。

〔一四〕坍：宛委別藏本、黄氏鈔本作「堋」。下同。

〔一五〕帛：原作「白」，據宛委別藏本、黄氏鈔本改。

〔一六〕管：原本無，據宛委別藏本、黄氏鈔本補。

〔一七〕令：宛委別藏本、黄氏鈔本作「今」。

〔一八〕包：宛委別藏本、黄氏鈔本作「抱」。又「則坐買」三字宛委別藏本無。

〔一九〕歲：宛委別藏本、黄氏鈔本作「自」。

〔二〇〕五十：宛委別藏本、黄氏鈔本作「五」。

〔二一〕八月：宛委別藏本无此二字。

〔二二〕分：原本脱，據宛委別藏本、黄氏鈔本補。

〔二三〕四十四：宛委別藏本「四百四十」。

〔二四〕二十七：原作「二千七」，據宛委別藏本、黄氏鈔本改。

〔二五〕分：原本無，據宛委別藏本、黄氏鈔本及上下文例補。

〔二六〕名錢：宛委別藏本、黄氏鈔本無此二字。
〔二七〕七十：宛委別藏本、黄氏鈔本作「七十一」。
〔二八〕按此句下宛委別藏本、黄氏鈔本有「十八界錢會半」六字。
〔二九〕按此句下宛委別藏本、黄氏鈔本有「十八界會」四字。
〔三〇〕按此句下宛委別藏本、黄氏鈔本有「十八界會」四字。
〔三一〕十八界會：宛委別藏本、黄氏鈔本無。
〔三二〕按此句下宛委別藏本、黄氏鈔本有「十八界錢會中半」七字。
〔三三〕提舉司：宛委別藏本、黄氏鈔本作「提刑司」。
〔三四〕支：原作「子」，據宛委別藏本、黄氏鈔本改。
〔三五〕一百一十三：宛委別藏本、黄氏鈔本作「三百一十三」。
〔三六〕凡：原作「九」，據宛委別藏本、黄氏鈔本改。
〔三七〕縣丞：宛委別藏本、黄氏鈔本作「知縣」。
〔三八〕「圍」字下原衍「隸」字，蓋涉下而誤，據宛委別藏本、黄氏鈔本删。
〔三九〕田官：宛委別藏本、黄氏鈔本作「官田」。

〔四〇〕田官：宛委別藏本、黃氏鈔本作「官田」。

〔四一〕租米：宛委別藏本、黃氏鈔本無。

〔四二〕二百：黃氏鈔本作「一百」。

〔四三〕趙積：宛委別藏本、黃氏鈔本無。

〔四四〕杜操：宛委別藏本、黃氏鈔本作「杜保」。

〔四五〕孫丞：宛委別藏本、黃氏鈔本作「孫承」。

〔四六〕董蔣：宛委別藏本、黃氏鈔本作「董將」。按《至元嘉禾志》卷一五政和八年李嘉玉榜有「董蔣」。

〔四七〕聞人大雅：宛委別藏本、黃氏鈔本無「大」字。按《萬姓統譜》卷一二八、雍正《浙江通志》卷一二五有「聞人大雅」。

〔四八〕王操：宛委別藏本、黃氏鈔本作「汪操」。按《長編》卷一八七、一九四有「王璪」。

〔四九〕章萬里：原作「童萬里」，據宛委別藏本、黃氏鈔本及《姑蘇志》卷二四、《吳都文粹續集》卷五改。

〔五〇〕林清之：宛委別藏本、黃氏鈔本作「林靖之」。

〔五一〕官：黄氏鈔本作「宧」。

〔五二〕表：原作「采」，據宛委别藏本、黄氏鈔本改。

〔五三〕宧情：宛委别藏本、黄氏鈔本作「官名」。

〔五四〕蔣希魯：原作「蔣希曾」，據《吴郡志》卷一二及黄氏鈔本改。

〔五五〕師德：原作「思德」，據《吴郡志》卷一二、《中吴紀聞》卷六及黄氏鈔本改。

〔五六〕萬：原本無，據《吴郡志》卷一二、《中吴紀聞》卷六補。

〔五七〕輪：原本無，據《吴郡志》卷一二、《中吴紀聞》卷六補。

〔五八〕余中：原作「佘中」，據《吴郡志》卷二八及宛委别藏本、黄氏鈔本改。

〔五九〕「程」字下宛委别藏本、黄氏鈔本有「之」字。

〔六〇〕宛委别藏本、黄氏鈔本將此條列入紹興五年汪應辰榜「范成象」條之後。按《吴郡志》卷二八列入紹興八年黄公度榜之下。

〔六一〕陳誠之：原作「陳成之」，據《吴郡志》卷二八改。

〔六二〕鄭晞顔：乾隆《江南通志》卷一二〇同，宛委别藏本作「鄭希顔」，黄氏鈔本作「鄭希賢」。

〔六三〕二：黄氏鈔本作「三」。

〔六四〕特：黄氏鈔本作「甲」。

〔六五〕魯子：宛委別藏本作「子魯」。按《吳中舊事》、《姑蘇志》卷五一、雍正《浙江通志》卷一五一皆作「字魯子」，當是。

〔六六〕葉季亨：宛委別藏本、黄氏鈔本作「葉季貞」。按《崑山郡志》卷三、乾隆《江南通志》卷一二〇皆作「葉季亨」。

〔六七〕錢允弼：黄氏鈔本作「錢永弼」。

〔六八〕按宛委別藏本、黄氏鈔本此條下有「龔明之希仲，特科」一條。見於《崑山郡志》卷三乾道八年黄定榜下。

〔六九〕養原：宛委別藏本作「養源」。

〔七〇〕衡：宛委別藏本、黄氏鈔本作「祥」。按本卷人物門李衡傳云有子李起宗。

〔七一〕度：宛委別藏本、黄氏鈔本作「應」。按本卷人物門「顏度」條下有姪顏叔玠。

〔七二〕衡卿：《崑山郡志》卷三及宛委別藏本、黄氏鈔本作「衛卿」。

〔七三〕善祥：《崑山郡志》卷三及黄氏鈔本作「善遠」。

〔七四〕胡杶：宛委別藏本作「胡椿」。

〔七五〕兄：《崑山郡志》卷三及黄氏鈔本作「弟」。按《吴郡志》卷二八作「涇兄」。

〔七六〕顔叔開：乾隆《江南通志》卷一二〇同，《崑山郡志》卷三作「顔叔升」，宛委別藏本、黄氏鈔本作「顔叔并」。

〔七七〕子明：《崑山郡志》卷三及宛委別藏本、黄氏鈔本作「子朋」。

〔七八〕王休：原作「玉休」，據《崑山郡志》卷三及宛委別藏本、黄氏鈔本改。

〔七九〕晞賢：宛委別藏本作「希顔」。

〔八〇〕省元：原本無，據宛委別藏本、黄氏鈔本補。

〔八一〕鄭肅：宛委別藏本、黄氏鈔本作「鄭韋」。

〔八二〕内舍：原本無，據宛委別藏本、黄氏鈔本補。按此條下宛委別藏本、黄氏鈔本有「黄洙魯叔特科」六字。

〔八三〕吴叔告：原作「吴叔吉」，《夢粱録》卷五一、雍正《浙江通志》卷一一七、乾隆《江南通志》卷一二七同，此據《宋史》卷四二《理宗紀》、《宋季三朝政要》卷一及宛委別藏本、黄氏鈔本改。

〔八四〕氏：宛委別藏本、黃氏鈔本作「字」。

〔八五〕少有異才：宛委別藏本、黃氏鈔本作「天才秀逸」。

〔八六〕東市：原作「東京」，宛委別藏本、黃氏鈔本作「東野」，此據《太平御覽》卷五〇六、《吳都文粹》卷六、《吳郡志》卷二二、《姑蘇志》卷五五改。

〔八七〕饌：宛委別藏本作「食」。

〔八八〕按此句下宛委別藏本、黃氏鈔本有「唐書」二字。

〔八九〕按此句下宛委別藏本、黃氏鈔本有「唐書」二字。

〔九〇〕所居西水田：宛委別藏本、黃氏鈔本作「所居之西水」。又「泗」字，黃氏鈔本作「駟」。

〔九一〕去：原作「云」，據《中吳紀聞》卷四及宛委別藏本、黃氏鈔本改。

〔九二〕「城」字下宛委別藏本、黃氏鈔本有「中」字。

〔九三〕原本「簿」字在「主」字下，據宛委別藏本、黃氏鈔本乙。

〔九四〕奏陳：宛委別藏本作「具奏」。

〔九五〕厚：黃氏鈔本作「孝」。

〔九六〕婭：宛委別藏本、黄氏鈔本作「族」。

〔九七〕按此句宛委別藏本、黄氏鈔本作「遷檢討」。按《宋史》卷三九〇《李衡傳》作「樞密院檢詳」，當是。

〔九八〕莊治：宛委別藏本、黄氏鈔本作「莊治」。按《中吳紀聞》卷六、《姑蘇志》卷三一皆作「莊治」。

〔九九〕以：原本無，據宛委別藏本、黄氏鈔本補。

〔一〇〇〕承：原作「丞」，據宛委別藏本、黄氏鈔本改。

〔一〇一〕三子：按《小學紺珠》卷七有「三陳」條，謂陳宗召及其子貴謙、貴誼。

〔一〇二〕左：原作「在」，據宛委別藏本、黄氏鈔本改。

〔一〇三〕「正」字下宛委別藏本、黄氏鈔本有「公」字。

〔一〇四〕太平州：原本脱，宛委別藏本闕五字，此據《姑蘇志》卷五一、《吳興備志》卷一二補。

〔一〇五〕按此句下宛委別藏本、黄氏鈔本有一段文字云：「婁江之水淨如練，婁江之墟禾黍埋。蒓菜橋空秋興老，山塘溼隔野花開。嚮公庵屋生蒼玉，卜將碑文昏綠苔。惆悵龍洲埋骨處，夕陽行客重徘徊。單閼之歲冬十月初有八日閱得《玉峰志》，感懷，因書四韻於帙，辭雖不工，用記歲月耳。」

淳祐玉峰志卷下

古蹟〔一〕

古先遺蹟在昔有之〔二〕，疑以傳疑，或至附會。今攷其有所據者書之，姑以存古。

東城事。具城社門。

嚮大師，慧聚寺開山僧慧嚮也。今石像在山半石室中〔三〕，扣之鏗然有聲，俗訛爲嚮大師。

龍柱事，具寺觀門。

慧聚寺大佛殿像及西偏小殿毗沙門天王像，並左右侍立十餘神，皆凜凜有生氣，塑工妙絕，相傳爲楊惠之所作，又云張愛兒所作也，龍圖閣學士徐林嘗歎其妙。而大殿三世佛已爲庸僧妄加塗飾，天王像綵色亦已故暗，迺題殿壁云：「慧聚寺古塑天王，予連日觀瞻徘徊，不忍去，二綵女尤勝絕，與顧愷之畫相類。按此寺成於大中年，塑者得非楊惠之流乎？今大殿龍像再加綵畫，古意已索然。予懼無知者，又將以脂澤污圭璧，使唐人遺蹟埽地，將歎恨莫及，故書以志之。」初，寺以此像及山半普賢像與涅槃圖爲山中三絕，淳熙寺焚，殿閣皆燼，惟普賢像爲一僧背負而逃。

慧聚寺殿前二樓曰經臺、鍾臺，扁皆李後主所題。淳熙寺焚，臺亦廢。

高麗國進陰陽柏兩株，高纔二三尺，高宗以賜王綯，綯種於永懷寺殿庭之左右。寺，綯之祖審琦香火院也。今柏高與殿齊，每歲左花則右實，右花則左實。

淳熙間，華亭縣居民濬河得一碑云：「天寶六年，黃池縣令朱氏葬於崑山縣全吳鄉孔子宅之西南〔四〕。」今孔宅乃在華亭縣北七十五里海隅鄉。華亭縣屬崑山〔五〕，豈古全吳鄉廣於今耶？今崑山全吳鄉無所謂孔子宅，姑存此以闕疑。

晉劉徵率衆數千浮海入婁縣〔六〕，太尉郄鑒討平之。

隋大業九年，劉元進舉兵應楊玄感，將渡江，而玄感敗。吳郡朱燮時爲崑山博士〔七〕，知天下將亂，謀起兵，赴者如歸，自東陽至京口千餘里，並受燮節制。燮長不滿七尺，涉獵經史，微知兵略云。

唐武德中，聞人遂安據崑山，杜伏威使王雄誕擊之，以崑山險隘，難以力勝，乃單騎造城下，陳國威靈，語以禍福，遂安迺率諸將出降。

唐光啓初，劇賊剽崑山，招討使周寶遣將張郁戍海上。郁叛，刺史王藴不設備，郁遂大掠，藴嬰城守。寶遣兵討郁，郁保常熟，走海陵。

淮將楊行密寇姑蘇，別將秦裴屯崑山，吳越將顧全武擊裴圍之。裴援絶不降，全武爲檄諭之，乃納款。

土産

《隋志》載，吳人務耕織，以魚獵爲業。崑山爲吳劇邑，土産今攷而志之〔八〕。

稻

紅蓮稻。米半月有粒碓〔九〕，時紅粒先白，其味甚香。陸龜蒙《別墅懷歸》詩云〔一〇〕：「近炊香稻識紅蓮〔一一〕。

再熟稻。田家遇豐歲，苗根復蒸長，旋復成實，可掠取，俗謂之再撩稻〔一二〕。《吳都賦》云〔一三〕：「國稅再熟之稻〔一四〕。」

香　稻〔一五〕。

烏野稻。

雪裏揀。

白野稻〔一六〕。

閃西風。

趕麥長。

輭稈青〔一七〕。

時裏白。

六十日稻。

百日稻。

半夏稻。

金城稻〔一八〕。

皆稻米之早者〔一九〕。

烏口稻。其穀色黑，稻米最晚者〔二〇〕。

舜耕稻。有兩翅。

烏粒稻。眼黑。

睦州紅。

粑䆉稻〔二一〕。

徬徨稻。

山烏稻。

瓣白稻。

稻裏揀。

紅蒙子。

下馬看。

皆常種之稻〔二二〕。

趕陳糯。

社交糯〔二三〕。

烏絲糯。

歸女糯〔二四〕。

金州糯。

定陳糯。

宣州糯。

佛手糯。

師姑糯。

皆糯火之常種者。

水族

石首魚。《吴地記》：崑山縣石首魚，冬化爲鳧，土人呼爲鷗鴨。小魚長五寸，秋化爲黄雀，食稻。至冬還海〔二五〕，復爲魚蟹。江湖間有之〔二六〕，吳人所嗜。相傳於稻登時，其螯率執一穗以朝其魁，然後從其所之。早夜觱沸指江而奔〔二七〕，漁者緯蕭承其流而障之〔二八〕，曰斷得遯者，奔紛越軼〔二九〕，以入於江，則形質浸大。漁者又斷而求之，其得遯者遂入於海，質益大，然發風疾。故皮日休詩云：「病中無用雙螯處。」陸龜蒙詩云：「藥杯應阻蟹螯香。」

河豚魚。凡近江皆有之。有南江、北江之别。俗重北江者〔三〇〕，蓋取其肥。春初，得此魚，則爲盛饌，世傳以爲有毒，反烏頭〔三一〕、附子、荆芥等諸風藥也〔三二〕。

田雞。即水蛙。爲脯饋遠方，得者甚珍重之〔三三〕。

食物

楊莊瓜。出縣西三里外。有仙人以瓜子遺村民種之〔三四〕，花實俱小〔三五〕，而味極甘。東楊莊所種差大，味不逮西楊莊者。

菱。《酉陽雜俎》云：四角、三角曰芰〔三六〕，兩角曰菱〔三七〕，今腰菱多兩角〔三八〕。又有野菱、家菱二種。近復出餛飩菱，最佳〔三九〕，腰菱遂不足道。

蘗棋麪〔四〇〕。細僅一分，其薄如紙，可爲遠方饋，雖都人朝貴亦爭致之。

藥物

蛇牀子〔四一〕。

何首烏〔四二〕。

揩冠草〔四三〕。

香

清遠香。舊嘗入貢。

布帛

苧　布〔四四〕。

黄草布〔四五〕。

藥班布〔四六〕。

巧石

出馬鞍山後。石工探穴得巧者，斲取玲瓏，植菖蒲、芭蕉，置水中，好事者甚貴之〔四七〕。他處名曰崑山石〔四八〕，亦爭來售。然恐傷山脈，鑿者有禁。止安陳先生立碑，在縣〔四九〕，今亦絕矣〔五〇〕。

右皆書其他邑之所無而此獨有者。若如木之松柏、獸之牛羊之類，則地皆有之，今故不載〔五一〕。

封爵

列爵分土，古以賞功，若後世之分封，則有其名而無其禄，特以顯職位之崇而已。今紀於左，以示一邑衣冠之盛〔五二〕，而使來者則續書之〔五三〕。

吴見《三國志》。

婁侯〔五四〕

張昭。輔吴將軍。

陸遜。

皇朝

崑山縣開國侯

衛涇。端明、僉樞、兼參知政事。

崑山縣開國伯

□□。

崑山縣開國子

范之柔。禮部尚書。

崑山縣開國男

衛涇。特左侍郎、兼侍讀。

鄭準。中奉大夫。

鄭竦。奉直大夫，轉朝議大夫。

寺觀

邑有寺觀凡三十二，附於郭者十七，散於郊者十五，起廢之因，則詳著其下。

景德寺。在縣西南二百五十步。東晉成帝咸和二年，王珉捨宅爲寺，賜寶馬爲名。今寺東廡有王太守祠，太守即珉也。唐國一禪師道欽受業於此。皇朝景德三年，敕改今額。

慧聚寺。在縣西北馬鞍山下。梁天監十年，有吳興沙門惠嚮嘗登山，寓一石室，可以禪息，遂居之，有二虎侍。欲建寺，未能。忽有神人見於前曰：「請助千工，用佐景福。」是夜，風雷暴作，喑嗚之聲，人皆怪之〔五五〕。遲明〔五六〕，殿基成矣，延袤十七丈，高丈有二尺，巨石轟然，其直如矢，非人力所能。縣令以事聞武帝，命建寺，封山神爲大聖山王，賜慧聚寺爲額，仍賜鐵鑪繡佛，田二頃，山一所，木千株，敕張僧繇繪神於兩壁，畫龍於四柱。每陰雨欲晦，畫龍鮮鮮皆潤〔五七〕，鱗甲欲動，又敕僧繇畫鎖以制之。會昌寺廢，以柱藏郡中。至宣宗大中間復興〔五八〕，賜金書寺牌、銅鐘，郡復以柱還寺。寺半疊石，半爲虛閣，縹緲如仙府，他山佛宇未有其比。淳熙中，寺焚，凡殿柱雷火篆書及唐以來名賢題詠碑刻〔五九〕、楊惠之所作天王像、李後主所書扁額一爇無遺，所存止山王廟。至端平間，寺廟俱再焚。今復建大佛閣，成於淳祐戊申之秋，名神運大雄之閣〔六〇〕。今刑部侍郎樓治書。寺多名公詩，並見雜詠。

唐王洮《天王堂記》

有釋氏子宅於馬鞍山下者，一日，忽扣太原王生洮，促足角坐，涵意欲洩不能者數四，頃乃作曰：「欲以天王堂事勞筆端〔六一〕。」謹按釋氏書曰：天王生于闐國，作童兒時，猶能血鏃射妖，遂去。走天竺，遇金仙子授記，護閻浮提補多聞王，騰雲跨漢，鞁鬼撚魔，霞幟雪戟，指勾摧泮，竟鎮妙高北面水精宮中，為藥叉官長〔六二〕，吁奇怪事。孔門弟子慚於語，然儒以正直為神。今天王能射妖摧魔，用壯護世，是亦正直也，復何慚之有哉〔六三〕？按馬鞍山湧出平原，中絕頂晴，望他山百餘里，緣接培塿，或溝穿塍織，坦然鋪出，復多奇石，支疊危柱，釋氏築室〔六四〕，鑿倚山半。今天王堂實翼西北隅，塑狀岳聳，屹然柱空，金精獰環，力溢膺腕，彘卒象伍，作為部落，堂宇宏麗，四簷飛翬，麻靈庇像，若腴膴被甲荷戈，立於煙靄。洮因勞其費，進曰：「非某力能，皆邑民為之〔六五〕。塑成於張弘度，堂成於俞師甫。」吁！大凡力於耕者一人，切於穫者三人〔六六〕，豈偶然於天王哉？釋氏子姓闕，號清建，姓趙，號良頡。時唐大中三年月日，鄉貢進士王洮立。《吳郡志》載。

蓋璵《慧聚寺山圖序記》

慧聚，二浙之名刹，肇迹於梁天監中。耆老互傳〔六七〕，昔者法師慧嚮駐錫此地，謀建塔廟，力所未給，精切誠至。俄有鬼神之助，一夕雷電大作，怒風惡雨，明日視之，宏基崛起〔六八〕，殿之階是也。觀其哀魂磊，積嶔嵌，在蒼崖崇岡之垠，直逾引繩，方邁截矩，剞劂鐫鏤，了無瘢痕，隱隱隆隆，頹然似巨鼇之俯伏，不欹不頗，背負柱石，殫巧窮妙，信非人力之可致。是以自時厥後，舄奕蟬聯，月增日崇，底今大備。寺之疆境，據崑山之西北〔六九〕，寶勢屹嶫〔七〇〕，依馬鞍山繚繞而上，高七百丈。茂林修竹、松檜藤蘿之隙又有靈苗佳卉，珍叢秀蔓，自綠自紅，霜霰弗凋。佛宇僧室，疏曠爽快之處蔽紅陰而翳綠影者棊布櫛比，幾三千楹。經畫締構，工亦瓌瑋，乃若躋躡煙霞，偃仰風月，軒堂亭榭，臺閣樓觀，往往横跨傑出，旁峙挺立，若鳥之翔，如獸之蹲，甚者架虛排空，玲瓏縹緲，層層疊疊，銀朱金璧之相耀，乍顯乍晦於翠雲紫靄之巔。加以巨海處其左，重湖居其右，俯瞰松江之洶湧，側顧陽山之巑岏，朝化暮變，供秀氣而借清光。指掌之間，四望百里，真天下雄壯奇偉之觀也。然而姑蘇一隅，地極僻側，弗類乎杭之天竺，潤之金山。當冠蓋之衝臨，車航之會萃，乃非凡之勝槩。包藴停蓄，止見於近，未聞於遠〔七一〕，量彼較此，為之不平。適在事僧法全刻圖於石，踴躍執筆，從而道其始末，庶或流派傳之四方，且俾好事者燕坐几席，彷佛乎登朱橋，步碧砌，審衆水之環山，想孤峰之擎寺〔七二〕，必稱其灑落峻峭，蔑一點埃塧之氣，可以儔天竺，儷金山，並騖而同馳〔七三〕，靡分先後，蓋亦揚善成美之志也〔七四〕。雖然模之於畫，述之於書，寄象寓數，特其糟粕。殆有畫之書之莫窮莫盡之妙，潛藏默喻於象數之表，觀者自得斯圖也，豈獨誇詫是招提而已耶？因以見國家太平一百六十年之盛〔七五〕，神功聖德，格於上下，覆護函毓，無垠無涯。故茲山邑水鄉，幽閒荒陋之地，尚克闢紺舍而集緇徒，為民祈福，有如是居，有如是景，嗚呼休哉！政和元年十一月日，知縣事蓋嶼記。

辯端《慧聚寺聖迹記》

至道二年冬，端自杭州奉送二卿瑯琊王公歸闕，路止於姑蘇。郡太守尚書戶部員外郎陳公頌為政有仁愛，故四方之人籍籍有聲名者咸皆仰望，爭欲奔走，詣其館而識其面者衆矣。端亦既一見，果若舊識。乃盤桓於是邦，得遊其屬邑。三年春二月，居於崑山縣，寓慧聚寺，未數日，會公聽理之暇，出巡水塘，相繼而至，又得以陪從嘉賓周覽古迹〔七六〕，且目其孤巒秀屹〔七七〕，聳立天際，曰馬鞍山也。羣岫相去皆百里而遠，極頂四視，東連溟渤，西接洞庭，原隰溝塍，坦然鋪著。初至寺，陞殿，尋碑讀記，厥石斷壞，其文殘闕，年月名氏皆蔑然也。乃詢諸寺人，有耆老宿齒者徵以舊傳，乃得唐人博陵崔子向所記之文，略敘其事。先是，梁天監十年，有帝之門師吳興沙門釋惠嚮姓懷氏，久居內寺。一旦歸省，而至是山，有息焉之志。因放錫禪坐於山脇石室間，以二虎為侍。師方運籌思立精舍，忽有神人見師之前曰：「願施千工，以成其事。」其夜風雷震吼，林木號怒，近山之人聞樸斵之聲。翌日，而奇石矗疊，廣階駢城，其方截如也，延袤一十七丈〔七八〕，高顯一十二尺，蓋山王之役神工也。時宰縣者異其事，聞刺史，奏武帝，因造寺焉，遂立正殿於其上，敕張僧繇繪神於二壁，圖龍於四柱。每雲陰天暝，則鱗甲皆潤，䨥䨥然及有浮萍者〔七九〕。或曰多興疾雷，鼓巨浪於江海間，後敕僧繇畫鎖以制之。洎唐武帝會昌中詔毀天下佛宇，茲寺當在毀間〔八〇〕。大中五年，宣宗皇帝重闡釋門，故寺僧清江以靈迹聞郡守，韋公於是奏再興焉。凡今殿閣像設，非梁製也，唯神砌存耳。觀其神迹，規製皆窮奇極壯，造化所成，信非人力，遊者觀之，莫不虩然心懾而股慄，魂驚而魄駭。苟非嚮師至德，通於神明，又疇克臻於是耶？苟非山王靈威昭於有德，又烏能成其績耶〔八一〕？又前後曾未有郡牧至此者。今陳公博古聞異，來而觀之，久以嘉歎，因謂端曰：「前記湮滅，來者昧其所從，請摭其實，庶垂於永久。」端雖菲才〔八二〕，忝辱厚命，故抽毫以書。時至道三年孟夏也〔八三〕。

薦嚴資福禪寺。在縣東南三百步〔八四〕。梁開平三年置，爲崑山福院。貞明五年三月重修。皇朝大中祥符元年，敕改惠嚴禪院。後又敕改今額，以奉成穆皇后香火，移額於大光庵寺。有高宗御書「普照堂」扁，藏於御書閣法堂，曾旼爲記。范石湖嘗讀書寺中，屢有詩，載《大全集》及《雜詠》。其後石湖讀書處生紫藤，縈蔓可愛，名以范公藤，各有賦詠〔八五〕。

永懷報德禪院。在縣西南二百步。舊爲景德寺普賢教院。有諸天閣〔八六〕，范浩爲記。後敕賜今額，以奉顯恭皇后香火。寺殿前有高麗柏，詳見古蹟門。

新安尼寺。在縣東二百步。梁天監二年置，唐會昌五年廢，大中七年重置。皇朝紹定中，寺火，惟觀音像巋然於烈錟中〔八七〕。今復興。

惠嚴禪院。在縣西南一里半。隆興初建。本名大光庵，因薦嚴寺改敕額，移惠嚴之額於庵，遂成禪院〔八八〕。住僧如説重修，今頗潔雅。

寶慶院。在縣西南三百步。本逸野堂故基，後歸邑人郁允恭，與其弟允文捨建十六觀堂〔八九〕，成於寶慶年，敕賜今額。趙綝爲記。

華藏教院。在馬鞍山之東北慧聚寺塔基〔九〇〕。院有疊浪軒，詳見園亭門。

利濟教院。在縣南。

九品觀堂。在景德寺西。其地本屠沽所聚，忽寺僧師諒一夕夢有神人披髮執戈而告曰：「此地當作道場，師何不究心興一觀堂，名以九品，鑿地爲沼，當有石塔出現。」寤而言之。遂協力建觀，掘地，果得石塔數層，上刻元幹僧師諒〔九一〕。

東齋。在馬鞍山東。僧道川駐錫之地。道川，即誦《金剛經》者。齋門有龍洲劉改之祠。改之，廬陵人。以詩名於時。客江湖，死，葬於東齋佛殿後。今二卿湯公嘗作文遺祭〔九二〕，刊於祠下。

右並寺院之在邑者。

聖像禪院。在縣東北二十五里〔九三〕。晉建興二年，有迦葉、維衛二石佛泛海，逆水而來，至今院基前止〔九四〕，數百人不能徙，光采七晝夜，佛書所謂「吳中二佛」，即此。里人趙罕捨所居以建院，敕賜「聖像」爲額。梁貞明四年重修。皇朝寶慶中，寺焚，晉、梁以來碑刻並不存〔九五〕。

延祥寺。在縣東四十里。梁天監中，土人辛氏捨宅，置爲紹法寺，後廢。錢氏寶正中重置。皇朝大中祥符元年，敕改今額。

隆福禪院。在縣東三十六里。梁天監中置，爲報恩院〔九六〕。後廢。唐天祐中重置。皇朝大中祥符元年，敕改今額。

延福禪院。在縣東南三十五里。梁天監二年置。五代梁開平二年重修。皇朝大中祥符元年，敕改今額。寺佛殿後有秦柱山，詳見山門。

無相禪院。在縣東南四十里。梁天監十年置，爲寶乘寺，後廢。晉天福二年重置。皇朝大中祥符元年，敕改今額。院在沺川鄉，地名石浦，乃邑人衛涇所居。嘗有相者，惜院額「無相」兩字不利，後衛涇果止參知政事，遂符其言。

廣孝寺。在縣東北七十里。唐咸通十四年置，爲懷讓寺，後廢。皇朝淳化中復置。大中祥符三年賜今額。

衍慶薦福院〔九七〕。在縣西柵三里。本三里庵。

能仁禪院。在縣東南三十五里。唐天祐二年置，爲羅漢院。後唐長興二年重修，改名德義院。皇朝大中祥符元年敕改今額。

興福禪院。在縣西南六十里。唐大中十年置。皇朝大平興國二年重修，造佛殿。後有趙靈山〔九八〕，詳見山門。

廣法教院。在縣東三十六里。

崇恩禪院。在縣東五十里。唐開成二年置。皇朝慶元二年重修。

報德教院。在縣東北九十里。

右並寺院之在郊者。

清真觀。在縣北一里。乾道七年，道士翟守真來自天台，募爲真武道院。至一小民家，有老媪績麻於門，所坐樟木一段，守真求焉，老媪憫而與之〔九九〕。守真挈歸，加斧鑿，而耳目口鼻之形隱然可考，竟斲爲像首，由是道院始興。淳熙初元，遷常熟縣故道宫榜曰清真爲觀額〔一〇〇〕。觀有昊天閣，陳振爲記。

靈應普照觀。在縣東北一里。邑人翁謙嘗卜其地爲穴兆。鑿地得石函，中有青圭，由是建道院。寧宗御書今額，又書「止堂」扁賜主者易如剛。今觀以名堂云。

月華道院。在縣西南卜山下。

廣福道院。在縣西。

真聖道院。在縣西南。

靈祐道院。在縣西南。

右並道宫之在邑者。

修真道院。在永安鄉泗橋。

□□道院。在泙川鄉石浦。

朝真道院。在全吳鄉。張潭其里人，陳氏所創。

右並道院之在郊者。

祠廟

有功德於民，則當祀之。而有禱輒應，能福一方者，雖爵號未正〔一〇一〕，而血食滋久，口口有舉之，不敢不載。

惠應廟。在縣西北三里馬鞍山下。廟神乃山神，元無名氏〔一〇二〕。大梁天監中役鬼工〔一〇三〕，爲慧嚮築慧聚寺大殿基，一夕而成，繇是敕封大聖山王。皇朝崇寧間，方賜廟額。大觀間，封靜濟侯。紹興間，加永應。淳熙間，加昭德。慶元間，加顯貺。開禧間，改封昭惠侯〔一〇四〕。嘉定間，加靈濟。寶慶間，加福應。紹定間，加康祐，封神妻爲廣惠助順懿福昭德夫人，侍御者朱泰爲靈祐將軍〔一〇五〕。淳祐間，改封顯祐王，夫人爲叶靈妃。自皇朝以來，遣中使降御香以祈嗣、禱雨暘者凡六〔一〇六〕，靈迹詳見廟記及誥詞。廟經淳熙火，不燬。再經端平火，廟燬像存。嘉熙重建，雄壯於昔。

黃昺《惠應廟記》〔一〇七〕

蓋聞三代迭號，仁義攸歸。七國僭稱，簡牘是誚。或封建子弟，或追贈公侯，居於域中，莫斯爲大。然有功於國，有惠及民，後世遵其道者亦受命無愧矣。大聖山王者，馬鞍山之神也。按圖經，茲山在縣西北隅，平地崛起，高數百尺，屹然而獨立，環望邈幾千里，渺乎其無垠。峰巒聳奇，草樹增茂，爲邑中之勝槩。大梁天監中，有吳興沙門曰慧嚮者，脱塵勞千劫，修菩薩萬行，攜錫而至，卜岩而居，寂寂一室，安處其定慧，耽耽二獸，馴伏其左右〔一〇八〕，緜歷寒燠，皆如始至。向非達觀大士，孰能憩於此哉？師嘗謂茲山殊勝，可興佛寺，雖用志彌篤，而力莫能逮。一日，師方晏寢〔一〇九〕，而山神前現曰：「願施千工，以助斯意。」是夕，雲驅電掣，風號雷動，駢闐之迹徧於林莽，樸斲之聲振於岩谷〔一一〇〕，恍惚中夜，驚悸數里。詰旦，陰翳潛廓，靈基倏成〔一一一〕，雖疊石之相差，若築山之夷廣〔一一二〕，橫袤十七丈，高聳二丈，小大規矩，混然削成，其直如繩，其平如砥，非人工所能致也。邑尹狀其事以聞。乃於殿之東建神之祠，立神之像，錫命曰大聖山王，蓋旌其功而表其美也。自茲以還，威靈益著，聰明正直，鎮乎百里之境；福善禍淫，庇乎一方之民。凡猶豫者卜之，如釁靈龜；疾疫者禱之，如餌良藥。肸蠁之應，昭昭而可驗；牲幣之祭，紛紛而不絕。及物之惠，斯亦至矣。然而年祀寖遠，棟宇隳壞，軒墀蔽乎春草，廊壁鳴乎秋蛩，雖靈之具存，而像亦斯敝。有邑人曰陳仁紹者，好善不回，積財能散，眂祠宇之棟橈，思締構而鼎新。今寺主僧志堅同募居民，以成勝事。僧願文清瑩者亦贊其能，牋疏一發，如石投水，施利四來，如川赴海，凡所得者，僅踰千緡。於是鳩工庀材，揆日蒇事，歲時未易，斤斧告停，危簷翬飛，疊瓦櫛比，窗牖明邃，欒櫨赫奕，殿堂廣其舊制，廊廡闢乎新規，門闌有閎，左右有序，中塑神像，森衛靈官，威儀聿陳，藻繪斯煥，蓋所以答神休而肅祀事也。噫！古之卿士有益於人者，典禮尊其祀焉，矧茲山王垂數百載，而英烈不昧。始施功而成善事，終祐民而享明德，建祠追號，亦其宜矣。前所謂有功於國，有惠及民，後世尊其道者，受命無愧，其斯之謂歟！炳因訪舊胥臺，薄遊是邑，聞其異迹，闕於記事。既蒙確請，不獲牢讓，辭旨淺近，斯爲愧焉。時明道二年正月十五日。

黄由《**誠應記**》余遊上庠，鄉之賢者不鄙其愚，多延揖以訓子弟。其寓茲邑，蓋再閱寒暑。

每當暇日，樂於訪古，獨古慧聚號爲名刹，山川之瑰勝，堂殿之宏麗，洞心駭目，常爲終日留而不厭。若夫嚮師之道力所格，靜濟之神應無方，聞之者老相傳及現之碑誌，不容言語贊歎久矣。故歲余蒙恩策〔一一三〕，名科級，來歸之日，親舊多臨顧，迨今春少間，始克往見。復訪寺之上方，則一時勝槩幾致煨燼，所幸祠宇與佛殿獲存，私竊悵然。叩之寺僧及大夫士，言可復者。則云故歲中秋後二夕，有祝融回祿之警，下視大殿，纔尋尺許，風正西北，其勢方張，邑人咸集，莫施其力，徒用嗟惋。時邑大夫劉公實來蒞事，公清正淳篤，以儒術飾吏治，神人致喜者也。奮然當火，指神祠而告之曰：「昔者駕風霆雨雹之威，驅鬼工以立厥址，上棟下宇，彌數百年，神忍使爲燔燬，一方其將安仰？」燄煙未息，公又禱曰：「茲爲邑人植福之所，今以釁致，若不獲免，願移之。移之於令，乞庇斯民。」言未既，而風倏然轉爲東南，火就撲滅，吁亦異矣。夫神依人而行，豈苟然哉？惟公誠信孚格，幽明一致，故獲應如響答，神其可誣！寺僧與鄉人賢者合詞曰：「願求記之，以著其異。且使知公愛民格神，以誠獲應，發於一言之頃，曾不旋踵，回視昔人，反風已火之祥，殆後世而同轍〔一一四〕。率是以往，將臨大事，建大節，圖回經濟，其不顧身，以利天下，天之所眷賚公殆未易量也。」余不得辭，遂書以記其實。公名藻，字德清，華亭人〔一一五〕。以進士第繇官中都來字茲邑，其政績之美，才學之懿，略而不書，書其一，他可知已。淳熙九年清明後三日。

卜將軍廟。在縣西南卜山下。嘗有人於廟下得斷碑，略云府君姓卜，名珍，字文超，西河人也。春秋六十有六，以寶曆元年終，葬於崑山西鹿城鄉界卜山，禮也。銘曰：森森古柏，宛轉龍岡。孤雲垂蓋，日月懸光。千秋萬古，嗚呼夜長。但不言將軍之號，又莫詳廟食之始。今墓誌不存〔一一六〕，廟中之碑乃流俗妄相附會，不足取信。

城隍廟。在縣西南三十步。廟前檜甚古〔一一七〕。

東嶽廟。在縣東南二百五步〔一一八〕。

祠山廟。在永懷寺內。

五顯廟。在新安寺內，即婺源五顯靈觀大帝也。邑人自婺源奉香火歸，將建祠卜地，惟新安寺廢，遂立廟寺。嘗見衣冠五儒者徘徊月下，及有見所乘青龍跳躍於市〔一一九〕。

五通廟。在縣東南三百步。廟雖已廢，今俗尚名其地爲五郎堂前。

孟尚書廟。已見官宇門。

鎮興靈典明王廟。在縣東南二百五十步。今爲邑民所獲據。舊有明王堂巷，今併巷無之。

六先生祠。在縣學東廡。淳祐己酉，權令吳堅建。先是，潘彙征作宰，時郡家奉朝旨各建六先生祠於學，會事不果，止繪於從祀弟子廡間，至是始克成。六先生者，濂溪、伊川、明道、晦庵、横渠、南軒。

先賢祠。在縣學西廡〔一二〇〕，與六先生祠對。淳祐己酉，權令吳堅建。先賢者，陸龜蒙、張方平、范仲淹、李衡。

巫侯祠。在縣學。侯名似修。嘉定間宰邑，留意學校，徹而新之，故祠於學。學舊有張方平、葉子強、潘友文祠，今皆廢，獨此祠存。

梓潼帝君祠。在清真觀内。

王太守祠。在景德寺内，詳見寺院門。

張公廟。在縣東南三里。相傳所祀者張方平。方平嘗宰邑，祠於學。後廢，邑人改祠於此。水旱致卜，亦靈。

吳明王廟。在積善鄉。

崑崙王廟。在積善鄉。

尉遲公廟。在積善鄉尉州村。俗稱景雲大王廟。

地主明王廟。在朱塘鄉。

巴王廟。在朱塘鄉巴城。農人墾土，得斷碑，云彭府君墓巴王墓南，由是知廟下有墓，但不詳巴王爲何時人也。

陸龜蒙廟。在全吳鄉甫里。

太祖明王廟。在全吳鄉。

吳王廟。在沺川鄉度城。

夏侯大王廟。在武元鄉。

闔閭大王廟。在永安鄉金城。

顧司徒廟。在永安鄉。

三林大王廟。在永安鄉。

五道明王廟。在永安鄉。

蘇王廟。在湖川鄉。

夫差王廟。在新安鄉。

武成王廟。在新安鄉。

女媧聖姑廟。在惠安鄉大駟媧婦山下。

興德王廟。在惠安鄉。

吳司徒廟。在惠安鄉。

定海王蔣僕射廟。在縣西北三里。乾德五年錢氏置。

蘇將軍廟。在縣西北三里。

白將軍廟。在縣西北三里。

太祖靈迹王廟。在縣西南二百一十步〔一二一〕。自定海王廟而下四廟皆舊經所載，今莫詳其所。

園亭

洛陽衣冠之所聚，故多名園。夜市菱藕，春船綺羅，則足以見吳中遊適之盛〔一二二〕，凡園亭，前後之興廢則不可不錄也。

縣圃。載官宇門。

孫氏園。在縣北。馬先覺有詩，見雜詠。今廢。

翁氏園。在縣南〔一二三〕。吳仁傑嘗與陳璧賞木芙蓉，有詩，見雜詠。今廢。

陳氏園。在縣南。今廢。

洪氏園。在縣東。今廢。

衛氏園。在石浦文節公後樂之地。今子姪又各有園，不止於一。

鄭氏園。在縣西北馬鞍山前。今海陵史君新創。

陳氏園〔一二四〕。在漳潭。水竹寬絜，亭館宏麗。東浦黃簡記，徐聞詩書。

盛氏依綠園。在高墟。

放生池。在清真觀。石千里書扁，御筆有碑，邑宰項公澤跋。

東禪寺後圃池上茅亭。吳仁傑取杜詩「可以賦新詩」之句，名曰可賦。范石湖多遊息其中，與陳璧、盧中之皆有詩，並見雜詠。今廢。

峿山亭。邑人趙善訓史君所居，距馬鞍山之陽二百弓，而限以小溪。吳仁傑取元次山「溪以峿名，旌吾獨有」之句，名曰峿山，詳見所作詩中。亭今廢。

玩芳亭。邑人吳仁傑所居。楊萬里、陸游詩〔一一二五〕，見雜詠。今廢。

逸野堂。邑人王僖所居。僖以讀書自娛，鄉里推重，教其姪孫葆爲名儒。後廢其地，即十六觀堂基云。

友順堂。邑人文節衛公涇之所居。涇未貴時〔一一二六〕，與兄弟日夕讀書其間。其後功名各成，尚於中招師教子姪，寧宗宸翰書扁賜之。

棲閒堂。邑人龔昱所居。昱，識之元孫。陸游、劉過有詩，見雜詠。

樂　庵。在縣東南六里圓明村。侍御李衡歸老之地。今爲衡墓所。有詩，見雜詠。

四賢堂。邑人李潛家。潛之祖衡，爲御史時，以論張說去國，時正言王希呂亦言之，直院周必大不草制，給事中莫濟不書黄紙，皆因此去位。莊治作《四賢》詩以美之，詩見雜詠。湣後訪求三賢遺像，配以其祖，置堂於其家，名曰四賢。

疊浪軒。在馬鞍山北華藏教院。下瞰湖瀼，一碧千頃，詩人名公往往觴詠於此。今湖皆爲田，不復見舊觀。或解扁字爲車干水，宜良田，是其讖云。

異聞

異事世固有之，前輩借以演史筆，《夷堅志》之類是也。或疑其好奇，而未必皆實。今本於郡志，參以近事，姑載其略，不敢泛舉云。

晉元康中，吴郡婁縣懷瑤家忽聞地中有犬聲，視聲所自，發有小穿，大如螾穴。以杖刺之，入數尺，覺有物。掘視，得犬子，雌雄各一，目猶未開，形大於常犬。長老或云：「此爲犀犬，得之者富昌，當養之。」以目未開，還置穿中，覆以磨礱。宿昔發視，失所在矣，瑤家亦無他。

慧聚寺殿基，詳見寺院門。

後唐時，慧聚寺紹明律師居半山彌勒閣，一夕夢神人曰：「簷前古桐下有石天王像與銅鐘，師宜知之。」詰旦，掘地，果獲此二物，形製極古。前輩嘗有詩云：「一旦石像欲發見，先垂景夢鳴高岡。」

皇朝咸平二年夏四月，崑山縣漁婦李氏張罾河上，得白龜，如錢大，其色玉瑩，黿眸朱尾，宮晝粲然。婦取之歸，授兒爲戲，又恐傷之，縱於河。頃之，龜復在網。如是者三。怪之，復棄去。中夜，岸有火熒熒，往視之，龜在焉，因取以歸。近寺王道榮留龜置神像前，失之。私念此或靈物，若虔禱，當復見，則必獻諸官。忽自鼠竇中出，精熒愈於前，迺獻於縣令，令上之郡，郡將陳省華異而神之，具表以聞。時張君房客於蘇，省華以白龜示之，嘗作頌。明年秋賦，試進士《崑山進白龜詩》〔一二七〕。

嘉祐中，崑山縣海上有一船，桅折，風飄泊岸。船中三十餘人，衣冠如唐人，見人慟哭〔一二八〕，語言書字皆不可曉，行則相綴如雁行。久之，自出一書示人，乃唐天祐中告授屯羅島首領陪戎尉。又有一書，乃上高麗表。蓋東夷之臣屬高麗者。

時贊善大夫韓正彦爲令，召其人，犒以酒食，且爲治其桅，教以起倒之法，各以手捧首謝而去。船中有麻子，大如蓮的，蘇人求種之，初歲亦如蓮的，次年漸小，後只如中國麻子。

翁謙掘地得青圭〔一二九〕，詳見寺院門。

淳熙中，崑山有一道人誦讖云：「潮過夷亭出狀元。」李侍御以語知縣葉子強，遂建問潮館於駟馬橋下。後潮果過夷亭，衛涇遂魁天下。

九品觀堂晉朝石塔，詳見寺院門。

紹定中，張廣平權縣事，譙樓有巢鸛，中弋帶箭，造廷哀鳴，若有所訴。廣平視箭首字，得弋人姓名，追懲之，鸛乃去。

【校勘記】

〔一〕按此下宛委別藏本、黃氏鈔本有「古事附」三字。

〔二〕昔：原作「皆」，徑改。宛委別藏本空闕作「口」。

〔三〕石像：原作「古像」，據宛委別藏本、黃氏鈔本改。

〔四〕氏：原本無，宛委別藏本此字空闕，此據《至元嘉禾志》卷一四、乾隆《江南通志》卷三一補。

〔五〕縣：宛委別藏本、黃氏鈔本作「元」。

〔六〕數千：宛委別藏本、黃氏鈔本作「數十」。按《吳郡志》卷五〇、《姑蘇志》卷三六皆作「數千」。

〔七〕朱燮：原作「朱燕」，據《吳郡志》卷五〇、《姑蘇志》卷三六及宛委別藏本、黃氏鈔本改。下同。又「爲」字，原本無，據右引補。

〔八〕土產今攷而志之：宛委別藏本、黃氏鈔本作「土地所宜蓋一端。舊經不載所產，吳記止載石首魚，今故類而志之」。

〔九〕按此句宛委别藏本作「米半有紅粒碓」。

〔一〇〕按「懷歸」二字原在「詩」字下，據《笠澤藂書》卷四、《甫里集》卷八、《吴郡志》卷三〇、《中吴紀聞》卷一及宛委别藏本、黄氏鈔本乙。

〔一一〕按此句下宛委别藏本、黄氏鈔本有「則唐人已書此稻矣」八字。

〔一二〕撩：宛委别藏本、黄氏鈔本作「熟」。按《吴郡志》卷三〇、《吴都文粹》卷六皆作「撩」，謂「今田間豐歲已刈，而稻根復蒸，苗極易長，旋復成實，可掠取，謂之再撩稻，恐古所謂再熟者即此」。

〔一三〕都：原作「郡」，據《文選註》卷五及宛委别藏本、黄氏鈔本改。

〔一四〕國税：宛委别藏本、黄氏鈔本作「鄉貢」。按左思《吴都賦》云：「國税再熟之稻，鄉貢八蠶之緜。」作「國税」是。

〔一五〕按香稻條下宛委别藏本、黄氏鈔本有「傍湖種之，極難得，尤香於紅蓮稻」句。

〔一六〕按「白野稻」條下有宛委别藏本、黄氏鈔本有「稻翁揀」三字，注云：「皆稻米之上色者。」

〔一七〕輭稈青：宛委别藏本、黄氏鈔本作「軟得青」。

〔一八〕金城稻：《姑蘇志》卷一四及宛委別藏本、黄氏鈔本作「金成稻」。
〔一九〕米：原作「禾」，據宛委別藏本、黄氏鈔本改。
〔二〇〕「米」字下宛委別藏本、黄氏鈔本有「之」字。
〔二一〕杷稏稻：《姑蘇志》卷一四作「羅稏稻」。
〔二二〕「皆」字下黄氏鈔本有「稻米之」三字。
〔二三〕社交糯：原作「杜交糯」，據《授時通攷》卷二一及宛委別藏本、黄氏鈔本改。其下宛委別藏本、黄氏鈔本有「皆糯米之早者」六字。
〔二四〕歸女糯：宛委別藏本作「閨女糯」。
〔二五〕至：原本無，據《太平寰宇記》卷九一及宛委別藏本、黄氏鈔本補。
〔二六〕「間」字下宛委別藏本、黄氏鈔本有「皆」字。
〔二七〕鬻：原作「沸」，據《甫里集》卷一九、《文苑英華》卷三七七、《唐文粹》卷四九、《吳郡志》卷二九、《中吳紀聞》卷四及宛委別藏本、黄氏鈔本改。又「奔」字，原作「捕」，據右引改。
〔二八〕蕭：宛委別藏本、黄氏鈔本作「簾」。

〔二九〕越：原作「日」，據《甫里集》卷一九、《文苑英華》卷三七七、《唐文粹》卷四九改。

〔三〇〕者：宛委別藏本無此字。

〔三一〕反：原脱，據《吳郡志》卷二九及宛委別藏本、黄氏鈔本補。

〔三二〕也：宛委別藏本、黄氏鈔本無此字。

〔三三〕珍：宛委別藏本作「稱」。

〔三四〕子：原本無，據宛委別藏本、黄氏鈔本補。

〔三五〕實：原作「尖」，據宛委別藏本、黄氏鈔本改。

〔三六〕芰：原作「菱」，據《酉陽雜俎》卷一九、《吳郡志》卷三〇、《會稽志》卷一七、《海錄碎事》卷二二下改。

〔三七〕菱：原作「芰」，據《酉陽雜俎》卷一九、《吳郡志》卷三〇、《會稽志》卷一七、《海錄碎事》卷二二下改。

〔三八〕今：原作「金」，據《酉陽雜俎》卷一九、《吳郡志》卷三〇改。

〔三九〕「最佳」下至「腰菱」：原作「是家菱」，據宛委別藏本、黄氏鈔本改。按《吳郡志》卷三〇云：「近世復出餛飩菱，最甘香，腰菱廢矣。」

〔四〇〕欒：宛委別藏本無此字。

〔四一〕按此條下宛委別藏本、黄氏鈔本有「歲在貢數」四字。

〔四二〕烏：原本無，據宛委別藏本、黄氏鈔本補。

〔四三〕揩冠草：宛委別藏本、黄氏鈔本作「楷冠子草」。

〔四四〕按此條下宛委別藏本、黄氏鈔本有小字注云：「其細者如羅，尤白。士大夫用之，爲唐衣野服，在歲貢數。」

〔四五〕按此條下宛委別藏本、黄氏鈔本注云：「出縣南沙葛村，細者可與紗敵，遠方人謂之金絲布。舊充聖節貢。」

〔四六〕按此條下宛委別藏本、黄氏鈔本注云：「中袱裀，褥以麻苧布，皆可爲之，布碧而花白，山水、鳥獸、樓臺、士女之形如碑刻然，口即被蒼也。」

〔四七〕「好」字上宛委別藏本、黄氏鈔本有「有」字。

〔四八〕黄氏鈔本「名」字下有「之」字。

〔四九〕「縣」字下宛委別藏本、黄氏鈔本有「廳」字。

〔五〇〕按此句宛委別藏本作「今間亦私取而得，益可奇，其名亦重」，黄氏鈔本同，但「亦重」

作「益重」。

〔五一〕「載」字下宛委別藏本、黄氏鈔本有「云」字。

〔五二〕一邑：宛委別藏本、黄氏鈔本無此二字。

〔五三〕「續」字下宛委別藏本、黄氏鈔本有「而」字。

〔五四〕「婁侯」二字宛委別藏本、黄氏鈔本無。

〔五五〕怪：宛委別藏本、黄氏鈔本作「聞」。

〔五六〕遲明：宛委別藏本作「達旦」。

〔五七〕䨓䨓：宛委別藏本、黄氏鈔本作「準準」。

〔五八〕「間」字下宛委別藏本、黄氏鈔本有「寺」字。

〔五九〕唐以：宛委別藏本作「古」。

〔六〇〕神運大雄：原作「神雄運大」，據宛委別藏本、黄氏鈔本乙。

〔六一〕欲：原本無，據宛委別藏本、黄氏鈔本及《吴郡志》卷三五、《吴都文粹》卷八、《姑蘇志》卷三〇補。

〔六二〕藥叉官長：原作「藥王宫長」，據宛委別藏本、黄氏鈔本及《吴郡志》卷三五、《吴都文粹》卷八、《姑蘇志》卷三〇改。

〔六三〕有：宛委別藏本、黃氏鈔本及《吳郡志》卷三五、《吳都文粹》卷八、《姑蘇志》卷三〇無此字。

〔六四〕「氏」字下宛委別藏本有「等」字。

〔六五〕民：宛委別藏本作「士」。

〔六六〕三人：宛委別藏本、黃氏鈔本作「五人」。

〔六七〕老：宛委別藏本、黃氏鈔本作「舊」。

〔六八〕起：黃氏鈔本作「成」。

〔六九〕崑山：黃氏鈔本作「崑玉」。

〔七〇〕寶：原本空闕，據黃氏鈔本補。

〔七一〕聞：宛委別藏本、黃氏鈔本作「見」。

〔七二〕寺：黃氏鈔本作「峙」。

〔七三〕鶩：宛委別藏本、黃氏鈔本作「駕」。

〔七四〕志：黃氏鈔本作「意」。

〔七五〕「見」、「盛」二字，宛委別藏本、黄氏鈔本作「紀」、「名」。

〔七六〕賓：宛委別藏本、黄氏鈔本及作《吴郡志》卷三五、《吴都文粹》卷九作「賞」。

〔七七〕屹：黄氏鈔本作「屼」。

〔七八〕延袤：原作「袤延」，據宛委別藏本、黄氏鈔本及《吴郡志》卷三五、《吴都文粹》卷九乙。

〔七九〕䨏䨏：宛委別藏本、黄氏鈔本作「準準」。

〔八〇〕當：宛委別藏本、黄氏鈔本及《吴郡志》卷三五、《吴都文粹》卷九作「嘗」。

〔八一〕績：宛委別藏本、黄氏鈔本作「迹」。

〔八二〕菲：宛委別藏本、黄氏鈔本作「謏」。

〔八三〕孟夏也：宛委別藏本作「孟夏口口日記」，黄氏鈔本作「孟夏日記」。

〔八四〕東南：宛委別藏本、黄氏鈔本作「東」。

〔八五〕「各」字前宛委別藏本、黄氏鈔本有「名公」二字。

〔八六〕「有」字前黄氏鈔本又有一「院」字。

〔八七〕「嶎」字上原本衍「山」字，據宛委別藏本、黄氏鈔本删。

〔八八〕成：宛委别藏本、黄氏鈔本作「爲」。
〔八九〕「與」字上黄氏鈔本又有「允恭」二字。
〔九〇〕「塔基」：宛委别藏本二字空闕，黄氏鈔本作「子院」。
〔九一〕「諒」字下宛委别藏本空闕二字。
〔九二〕作文遣祭：原作「作遣祭文」，據宛委别藏本、黄氏鈔本乙。
〔九三〕東北：宛委别藏本、黄氏鈔本作「東南」。
〔九四〕「令」字下宛委别藏本有「在」字。又「止」字，原作「上」，據黄氏鈔本改。
〔九五〕刻：原作「額」，據宛委别藏本、黄氏鈔本改。
〔九六〕報恩院：原作「寶恩院」，據宛委别藏本、黄氏鈔本改。
〔九七〕衍：宛委别藏本、黄氏鈔本作「承」。
〔九八〕趙靈山：宛委别藏本、黄氏鈔本作「趙陵山」。按原本「山門」作「趙靈山」，當是。
〔九九〕憫而：宛委别藏本、黄氏鈔本作「以」。
〔一〇〇〕故道宫榜曰：黄氏鈔本作「久廢女冠」。
〔一〇一〕正：宛委别藏本作「改」。

〔一〇二〕名氏：原作「氏名」，據宛委别藏本、黄氏鈔本乙。

〔一〇三〕大梁：宛委别藏本、黄氏鈔本作「蕭梁」。

〔一〇四〕昭惠侯：宛委别藏本、黄氏鈔本作「昭惠公」。

〔一〇五〕朱泰：宛委别藏本、黄氏鈔本作「朱某」。

〔一〇六〕雨暘：原作「而賜」，據宛委别藏本、黄氏鈔本改。

〔一〇七〕黄昺：原作「王炳」，宛委别藏本、黄氏鈔本作「黄炳」，據《吴都文粹續集》卷一五改。

〔一〇八〕伏：宛委别藏本、黄氏鈔本作「擾」。

〔一〇九〕晏：宛委别藏本、黄氏鈔本作「瞑」。

〔一一〇〕樸斲：宛委别藏本、黄氏鈔本及《吴都文粹續集》卷一五作「鞭扑」。

〔一一一〕基：宛委别藏本、黄氏鈔本作「臺」。

〔一一二〕山：宛委别藏本、黄氏鈔本作「出」。

〔一一三〕余：原作「餘」，據宛委别藏本、黄氏鈔本改。

〔一一四〕後世：宛委别藏本、黄氏鈔本作「異世」。

〔一一五〕華亭人：宛委别藏本、黄氏鈔本作「金華人」。

〔一一六〕存：宛委別藏本、黄氏鈔本作「載」。

〔一一七〕「前」下宛委別藏本、黄氏鈔本無「檜」字。

〔一一八〕二百五：宛委別藏本、黄氏鈔本作「二百五十」。

〔一一九〕乘青龍：原作「來者」，據宛委別藏本、黄氏鈔本改、補。

〔一二〇〕西：原作「兩」，據宛委別藏本、黄氏鈔本改。

〔一二一〕「在縣西南」下至「定海王廟」原本闕，據宛委別藏本、黄氏鈔本補。

〔一二二〕足：原作「吳」，據宛委別藏本、黄氏鈔本改。

〔一二三〕南：宛委別藏本、黄氏鈔本作「西」。

〔一二四〕陳氏園：宛委別藏本、黄氏鈔本作「陳氏北園」。

〔一二五〕「詩」上宛委別藏本、黄氏鈔本有「有」字。

〔一二六〕涇：原本無，據宛委別藏本、黄氏鈔本補。

〔一二七〕試：原本脱，據宛委別藏本、黄氏鈔本補。

〔一二八〕「人」下宛委別藏本、黄氏鈔本有「皆」字。

〔一二九〕按「翁謙掘地」下至「鸛乃去」，原本脱，據宛委別藏本、黄氏鈔本補。

跋

項公澤題跋一

《玉峰志》淳祐辛亥五月修，壬子二月刊於縣學。預纂修著書氏名於後。迪功郎、平江府崑山縣尉俞煒。迪功郎、平江府崑山縣主簿施丙。迪功郎、平江府崑山縣丞卜稷。迪功郎、崑山縣主簿吳堅。承事郎、平江府崑山縣主管勸農公事、兼主管運河堤岸搜捉銅錢下海出界專一點檢圍田事、兼弓手寨兵軍正項公澤。

項公澤題跋二

崑山爲吳壯邑，地險而俗勁，田多而賦重，凋弊積有年矣，故於稽古載籍之事多缺焉。攷之《吳郡志》，雖附書一二，其詳不可得而聞。公澤承乏學制，每與鄉校諸友議斯缺典，欲網羅補葺，然方有公事，未皇也。直學淩君、掌儀邊君俱有俊譽，慨爲己任，搜訪掇拾，斯已勤矣。地理標明財賦之件目，參與考訂。至若廢置因革、人物異聞，視昔爲詳。將求印證於多識前言往行者，俄及瓜，懼失其傳，而二君之勞孤矣，始鋟諸梓，以竢方來，庶知今者果不謬、古者猶可質云。淳祐壬子中和節東嘉項公澤謹跋。

繆朝荃跋

右《玉峰志》三卷，宋淩先生萬頃、邊先生實同撰。《續志》一卷，亦邊先生所撰也。阮儀徵《揅經室外集・四庫未收書目提要》曾載列之，江陰家筱珊、同年知朝荃彙刻太倉舊志，出所藏鈔本見示，前有銜名一葉，則源出自宋也。朝荃攷查是書，爲里中志乘之始。且刊本久佚，即託筱珊由江寧付梓。梓既竟，以樣本寄閱，其中尚有誤脫處，無從糾正，深以爲憾。一日，李君惠農述及崑山趙君學南有鈔，度吳門黃氏士禮居舊藏祝枝山京兆手鈔本，亟函告，學南慨允假寄。初由惠農校勘，並士禮居《題跋》、顰經室《提要》附之。光緒戊申春二月同里後學繆朝荃謹識。頗甚精密。朝荃覆審數過，將兩通者存之，其實在誤脱者逐一校正如左，

吴門黄氏士禮居題跋一

向時東城顧氏書未散時，書友錢聽默謂余曰：「有祝枝山手書志書一部，不知在何房，子收書勿遺失之。」其時聽默未舉書名，亦並未言某房也。蓋東城顧氏有三家，一騎龍巷，一任蔣橋，一混堂巷。余生也晚，騎龍巷之書久散，余所及收者畸零而已。混堂、任蔣兩家才有去志，而余與顧抱冲得諸最夥。此《玉峰志》、《續志》出混堂巷，余得此時，初未識其誰何書也。後枚菴吴丈從余借鈔，余憶及前言，輒舉以質諸枚菴。枚奄謂此書法非京兆不辦，並書數語以誌。是書向無人論及，及余得此，余友五柳陶君復於玉峰骨董鋪中獲一舊鈔本，不如祝本遠甚，曾歸五硯，今又散諸他矣。余惜世無副本，枚菴鈔後，余亦傳録此本。己卯中夏重裝，因記。宋廛一翁。

吳門黄氏士禮居題跋二

宋人著述此書外，又有《崑山雜詠》，宋刻精妙，亦出東城顧氏，向歸小讀書堆，今又徙諸藝芸書舍矣。數十年來，神物變化無定所，可不慨歎。己卯中伏，蕘翁。

吳門黄氏士禮居題跋三

崑山亦有藏書家。丁丑秋，余送考至其地，有張若木秀才邀余披覽古籍，就中最佳者爲宋賓王手校《周益公集》，索直百二，余以半直估之。遷延三載，近始與羣書歸郡中王雨樓。蓋雨樓慕好書之名而爲此，恐未必真知宋賓王之校本爲善也。附記於此。蕘翁又書。

參考書目

《宋史》（元）脱脱監修　中華書局一九七七年點校本

《續資治通鑑長編》（宋）李燾撰　中華書局一九七九年點校本　影印文淵閣四庫全書本

《宋季三朝政要》不著撰人　影印文淵閣四庫全書本

《太平寰宇記》（宋）樂史撰　影印文淵閣四庫全書本

《大清一統志》（清）乾隆時官修　影印文淵閣四庫全書本

雍正《浙江通志》（清）曾筠監修　影印文淵閣四庫全書本

乾隆《江南通志》（清）趙宏恩等監修　影印文淵閣四庫全書本

《吴郡志》（宋）范成大等纂修　民國十五年吴興張氏擇是居叢書景宋刻本　影印文淵閣四庫全書本

《會稽志》（宋）施宿等撰　《續志》（宋）張淏等撰　清嘉慶十三年刻本　影印文

《至元嘉禾志》（元）單慶修　徐碩纂　清道光十九年刻本　影印文淵閣四庫全書本

《至正崑山郡志》（元）楊譓纂修　清宣統元年彙刻太倉舊志五種本

《姑蘇志》（明）王鏊撰　影印文淵閣四庫全書本

《浙西水利書》（明）明姚文灝撰　影印文淵閣四庫全書本

《三吳水攷》（明）張内藴　周大韶撰　影印文淵閣四庫全書本

《吳中水利全書》（明）張國維撰　影印文淵閣四庫全書本

《中吳紀聞》（宋）龔明之撰　影印文淵閣四庫全書本

《夢粱録》（宋）吳自牧撰　影印文淵閣四庫全書本

《吳中舊事》（元）陸友仁撰　影印文淵閣四庫全書本

《吳興備志》（明）董斯張撰　影印文淵閣四庫全書本

《名蹟録》（明）朱珪編　影印文淵閣四庫全書本

《江南經略》（明）鄭若曾撰　影印文淵閣四庫全書本

《授時通攷》（清）蔣溥等奉敕撰　影印文淵閣四庫全書本

《太平御覽》（宋）李昉撰　中華書局一九八五年據商務印書館影宋本縮印本　影印文淵閣四庫全書本

《海錄碎事》（宋）葉廷珪撰　影印文淵閣四庫全書本

《小學紺珠》（宋）王應麟撰　影印文淵閣四庫全書本

《萬姓統譜》（明）凌迪知撰　影印文淵閣四庫全書本

《酉陽雜俎》（唐）段成式撰　影印文淵閣四庫全書本

《文選註》（梁）蕭統編　（唐）李善注　中華書局一九七七年影印本

《六臣註文選》（梁）蕭統編　（唐）李善等注　影印文淵閣四庫全書本

《文苑英華》（宋）李昉等編　影印文淵閣四庫全書本

《唐文粹》（宋）姚鉉編　影印文淵閣四庫全書本　四部叢刊本

《吳都文粹》（宋）鄭虎臣編　影印文淵閣四庫全書本

《吳都文粹續集》（明）錢穀編　影印文淵閣四庫全書本

《漢魏六朝百三家集》（明）張溥編　影印文淵閣四庫全書本

《駱丞集》（唐）駱賓王撰　影印文淵閣四庫全書本

《笠澤藂書》（唐）陸龜蒙撰　影印文淵閣四庫全書本

《甫里集》（唐）陸龜蒙撰　影印文淵閣四庫全書本

宋元珍稀地方志叢刊

至正崑山郡志

（元）楊譓 纂修
李勇先 校點

四川大學歷史地理研究所學術叢書

前言

《至正崑山郡志》六卷，元楊譓纂修。譓，本州人，字履祥，自號東溪老人，晚居崑山，工詩文。其子楊才與會稽楊維禎同爲浦城文公十葉孫，故維禎撰此志序文稱才爲崑山州人。譓自題曰浦城，蓋據舊貫言之。至正辛巳，監州孛羅帖穆爾續修志乘，聘楊譓纂修。譓以州之志籍多散漫疎漏，更而新之，積勞於是者蓋十餘年，而撰成此編。書凡六卷，敘述簡而有要，尚合宋人地志之體，可與《玉峰志》並傳。此志成於至正年間，故題曰《至正崑山郡志》云。

崑在漢爲婁縣地。梁天監中，改置信義縣。大同初，又分信義置崑山縣。元成宗元貞二年，陞縣爲州。延祐中，遷治所於太倉。此楊氏之書所由稱爲崑山郡志者，實則兼有太倉、鎮洋、崇明、新陽等地。延祐中，移州治於太倉，故書中有新治、舊治之别。至正中，仍徙州舊治，則譓已不及見矣。至正四年，楊維禎爲此書作敘，以爲該書「立凡創例，言博而能要，事核而不蕪，與前邑志書不可同日較工拙也」。崑山自縣陞州之後，户版與地利日增，租賦甲天下，市賈之舶萃焉，海艚之艘出焉，庸田水道之利害在焉，忠臣烈女代不乏絶，鴻生碩士爭爲雄長，是書皆可考焉。清錢大昕亦稱此書「簡而有要」，爲宋元志乘之善者。清光緒二十年，朱記榮作《重刊至正崑山郡志序》，評是書所記園亭寺觀之類似不憚鋪敘，顧於疆域水利之大悉未載及，爲詳所不必詳、略所不當略也。又按《名宦傳》，知楊氏之志爲監州孛羅帖穆爾所聘修，乃爲其立傳。且人物傳亦多當時生存之人，未能免於標榜之嫌，不無可議。特其故太倉之名斷爲春秋吴王之倉，據《晉書·顧衆傳》婁縣東倉爲證，又力闢古婁縣僞嘐之非，皆具卓識，非尋常操觚者比，鐵崖氏稱其有良史才，洵不誣已。三吴古志之存於今者，自陸廣微《吴地記》、朱長文《吴郡圖經續記》、范成大《吴郡志》而外，他不概見。是志雖居三書之後，然距今亦五百餘年矣，婁東文獻猶得藉是以徵，嘉定錢氏諸先生所爲極力表彰者也。

此書元代即有刻本，楊敘稱崑山州楊才抱其先人履祥公所著州乘凡二十二卷，且監州孛羅帖穆爾將以壽諸梓。然今所見志乘止六卷，首尾完具，豈維禎所見乃别本邪？黄丕烈跋云：《崑山郡志》鐵崖先生序稱二十二卷，今本風俗起至異事止十六門，共六卷，蓋不全本也。錢大昕跋是書首尾完具，疑鐵崖所見爲别本，其説非也。地志首重建置沿革，輿圖、城池、鄉都、橋梁、水利、户口、賦役、學校、官署、壇廟、祠宇諸大目，今皆闕而不載。且楊敘中明有崑山自縣陞州，户版地利日增，賦税甲天下，州縣庸田水道利害所在，而志中絶不及之。今書中但有風俗等十五門，而建置沿革、水利、賦役、户口、學校等俱闕焉，其非完帙也可知，然是邦之掌故當不以殘闕忽之可耳。此書世罕傳本，清錢可廬有手鈔本，迺玉峰之舊志，爲金匱所未收，綈衷珍藏，丹黄斯在。清咸豐初，此書刊成流傳，錢師璟爲作序，識其緣起。光緒二十年，朱記榮又作《重刊至正崑山郡志序》，稱錢氏校刊於咸豐之清初，旋遭寇被燬，傳本孤絕。寶山陳君同叔覓得是本，詒徐觀察子靜付之重刊。清宣統元年，太倉繆氏彙刻太倉舊志五種本，是志收入其中。今以彙刻太倉舊志五種本爲底本，參校一九八一年中國臺灣商務印書館影印清嘉慶年間宛委別藏本、觀自得齋叢書本，以及其他相關文獻，加以校點整理。

李勇先

二〇〇九年三月書於川大竹林村

目錄

至正崑山郡志卷五

至正崑山郡志卷六

序

崑山郡志序

崑山州楊才抱其先人履祥公所著州乘，凡二十二卷，因其友袁華謁予錢塘曰：「先君嘗以州之志籍多散漫疎漏，更而新之，積勞於是者蓋十餘年，而獲成此編。今州監孛羅帖木爾將以壽諸梓，吾子與才裔仝出浦城文公十葉後，幸惠一言引諸首。」余謂金匱之編，一國之史也；圖經，一郡之史也。士不出門而知天下之山川疆理〔一〕、君臣政治、要荒蠻貊之外，類由國史之信也。不入提封，而知其人民城社、田租土貢、風俗異同、戸口多少之差，由郡史之信也。然則操志筆者，非有太史氏之才，孰得與於斯乎？吾曩入吳，竊見公所著《宋朝蓍龜》之錄，凡若干卷。今之修史者購之，而未得也。又一《帝王圖辨》〔二〕、《素王道史》、《姓氏通辨》行於時，吁！公之博學有史才可□矣〔三〕，宜其成是書也。立凡創例，言博而能要，事核而不蕪，與前邑志不可同日較工拙也。且吾聞崑山自縣陞州，戶版與地利日增，租賦甲天下州郡縣，市賈之舶萃焉，海艚之艘出焉，庸田水道之利害在焉，忠臣烈女代不乏絕，鴻生碩士爭爲雄長，不有史才者出而任筆削，何以爲是州之信史哉？吁！是書之得託者今幸矣〔四〕。故余不辭，爲之敘。抑予又聞公所著《蓍龜》，爲採書使者賺而去之，而賞爵罔及焉，此才之不平，而公九泉之憾也，故併敘及之。公諱譓，字履祥，東溪老人其自號云。

至正四年秋七月，泰定李黼牓賜第二甲進士會稽楊維禎敘。

崑山郡志後序一

崑山，本縣也。元成宗元貞二年，陞縣爲州，故履祥此書有郡志之名。延祐中，移州治於太倉，故中有新治、舊治之別。新治今太倉州城，舊治則今縣也。至正中，仍徙州舊治，則履祥已不及見矣。鐵厓序稱二十二卷，今按之止六卷，首尾完具，豈鐵厓所見乃別本邪？此書世罕傳本。嘉慶丁巳十月，假陳妙士孝廉所藏舊鈔本讀之，歎其簡而有要，因綴數言於末。

竹汀叟錢大昕。

崑山郡志後序二

至正辛巳，監州孛羅帖穆爾續修志乘，聘楊譓履祥纂修。書凡六卷，簡而有法。譓，蓋本州人。其子才，與會稽楊廉夫同爲浦城文公十葉孫，故廉夫撰此志序文稱才爲崑山州人也。譓自題曰浦城，蓋據舊貫言之。嘉慶乙丑正月，嘉定錢大昕手校於得自怡齋〔五〕，時年六十有二。此志成於至正年間，故題爲《至正崑山志》云。

崑山郡志後序三

右書六卷，先祖可廬徵君手鈔本也，迺玉峰之舊志，爲金匱所未收，綈袠珍藏，丹黃斯在。道光丁未冬月，沈觀察匏廬先生介陳恬生孝廉借錄是稿，師璟因得拜見於龐山官舍。以年家子命隨侍讀書，並校刻徵君《兩漢書辨疑》四十二卷，知己之感不僅如唐人所云門館受恩也。師璟無似，弗克紹承家學，而飲水思源，情何能已！比來投縞贈紵，吉葉得朋，集腋而成，壽諸棃棗，樂新知於簪裾，結古懽以文字，萃登姓氏，益跋菭岑。書中有自來脱誤字句，謹從蓋闕之義，以俟博雅君子。惟孝廉墓有宿草，未及一見。此書之流行，是則觀察與師璟不能無山陽聞笛之悲矣。刊成，爲識緣起如此。

咸豐元年十二月錢師璟書〔六〕。

重刊至正崑山志序〔七〕

崑在漢爲婁縣地。梁天監中，改置信義縣。大同初，又分信義置崑山縣。元元貞初，陞爲州。延祐中，遷治所於太倉。此楊氏之書所由稱爲《崑山郡志》，實則兼有今太倉、鎮洋、崇明、新陽等地。而書中所記園亭寺觀之類似不憚鋪敘，顧於疆域水利之大悉未載及，爲詳所不必詳、略所不當略也。又按名宦傳，知楊氏之志爲監州勃羅帖不爾所聘修，乃即爲勃羅傳。且人物傳亦多當時生存之人，未能免於標榜之嫌，不無可議。特其故太倉之名斷爲春秋吴王之倉，據《晉書·顧衆傳》婁縣東倉爲證，又力闢古婁縣偁嘐之非，皆具卓識，非尋常操觚者比，鐵崖氏稱其有良史才，洵不誣已。三吴古志之存於今者，自陸廣微《吴地記》、朱長文《吴郡圖經續記》、范成大《吴郡志》外，他不概見。是志雖居三書之後，然距今亦五百餘年矣，婁東文獻猶得藉是以徵，嘉定錢氏諸先生所爲極力表彰者也。錢氏校刊於咸豐之初，旋遭寇被燬，傳本孤絶。寶山陳君同叔覓得是本，詒徐觀察子静付重刊。予預襄校，觀察屬識其緣起，因並論得失如此。書凡六卷，鐵崖序稱二十二卷，疑非足本。而竹汀先生則謂其首尾完具，然又安知非後人所掇拾者與？

光緒二十年歲次甲午孟夏之月，古吴朱記榮書於校經堂。

【校勘記】

〔一〕「門」字下宛委别藏本有「戶」字。

〔二〕一：原本空闕，據宛委别藏本補。

〔三〕此空闕字宛委别藏本作「占」。

〔四〕今：原本空闕，據宛委别藏本補。

〔五〕錢大昕：觀自得齋叢書本作「錢大昭」。

〔六〕按觀自得齋叢書本此下有「寶山袁翼榖廉，長白恭安壽臣，仁和韓泰華小亭，鎮洋楊錞子于，吴江懋惪翠嶺，錢唐吴福年竹言，寶山徐有春梧亭，嘉興沈則柯花漵，石門朱淵小礪，錢唐吴順年耕有，高安朱舲芷汀，嘉定黄宗文實甫，如皋戴士佳品堂，嘉興沈家藻鑑亭。沈翠嶺參軍、韓小亭觀察先後以家祖《續漢書·藝文志》一卷、《邇言》一卷刻九叢書，儒雅風流，尤堪志也。記之，以示後人」一段文字。

〔七〕按此篇原本無，據觀自得齋叢書本補。

至正崑山郡志卷一

風俗

崑山自昔號壯邑，事最繁劇。仍太伯、季札之風，崇尚禮遜，無復好劍多鬭之舊。其民務耕織，有常業，多奢少儉，競節物，信鬼神。歲節，山寺有歲懺會。一月，士女駢闐，車蓋相屬。上元，取鐙於郡，有萬眼羅、琉璃毬者甲天下，鐙月交輝，歌管間作，喧咽道路，以糖糰、春璽爲節食，爆糯、穀，名孛婁，人各自爆，以卜一歲之休咎。二月望，景德寺有涅槃雙林會尤盛。自三月旦，爭朝嶽祠。四月，浮屠浴佛，遍走閭里。八日，尼寺設飯茶供，名無礙會。望日，慶山神誕，縣迎神，設佛老會，以祈歲事。里巷以伎樂送神，自山塘至邑前，幕次相屬，紅翠如畫，它州負販而來者駢集。後二日，觀角觝於山西。八月望，西津觀潮，官設酤於問潮館，綵旗迎潮，觀者如堵。十月朔，謁墓如寒食，不賀朔，謂之鬼節。俗重冬至，親朋饋送，交馳於道。臘月二十四日，祭竈，婦女不與。二十五日，食赤豆粥，下至婢僕、貓犬皆有之。有出外者，亦分及，名口數粥。是日，爆竹驅儺，田家燃炬，名照田蠶。歲節祀先用，除夜焚蒼朮，辟瘟丹，家人酌酒。分歲夜分，祭瘟鬼，易桃符。向明，打灰堆，飲屠蘇。此一歲風俗之大略。歲節〔一〕、冬至，縣官率邑之寓賢士友聚拜於學之明倫堂〔二〕，會茶而散，禮儀雍雍可觀〔三〕。始自樂菴李公行之後，縣令項公澤又置田租以充所費云。《玉峰志》。已而富家巨室公私交困，率多替徙，市井蕭條，如歲儺迎神、雙林無礙會皆僅存其名，其取鐙於郡與角觝、觀潮等不復見矣。《續玉峰志》。歸附後，世變風移，不能無異。矧今新治，舊本墟落，居民鮮少，海道朱氏翦荆榛，立第宅，招徠蕃舶，屯聚糧艘，不數年間，湊集成市，番漢間處，閩廣混居，各循土風，習俗不一，大抵以善貿易、好市利、尚虛禮、美呼稱。男子自幼即襲大人衣帽，逮長不復冠。其信鬼則又加於昔，病或不事醫藥，唯聽命於神，祈賽施捨，竭産不悔。其朝嶽祠者，比屋舉家，歲往常熟之福山；朝五通者，遠至婺源之靈順。凡有迎引，競巧爭奇，尤爲奢靡。及文運肇興，科舉薦復，人皆知讀書爲貴，弦誦之聲遍於閭里，風俗爲之大變云。

山

郡以山得名。其山今隸華亭。《吳地記》云：陸氏之祖葬於此，因生機、雲，皆負詞學，時人以玉出崑岡而名焉。今舊州主山蓋馬鞍山云。

馬鞍山。在舊治西北三里。高七十丈，上下前後皆擇勝爲僧舍，雲窗霧閣，間見層出，吳人謂真山似假山也。

坊

忠政坊。趙忠簡府前。

狀元坊。石浦。

通德坊。鄭大資府前。

士大夫生當其時，則享園池之樂，時之往也，昔日繁華之地果安在哉〔四〕？將不免雍門周之誚乎？故園亭雖廢，亦書，俾觀者有所警省。

園亭 堂菴軒樓附

園圃〔五〕

孫氏園。在舊治北。

翁氏園。在舊治西。

陳氏園。在舊治南。

洪氏園。在舊治東。並淳祐以前廢。

鄭氏園。在舊治西北馬鞍山前。海陵史君竦建。繼又創退耕堂，水竹環茂，可容數十客，樗寮張即之書扁，西磵葉丞相書廳之扁曰玉峰佳處。園內西南又有道院，庭植洛花數百本，皆吳中所無者。今廢。

陳氏園。在舊治東。本洪氏小園，後歸澹軒史君陳昌世，恕齋洪端明堂扁以四時佳景。澹軒之子師尹〔六〕，號石巖，增創寬潔，有堂曰光風霽月，與鄭園退耕不相上下。

衛氏園。在石浦文節公後樂之地。其後子姪各有園。今並廢。

陳氏園。在漳潭。水竹寬潔，亭館宏麗，東浦黄簡記，徐聞詩書。

盛氏依緑園。在高墟。自鄭園以下並今廢。

放生池。在清真觀。石千里書扁，御筆有碑，邑宰項公澤跋。

東禪寺後圃池上茅亭。吴仁傑取杜詩「可以賦新詩」之句，名曰可賦，范石湖多游息其中。

峿山亭。邑人趙善訓史君所居，距馬鞍山之陽二百弓，而限以小溪，吴仁傑取元次山「溪以浯名，旌吾獨有」之句，名曰峿山〔七〕。

玩芳亭。邑人吴仁傑所居。自茅亭以下，並舊廢。

風雲、竹月二亭。在普照觀前。

墨妙亭。顧氏西園之亭也。軍器司提舉顧信建〔八〕，在今三皇廟後。中藏時賢趙文敏公子昂親札，石刻甚富。

堂菴

逸野堂。邑人王僖所居。僖累試不第〔九〕。以讀書自娱，鄉里推重教。其姪孫葆爲名儒堂，廢舊十六觀堂即其地，或云非也。

友順堂。邑人衛文節公涇所居也。涇未貴時，與兄弟讀書於其間。後功名各成，乃招師教子弟於此。宋寧宗親灑宸翰書扁賜之。今廢。

棲閑堂。邑人龔昱所居也。後廢。

四賢堂。在邑人李潛家。潛之祖衡爲御史時，以論張説去國，同時得罪者王希吕、周必大、莫濟，莊治作《四賢》詩以美之。潛乃訪求三賢遺像，配以其祖，置堂於家，名曰四賢。後堂隨宅售，唯存繪像。

喜廉堂。在邑人陳吏部昌世家。吏部自信守召爲郎，天語有「一廉可喜」之譽，遂以名其堂。

承訓堂。在邑人鄭史君準家。其子高郵守端葺而居之，自謂不墜先訓，故以名堂。

止足堂。在邑人鄭史君竦家。史君薄於榮進，家食踰十年，不復作宦游想，就其家西南築宅一區，取「知止知足」之義以名堂，西澗葉丞相書扁。

傳清堂。在邑人陳令君明復家。蓋取其祖父「清白相傳」之義，訥軒程丞相書扁。自喜廉堂以下並歸附後廢。

資深堂。在橘隱處士秦鼎家。趙文敏公子昂書扁。

樂　菴。在舊州東六里圓明村，侍御李衡歸老地也。今廢。

軒樓

疊浪軒。在馬鞍山北華藏教院。下瞰湖瀼，一碧千頃，詩人名公往往觴詠於此。今湖皆爲田，不復見舊觀。或解扁字爲車於水，宜良田云。

滄江風月樓、惠安樓。二樓並在北巷口西，舊酒館也。

養壽樓。在顧文安家。趙文敏公子昂書扁。

高節樓。在袁德家。德母陳氏生德及三女，年二十七而寡，義不再適，以勤儉守家，保育諸孤，皆能成立。其甥茅德潤，與士大夫游，共美其行，相與揭其樓，扁曰「高節」以旌之，廣德錢冶爲之記。

冢墓

吾邦四郊無曠土，先賢故壟唯一郟氏，他無聞焉。如天女黃旛綽二墓出於傳疑，又不足信。其取斷碑如巴王、卜將軍，雖不見史傳，然俱著地名〔一〇〕，並存廟祀，姑用以備數焉。

古巴王墓。在朱塘鄉。今有廟。農人墾土，得斷碑云「彭府君墓，在巴王墓南」。由是知廟下必有墓，但不詳巴王爲何時人。

唐卜將軍墓。在舊州卜山下。嘗有人於廟下菜圃朱四郎家得斷碑，略云府君姓卜，名珍，字文超，西河人也。春秋六十有六，以寶曆元年終，葬於崑山西鹿城鄉界卜山，禮也。銘曰：森森古柏，宛轉龍岡。孤雲垂蓋，日月懸光。千秋萬古，嗚呼夜長。

宋郟朝散墓。在郡郭韓涇北官路東。今夷爲民居，神道、路石柱具存。冢上露石碣云「三十朝散之墓」。按當是升卿冢，今謂其地曰大夫墳。又有二壠〔一一〕，在賈堽門北。

劉龍洲墓。在慧聚寺東齋後。詳見人物門。

古蹟

遺蹟所以存古，不以其已廢不書，唯龍柱及天書已見各條下，更不重出。

慧聚寺大殿佛像及西偏小殿毘沙門天王像，並左右侍立十餘神，皆凜凜有生氣，塑工妙絕，相傳爲楊惠之所作。惠之初學畫，見吳道子藝甚高，乃更爲塑工，遂以能名天下。此像或又云張愛兒所作。龍圖閣學士徐林稚山嘗歎其妙。而大殿三世佛已爲庸僧妄加塗飾，天王像綵色亦已故暗。乃題殿壁云：「慧聚寺，古塑天王。予連日觀瞻，徘徊不忍去。一綵女尤勝絕絕，與顧愷之畫相類。按此寺成於大中年，塑者得非楊惠之流乎？今大殿龍像再加綵畫，古意已索然。予懼無知者，又將脂澤汚主壁，使唐人遺蹟埽地，將歎恨莫及，故書以志之。」初寺以此像及山半普賢像與涅槃圖爲山中三絕，淳熙間寺焚，殿皆燼，惟普賢像爲一僧背負而逃。

慧聚寺殿前二樓曰經臺、鐘臺，扁皆李後主所題。淳熙間寺焚，臺亦廢。

高麗國進陰陽柏兩株，高纔二三尺，高宗以賜王絢，絢種於永懷寺殿庭之左右。寺絢之祖審琦香火院也。後柏長，高與殿齊，每歲左花則右實，右花則左實。

淳熙間，華亭縣居民浚河，得一碑云：「天寶六載，黃池縣令朱氏葬於崑山縣全吳鄉孔子宅之西南。」今孔宅乃在華亭七十五里海隅鄉。今其地有孔子廟，在惠日寺側。淳熙間，寺疏陾渠，得寶玉，凡六事：三璧，二環，一簪，今藏之縣庠。舊圖經云，昔有姓孔者游吳居此。華亭元屬崑山，豈古全吳鄉廣於今耶？今崑山全吳鄉無所謂孔宅者。

柏家瀼。宋末南渡時，水底尚有民家階甃遺址，此古者民在圩中住居之舊蹟也。

野鴨段、大泗段、湛段及和尚圍、盛熟圍，並在州西，皆田圍名，或謂之段，或謂之圍也。二事並見郟亶《水利書》。光緒壬寅，東倉書庫依嘉定錢氏本。

【校勘記】

〔一〕「歲節」前宛委別藏本有「惟」字。
〔二〕賢：宛委別藏本作「貴」。
〔三〕觀：原作「親」，據宛委別藏本改。
〔四〕日：宛委別藏本作「之」。
〔五〕園圃：宛委別藏本作「縣圃」。
〔六〕之：原本無，據宛委別藏本補。
〔七〕峿山：原作「吾山」，據宛委別藏本改。
〔八〕軍器司：宛委別藏本作「軍器同」。
〔九〕累：原作「所」，據宛委別藏本改。蓋涉上而誤。
〔一〇〕俱：原作「復」，據宛委別藏本改。
〔一一〕「又」字上宛委別藏本有「内」字。

至正崑山郡志卷二

名宦

嘗觀蘇子作《遠景樓記》，自美其州之俗，有近古者三，其一謂太守、縣令則記錄其行事，以爲口實，至四五十年不忘。予竊謂吾州俗之近古者豈止於三？守令書之圖經，將傳數千世，豈止四五十年而已哉？然梁適、謝深甫、葛洪皆宋宰執，嘗爲令、丞、尉，具見題名，而舊志不書於名宦，豈無所建置故耶？僕今蒐羅史傳，自吳以下嘗官於此者，一皆補錄〔一〕，以逭簡遠之責云。

吳顧　雍。字元歎〔二〕，吳郡吳人。嘗從蔡邕學琴書，謂其必有成致〔三〕。州郡表薦，弱冠爲合肥長，後轉在婁、曲阿、上虞，皆有治蹟，累官至丞相。

宋祖沖之。字文遠。稽古有機思，解鍾律博塞，嘗改何承天曆法、姚興指南車及造攲器，又效木牛流馬造一器，不因風水自運。孝武時，歷婁縣令。

梁　吳郡陸慶。少好學，通五經，尤明《左傳》，節操甚高。仕爲婁縣令，以善政聞。陳天嘉初，徵不至。永陽王欲與相見，不往，後於其宗人陸榮家穿壁得一觀之。

陳　殷不佞。字季卿。居喪，以孝稱。好讀書，尤長於吏術。梁承聖初，爲武康令，有惠政。孝武受禪，除婁令。

唐　王　嵩。幽州人，王適之父也。爲崑山丞。

萬齊融。越州人。爲崑山令，與于休烈、賀朝、包融爲文詞之友，齊名一時。

李　寀。太宗第十子紀王慎之玄孫。爲縣令。

王　綱。以大理司直充縣令，政務化民，始建縣學。

孟庭份。爲尉，郊之父也。能詩。生郊於此，後以詩名於世。

權立爲。主簿。德輿之從兄。敏於學行，薄於宦名，德輿嘗作序送之。

劉綺莊。爲尉，研窮今古，博考傳記，作類書百卷行於世，名《崑山編》。

宋　邊　倣。雍熙初爲令，因舊地新作夫子廟，自是縣學復興。時錢氏初納土，倣首爲宰，而有賢行，上賜璽書獎勞。

梁　適。字仲賢，鄆州須城人，顥之子也。真宗朝，以獻書授秘書省正字，舉進士，改太子中允，知淮陽軍，官至丞相。大昭按：《東都事略》未見爲崑山令。

張方平。景祐初爲令。時吴越歸國未久，前豪民占田者多，積訟有數十年不決者。公召問所輸租稅幾何，大率百鏹一二，乃悉收其羨田以賦貧民，訟亦息。時蔣堂希魯守郡，得公所著《芻蕘論》上之，遂薦舉賢良科，後至宰相。

韓正彦。字師德，魏公之姪。嘉祐中爲令，創石堤，疏斗門，作塘七十里，以達於郡。得膏腴田數百頃，又請以輸州之賦十三萬從便輸於縣，鳩作塘餘材爲縣倉以儲之，民大悦。比去，遮道以留，爲立生祠。作《思韓記》，鑱石祠下。

張漢之。爲令，其父兩爲憲漕，五領郡符，而家極清貧。漢之政務寬厚，尤緩於索租，邑人戲爲言曰：「渠家自來無此。」故不欲與人索也。

潘友文。字文叔，東萊先生之友。爲政寬厚，慈祥愛人，俗呼爲潘佛子。秩滿，爭結綵樓於路，號曰去思。植桃於山，題詠甚多。

王萬樞。韶之曾孫，遂之父。爲尉，得海盜溢格，吏請出郊以應「親獲」之文，萬樞據實卻之，其有守如此。

陳璧。字君玉。爲主簿，留意教養，作成士子，講論勸勉，不憚其勞，邑人造問者無虚日，所成就極多。

程　沂。字詠之，西洛人，文簡翁之曾孫，伊川先生頤之姪也。紹興間，以右通直郎知縣事，爲政中和，有古循吏風。嘗修縣庠，張無垢爲記，欲鐫之石。或謂其託此以諷朝士，尋已之。

謝深甫。天台人。爲丞。寧宗朝拜右丞相。

葛　洪。爲尉。理宗朝拜僉書樞密院事。

項公澤。字德潤，永嘉人。淳祐間，自長洲丞辟宰崑山縣令。自李秕滿秩，更十三任不以善去。公澤自童科擢第，以文學飾吏事，留意學校，買田養士，爲政廉敏，百廢具舉，多所增創。秩滿造朝，嘗丞國子、宗正〔四〕，知安吉州。

吳　堅。字彦愷，天台人。淳祐中爲簿，留意教養，詣學講肄無虚日，以厚風俗、正人倫、明義利、闢姦邪爲先務，在任多所增創，後累登清要。德祐末年，拜左丞相。京城降，爲祈請使入大都。

本朝王安貞。字吉卿，彰德安陽人。以中書僉寫補浙西帥府掾。至元二十九年，授將仕郎、浙省理問知事。元貞初，遷從仕郎、台州經歷，江浙省答剌罕丞相勾補省掾。大德七年，改承事郎、溫州永嘉縣尹，平反張明一等冤獄，全活二十三人，正僞造鈔曹元三之罪，民大悅服。至大三年，擢奉訓大夫、工部主事，銜命江西省拯治錢糧，事畢，除宣徽院都事。再命與速古兒、赤哈只、必闍赤、汪古充深入怯魯連迄，北計點達達戶計，以功陞朝列大夫、崑山知州。既任，適州初遷，公衙以下百未一具，以舊郭民不樂遷，所合建置，存舊營新，其所創置，分見各門。且善於規畫，民不知擾，始終以教養恤民爲意。秩滿，改授饒州路治中。

那懷本。蒙古瓮吉剌氏。泰定初，以武德將軍爲達魯花赤。時州遷一紀，公廨未建，公即募各保里正量其事力，分占名項，出財營造，使人有術，民皆樂從，且有巧思，指畫間架，良匠不能踰其度，所役夫工皆吏貼及彎卒輩，雇覓間用，警跡役徒，故雖營造盛興，居民無擾。其所創建，備具志中。先是，上司官至，器皿鋪蓋，悉假於豪民，當坊役者不勝勞擾。於是以公罰錢造銀器數百事，紵絲毯褥三數十條〔五〕，其適用什物莫不畢備，名件備見州廳石刻。公雖目不知書，而凡所涉歷，終不遺忘，敬儒重老，人以是推之。秩滿，改授福寧州達魯花赤。

姜復昌。號漁所，宋死節忠臣淮東都統才之孫也。父文龍，歸附後，因官，居嘉興，遂爲嘉興人。泰定初，復昌以敦武校尉爲州判官。先是，知州錢也先伯泛差協濟戶，不預定姓名，隨所逮得，方填文引。農民不敢出市，下保勾攝，在所抗拒，殊失官府氣象。及公蒞任，雖居末位，出身任事，拯治一新。及津助法行，以廉幹摘委，與省委官覈實民産，酌量助役，輕重得宜，抑強扶弱，放免小戶里正一百十三名，邦民稱頌，殆不容口。薦膺省委，覈湖州僧田助役，咸愜輿論。公循常氣貌和粹，及政有不便，執理力爭，辭色不少假，雖長官獷悍亦爲之下，性尤不事虛飾。湖州助役回，反此。任滿，祖帳加倍於常，皆約以遠日，夜潛移舟去，士民追餞不及而反。次倅瑞安，亦多政蹟。

八資剌。字思齊，畏吾人民。以世祿，歷侍儀使。至元丙子，任監州，爲政警敏，理斷詳審，民皆愜服，疑辭冤訟，多所平反。性尤好士，日延接不倦。先有僉人睥睨學廩〔六〕，將郡庠諸生屏斥一空，且立石公堂，絕其復籍蹊徑。前監郡德安仁賢，有文推誠待士，深念其冤，欲復之，以丁艱不果。迨公至，廟學廢益甚，躋彼公堂，如入無人之境，公惻然曰：「設學校以養士，風化之本也。逐士毀學，非盛世所宜。舉廢興復，其有司之責乎？」即度材鳩工，遴選廉幹吏王復初、典史陳大年重修文廟，鼎建採芹亭，彩繪髹漆，甃砌版築，不踰時奐然一新，遂復諸生籍，毀黨錮碑，作起儒風，民俗大變。復建州廨後堂，皆不擾而辦。工甫畢，即解綬去。祖帳盈途，自譙樓至西關不絕，士庶攀留，脱靴截鐙，幾不容去。

勃羅帖穆爾。字存中，號一齋，唐兀人氏。祖忽剌出，銀青榮禄大夫、湖廣省丞相。父徹里帖木兒，中奉大夫、湖廣省參知政事。公以相門世禄初授承務郎，直省舍人，陞奉訓大夫、武備寺丞，歷大府監提點。至正辛巳冬，以奉議大夫來爲監州。初下車，適立都水庸田使司〔七〕，開濬河道，公受委提調，日冒風雪，罔憚勞苦，而以矜恤爲意，故民樂於趨役，不擾而事集。尤留心學校，捐貲率先置造大成雅樂。及成此郡志，又常施己粟拯被火人户三百餘家〔八〕。適值亢旱，公長齋蔬食，曝於烈日，以事禱祈，因以致疾而不憚也。暇日則延儒生，講論義理，擇善而行，惟恐弗及。臨民以仁恕稱，美政日聞，人皆以遠大期之，行秉政綱，以盡其所藴。

封爵

古之封建，分茅列土。開國承家，授之封爵，唯崇位號而已。所以書之者，以見國邑之舊也。

吴見《三國志》

婁侯

張昭。輔吴將軍。

宋

崑山縣開國侯

□□□

崑山縣開國伯

衛　涇。端明、僉樞兼參知政事。

崑山縣開國子

范之柔。禮部尚書。

崑山縣開國男

衛　涇。特□左侍郎，兼侍讀〔九〕。

鄭　準。中奉大夫。

鄭　竦。奉直大夫。

【校勘記】

〔一〕一：原本空闕，據宛委別藏本補。

〔二〕歎：原本空闕，據宛委別藏本及《三國志·吳志》卷七補。

〔三〕致：原作「效」，據宛委別藏本及《三國志·吳志》卷七補。

〔四〕丞：原本空闕，據宛委別藏本補。

〔五〕三：原本空闕，據宛委別藏本補。

〔六〕僉：宛委別藏本作「儉」。

〔七〕司：原作「同」，據宛委別藏本改。

〔八〕三百：宛委別藏本作「一百」。

〔九〕兼侍讀：原本無，據宛委別藏本補。

至正崑山郡志卷三

進士

吾邦人材之盛，在宋嘗出大魁，科第相望，見之題名，爲鄰邑最。中雖更世故，然弦誦不輟。惟今文運肇興，郡侯勉勵作成，將見名香淡墨，歲有其人，不使文節輩專美於前也。

端拱元年程宿榜

龔識默甫。殿中侍御史。

天聖五年王堯臣榜

龔宗元會之。識子。都官員外郎。二龔題名石並不見。

嘉祐二年章衡榜

郟亶正夫。比部郎中。

治平二年彭汝礪榜

孫載積中。朝議大夫、河東通判。

熙寧六年余中榜

龔程信民。宗元子。

崇寧五年蔡嶷榜

龔況濬之。程子。祠部員外郎。二龔題名石並不見。

政和五年何㮚榜

唐煇子明。禮部侍郎。

黄偉時俊。朝奉大夫。

政和八年王嘉榜大昭按：《宋史》重和改元，狀元王昂，非王嘉。或作王嘉，誤。或又作嘉王，更誤。

衛闃致虚。太學博士、朝奉大夫。

張德本復之。

宣和六年沈晦榜

王葆彦光。監察御史。

范雩伯達。祕書郎。

建炎二年李易榜

唐煇子光。煇弟。朝請大夫。

馬友直伯忠。特科、宣教郎。

紹興二年張九成榜

尤著少蒙。承議郎。

紹興五年汪應辰榜

郟升卿師古。亶孫。朝散郎、知常州。

范成象至先。雩兄之子。工部郎中。

王嘉彦邦美。葆兄之子。大昭按：《蘇州志》在紹興八年。

紹興八年黃公度榜

沈詢嘉問。奉議郎、知溫州瑞安縣，今崇明州西沙。

紹興十三年陳誠之榜

嚴煥子文。題名石不見。

袁鼇可久。

陳璹器則。

鄭希顏君亞。

張之才周美。特科。

紹興十五年劉章榜

李衡彥平。侍御史。

邊惇德公辯。特科第三。通直郎。

顧闓彥和。特科。

紹興二十一年趙逵榜

成端亮伯準。

紹興二十四年張孝祥榜

陳九思希魯。甲科。

鄭縝公玉。

范成大至能。雩子。參知政事。

樂備功成。將作監簿，軍器監簿。題名石字順之。

紹興二十七年王十朋榜

顏度魯子。太常少卿、兼權工部侍郎。

王萬必大。葆弟。

紹興三十年梁克家榜據龔□云，此下有落〔一〕。

馬先覺少伊。友直孫。朝奉郎、架閣。

隆興元年木待問榜

唐子壽致遠。煇子。朝請大夫〔二〕。

郁異舜舉。一作欽。

趙彥𣶂欽仲。題名石字德振。

趙公一作功高成一作及甫。宣教郎。

賀三聘湯輔。宣教郎。

袁宗仁壽卿。鼇子。書庫官。

姚申之崧卿。

李廷直世南。

成欽亮仲鄰。端亮弟。朝奉大夫、知峽州。

乾道二年蕭國梁榜

葉季亨時質。特科。題名石作「葉時亨季質」。

林梓材卿。特科。

乾道五年鄭僑榜

辛機應仲。

陳茂膺按縣志作「英」。季實。

王邁德遠。

陳九德希皋〔三〕。九思弟。通直郎。

潘孜道任。特科。承議郎，賜緋。

錢永一作允弼叔憲。特科。大昭按：舊志作錢允迪，字升憲。

乾道八年黄定榜

范之柔叔剛。禮部尚書。

范操德明。成象子。題名石字孟明。

宋一作宗光遠民望。

趙善遠道卿。

秦膺一作應剛和仲。特科。

龔明之希仲。特科。宣教郎，賜緋。

淳熙二年詹騤榜

張舜卿次夔。之才子。

陳宗召景南。禮部尚書。

王嘉謀叔明。特科。

陸日新德輝。特科。題名石名自新。

胡元佐德懋。特科。題名石名堯佐。

辛元膺應辰。特科。

周良臣君顯。特科。

淳熙五年姚穎一作郢**榜**

吴仁傑斗南。國子録。

顧澈伯澄。特科。

淳熙八年黄由榜

黄真一作貞，一作直卿元吉。特科。

淳熙十一年衛涇榜

衛涇清叔。闓孫。狀元。參知政事。

吕伯奮忠甫。

夏允中彦執。

翁謙天益。

李應祥夢龍。

顔叔淵養源。特科。題名石不見。
張左右民。特科。題名石在十六年。
李𤎮良佐。特科。
紹熙元年余復榜
李起宗楊祖。應祥弟。題名石作兄。
顔叔玠景珪。度弟之子。
趙善蘧衛卿。善遠弟。題名石作兄。
顔叔平景晏。度子。
陳振震亨。太府寺丞。
顔庞叔修。度弟。題名石字仲修。
朱起宗元振。特科。
胡椿一作杶德進。特科。
鄭允文元修。縝兄。特科。

紹熙四年陳亮榜

張松子觀。

慶元二年鄒應龍榜

鄭準器先。中奉大夫。

王芹元采。特科。題名石在慶元三年。

慶元五年曾從龍榜

陳貴誼正夫。宗召子。參知政事。

顔叔瑤粹中。叔玠弟。

衛沂與叔。闐孫，涇弟。

潘興嗣顯祖。

敖陶孫器之。題名石不見。

沈晞顔文仲。特科。

嘉泰二年傅行簡榜

趙緂君善。直寶章閣。

湯沂一作昕希黯。題名石作楊胙，世南。

沈誠天瑞。詢孫。坑冶所幹官，崇明州西沙。

博學宏詞科一人

陳貴謙。益父。大昭按：「益父」二字宜改大字。

嘉泰三年以兩經幸學，恩授上州文學二人

顔叔升一作開景容。度姪。特科。

林溥景仁。

開禧元年毛自知榜

江先子朋。朝請大夫。

趙汝淳子埜。二人題名石並不見。

顔叔璵器之。度姪。特科。

邊瀛道卿。惇德子。特科。

嘉定元年鄭自誠榜

衛洙魯叔。涇弟。右司郎中。題名石不見。

衛洽晉叔。涇弟。題名石字晉卿。
袁宗魯道卿。宗仁弟。特科。
鄭㪘王休。特科。
博學宏詞科一人
陳貴誼正夫。慶元五年進士。
嘉定四年趙建大榜
嵇源子長。上舍。
呂叔獻一作獻叔恭父。伯奮弟。特科。
胡天選賢卿。特科。
嘉定七年袁甫榜
衛洙魯叔。涇弟。再及第。
黄必大昌卿。奉議郎。
王杲卿晞顔。特科。

嘉定十年吴潛榜

王圭君玉。一作遇，邁子。司封郎中。

嘉定十三年劉渭榜

黄保大和卿。必大弟。省元。

鄭肅一作韋文捷。準兄。特科。

嘉定十六年蔣重珍榜

蔡珏珍父。内舍。

郁雲景龍。異姪。内舍。

黄洙魯叔。特科。題名石字魯卿。

紹定二年黄朴榜

郁中正叔。雲弟，異姪。内舍。題名石字允叔。

顧然雍叔。特科。

沈逢原深甫。特科。

郭思義得甫。特科。

端平二年吳叔告榜

陳洪泰亨。振弟。第四甲出身。

嘉熙二年周坦榜

劉必成興謀。右科狀元。

淳祐元年徐儼夫榜

邊應升子用。惇德孫。奏名第三等。

淳祐七年張淵微榜

袁逢午中甫。宗仁姪。奏名第四等。大學。

寶祐元年姚勉榜

李特昭進叔。第三甲出身。舍選。

寶祐四年文天祥榜

邊雲遇龍光。應升次子。第二甲及第。

王體文堯章。上舍。第四甲出身。

開慶元年周震炎榜

林文龍。用雨。

景定三年方山京榜

淩萬頃叔度。第四甲出身。直學。四請。

張熹子明。

咸淳元年阮登炳榜

高烈和父。大學前廊釋褐出身。題名石字建大。

宗室覃恩

趙必焄茂可。甲子監請文解，乙丑銓中出身。

郁紹庭繼文。中子，雲姪，異姪孫，夢燗弟。兩請。

郁夢蟠敬甫。雲姪，中姪，異姪孫，紹庭兄。奏名。

咸淳四年陳文龍榜

徐功甫文敏。奏名。

【校勘記】

〔一〕落：宛委別藏本作「闕」。

〔二〕朝請大夫：宛委別藏本作「朝議大夫」。

〔三〕希皋：觀自得齋叢書本、宛委別藏本作「希樂」。

至正崑山郡志卷四

人物上

人物鍾山川之秀，爲郡邑之華，所宜詳録，以備簡編。唯晉陸機今雖隨地屬華亭，然舊爲崑山所統，故以其冠於篇。唐宋人物舊有紀載。今自創開海道，人材輩出，不可殫記，姑以其所聞者録於此，非敢有所取舍也。

後漢婁縣卞崇。桓帝時，吴郡太守薛固爲法吏所繩，下廷尉，崇與同郡烏程錢讓詣闕稱冤。廷尉囚崇等，以兵圍守，苦毒持之，崇、讓恬然自若，抗聲彌厲〔一〕。天子聞而奇之，乃赦固之罪。

晉陸　機。字士衡。祖遜，父抗，並吴將相。機長七尺，聲如巨鐘，天才逸秀，閉門勤學，非禮不動。太康末，與弟雲入洛，張華謂伐吴之役，利在獲二俊，遂延譽薦之。成都王穎假機後將軍、河北大都督。宦人孟玖譖機於穎，遂遇害。葛洪稱機文猶元圃積玉，無非夜光，五河吐流，泉源如一，其洪麗妍贍，英鋭漂逸，亦一代之絕。所著文章三百餘篇行於世。弟雲、耽。雲字士龍，六歲能屬文，性情正，有才理，與兄齊名，雖文章不及，而持論過之，號二陸。舉賢良，時年十六。吳平入洛，周浚謂爲當今之顔子[三]。補浚儀令，後百姓圖形配食縣社。入拜中書侍郎，亦爲穎所害。著文章及新書三百餘篇。

唐張後胤。字嗣宗。祖僧紹，梁零陵太守。父沖，陳國子博士，入隋爲漢王諒并州博士。後胤以學行見稱，授太宗《春秋左氏傳》，封新野縣公，終散騎常侍，贈禮部侍郎，謚曰康。《唐書》。

史德義。咸寧初，隱居虎邱山，以琴書自適。或騎牛，常帶瓢出入郊郭東野，號爲逸人。高宗聞其名，召赴洛陽，尋稱疾歸，公卿皆賦詩餞別。德義亦以詩留贈，其文甚美。天授初，江南道宣勞使周興表薦則天，授諫議大夫。興敗後，放歸邱壑。《唐書》。

陶峴。以文學自許，生知八音。不謀宦游，富田業，擇人不欺者悉付之，身泛江湖，遍游煙水，往往數年不歸。製三舟，一自載，一置賓客，一貯飲饌，與客孟彦深、孟雲卿、焦遂共載，逢山水則窮其勝。開元末，名聞朝廷，經過郡邑，靡不招之，峴不肯來，自謂麋鹿野人，非王公上客。亦有不招而自詣者。吴越之士號爲水仙。常慕謝康樂之爲人，終當樂死山水。浪迹三十年，後遊襄陽西塞，歸老於吴。《唐書》。

宋龔識。字默甫。給事中慎儀之子。登端拱進士第。祥符間，翰林學士李宗諤薦擢監察御史，遷殿中侍御史，兼左巡使。宋襲唐制，御史不專言職，至是始擇學術醇正、操履端方、可紀綱朝廷者俾入臺言事，蓋始於識，亦宋吴士登科之首也。踰年，以目疾，累表乞退，遂除檢校司封郎官、平江軍節度副使。子宗元，字會之。幼穎悟絶人，讀書虎邱，爲鄉貢首選。天聖五年，擢進士第，徙居黄姑。嘗通判衢、越二州，終都官員外郎。有文集十卷，號《武邱居士遺藁》。子程，字信民。剛正自守，不怵於禍福，力學排異端，家不設佛老像，祭祀不焚紙錢。讀書南峰，攻苦食淡，遂博極羣書，鄉人號有腳書櫥。熙寧六年，登進士第，終桐廬令。子況，字濬之。崇寧五年進士第。以學術文章與蘇過，在朝俱知名，時號龔蘇。用宗元中隱故事，自號起隱子，終祠部員外郎。有《起隱集》三卷。子明之，字希仲。有孝行。終宣教郎。子昱，字邱道。有文學。安貧樂道，鄉人稱爲龔山長。

郟　亶。字正夫，太倉農家子。自幼知讀書，識度不凡。登嘉祐進士第。崑山自宋以來登科者自亶始。初授睦州團練推官，知杭州於潛縣，未赴。以水利、役法、鹽、銅、酒五利爲書，上之丞相，王安石奇之。熙寧中，除司農寺丞，旋出，提舉兩浙水利。議者以其説非便，遂罷歸，治所居之西水田曰大泗瀼者，如所獻之説，爲圩岸、溝洫、井澮、場圃，倶用井田之制，歲入甚厚，圖狀以獻，且以明前法非苟然者。復召爲司農寺簿，遷丞，除江東運判。元祐初，入爲太府丞，出知溫州。以比部郎中召，未至卒，年六十六。子僑，字子高。負才挺特，爲荆公所器許，鄉人謂之郟長官。晚歲自號凝和子。亶孫升卿，字師古。紹興進士。知常、徽二州。

孫　載。字積中。曾祖漢英，仕錢氏，爲蘇州崑山鎮遏使，故爲崑山人。登治平進士第。爲河中府戸曹，遷知湖州德清縣，並有惠政。遷知考城縣，一日巡尉來告盜集境上，將以上元掠近郭。至期，公張燈樂飲，許民嬉遊，不禁夜，如故事。盜叵測，遂遁去。迄受代，無復鼠竊者。以薦除廣東常平。哲宗授通判陜州，移廣東轉運判官。紹聖初，復常平官，除公河北西路，改知海州，已而除沂州。遷朝奉大夫、知婺州，移河東路轉運判官，又移淮西路提點刑獄。徽宗即位，遷朝請大夫、知亳州。所在治務大體，時號循吏。以嘗薦元祐黨人，得提舉杭州洞霄宮以歸。大觀中，遷朝議大夫。未幾上章，乞守本官致仕。一日，徧謁先壠及嘗與往來者，呼妻子與訣，問日早晏，焚香而逝，年七十五。性無忮害，好汲引士類，薦者四百餘人，多至貴顯。少喜《易》，著《易釋解》五卷，文集五十卷。

唐煇。字子明，吳郡人，寓居崑山。以文章名於時。登正和進士第。仕至禮部侍郎〔三〕。弟燁，建炎進士。子□壽，隆興進士。其後多居城中。居於邑者曰叔達，官至通直郎，賜緋。年及九十，猶強健。

王葆。字彥光，逸野堂僖之姪。崑山自孫載登第，甲子一周，葆始登宣和第，邑人美之。葆學行俱高，潛心古道，人皆稱爲鄉先生。初主麗水簿，上疏論十弊，末以儲嗣爲請，語尤切直。及和議成，葆爲宗正寺簿，上書秦檜，言伊周去留之得失。後爲司封郎官，一日檜語葆曰：「檜欲告老，如何？」葆曰：「此事不當問葆。」檜曰：「它人不敢言，以公有直氣，故問爾。紹興八年，檜爲右丞相，以公勸去位〔四〕，以全功名，今何故不言？」葆曰：「果欲告老，不問親讎，擇可任國家之事者使居相位，誠天下生民之福。」檜默然。俄除監察御史，兼崇政殿說書。檜薨，出知廣德，移漢州，又移瀘州，終浙東提刑。葆於人物鑒裁尤精，侍御李衡樂菴布衣流落，即妻以女弟；丞相周益公必大初登第，即妻以女，人皆服其知人。弟萬，姪嘉彥，中進士第，嘉謀奏名。

楊則之。字彝老，外岡人也。嘗學詩於西湖順老，學禪於大覺璉禪師〔五〕，詩號《禪外集》，禪學有《十玄談》、《參同契》，俱行於世。《中吳紀聞》〔六〕。

馬友直。字伯忠。其先本姓司馬氏，有名球者，仕吳越，以御史中丞爲崑山鎮遏使，因家焉。子孫樂道不仕，隨俗止稱馬氏，聚族居全吳鄉之六直里，素著孝義。兄弟六人，皆力穡，獨友直以儒業自奮，入太學。迨宣和水災，兄弟皆狼狽營妻子，友直獨迎其親徙邑之進賢里，僦第以居，躬菽水養。建炎奏名，主武康簿，奉嶽祠，尋以宣教郎致仕。孫先覺，字少伊。紹興進士。爲架閣，號得閑。

郭章。字仲達。幼工於文，游京師太學有聲。因歸鄉省親，作詩別同舍，有「掠過短蓑驚脫兔，踏翻紅葉鬧歸鴉」，又有詩云「中原百甓知誰運〔七〕，今日分陰敢自閑」之句，皆傳播一時。以守城功拜官，被薦居帥幕。久之，官至通直郎。卒於京師，年四十餘，無子。《中吳紀聞》。

張匯。字朝宗。其先濮人。文潞公洛陽耆英會，有龍圖閣直學士張燾，即匯之祖也。匯當南渡初，五爲浙漕。時宰臣開督府，分道遣兵，詔匯隨軍應副，不限以路。匯歷江淮，歸浙，建臺玉峰，因家焉。嘗卿棘寺，以刑清，有詔褒曰「體好生之德，行寛大之政」等語〔八〕，其家珍藏此詔。後洊歷麾節，終於中大夫、直寶文閣。子孫爲崑山人，文脈不絕。

王絢。字唐公。秦正懿王審琦五世孫。建炎己酉，爲御史中丞。自建康扈從至鎮江，從容奏曰：「陳東以忠諫被誅，此其鄉里也。」上即命賙其家，官其子。絢自資政殿學士權太子少傅，未幾拜參知政事。及車駕幸會稽，韓世忠邀擊金歸騎於揚子江，絢議遣兵追襲，與世忠夾擊之。同政者議不合，遂求去，御書「霖雨思賢佐」一聯以賜之。絢雖爲執政，其家甚貧，以祿不及親，自奉儉薄。無第宅，寓東禪僧舍，蕭然一室，服食器用如寒士。天性仁孝，賙恤姻族，無所不至。紹興七年薨，年六十四。前二日，書「戊戌」字示左右。及薨，果戊戌也。其前知如此。謚文恭。絢所著述有《內外制》四十卷，《奏議》三十卷，《進讀事實》五卷，《論語解》三十卷，《孝經解》五卷，《羣史編》八十卷，《內典略錄》百卷。

李衡。字彦平。本江都人，避地於崑山。登紹興進士第。爲溧陽宰，以德化民，四年無犯死罪者。剡章交上，召對，陳便民十事，除知溫州。未行，擢監察御史，出知婺州。召拜司封郎官，遷樞密院檢詳。俄引年挂冠，築菴圓明村，自號樂菴。年餘落致仕〔九〕，除侍御史、同知貢舉。因上疏論張説不當居樞筦，遷起居郎，不就，知台州，又不就，復上章請老。時王希呂爲右正言，亦力殫之；莫濟爲給事中，不書黄；周必大直學士院，不草制，皆遭遷逐，布衣莊治作《四賢》詩以美之。衡道學精明，且樂於教人。自中年後，絶欲清修，唯一蒼頭給事。年幾八十〔一〇〕，視聽不衰，少年有所不及。一日作手書數十紙〔一一〕，遍别親友，且戒其子不得齋僧供佛。復問天色何時，答以月明，翛然而逝。所著文章甚多，號《樂菴集》，又有《易説》、《論語説》若干卷。子應祥、起宗，相繼登第。孫澘，淳祐奏名。

范成大。字至能。後居石湖，號石湖居士。父雩，宣和進士，終祕書郎。成大登紹興進士第。嘗仗節使金〔一二〕，金伏穹廬不起，袖出私書切責之。其所負不凡類此。帥江東，陛辭，上以縑素書「石湖」二大字賜之。後見東宮曰：「石湖已拜宸翰，有壽櫟堂〔一三〕，願得寶書。」太子書三大字賜之，乃併刻於堂，榜曰重奎。隆興中，拜中書舍人、參知政事。薨，贈太師，謚文穆。有《石湖集》百三十六卷，《吳郡志》五十卷，使北有《攬轡錄》，過海有《虞衡志》，出蜀有《吳船錄》。弟成象，紹興進士。姪藻，乾道進士。

周煥卿。與侍郎張九成爲布衣交，相與之意極厚。煥卿有母喪，貧不能舉，有妹未嫁，九成自貶所專价賚銀錢供其費，書辭懇惻，讀之令人竦然生敬。煥卿雖事業無所見，然九成眷愛如此，其賢可知矣。《中吳紀聞》。

邊惇德。字公辯，本開封人，樞密直學士肅四世孫。祖珉，居蘇城，惇德遂家於崑山。幼孤，至孝，貧不廢禮，以詩文名一時，屢與石湖唱和。以連五薦，就奏名第三，歷任舉員及格。會舉將坐累，失改秩。年踰六旬，即挂冠。賞格儒林例改宣教，鄉達列其行，特改陞朝，仍著爲令。有《脂韋子》五十卷。孫應升，連捧三薦，淳祐奏名，終丹徒簿。

樂備。字功成，本淮海人，寓居崑山。以詩文名於時。登紹興進士第，仕至軍器監簿。與范石湖諸公共結詩社。

顏　度。字魯子，兗國公五十三世孫。由唐魯公兄子仕常熟，遂爲吳人，後寓居崑山。以文章政事名一時。登紹興進士第。仕至工部侍郎。孝宗謂度「每出一言，不動如山」，因以自號。弟㥁，子叔平，姪叔玠、叔瑤、叔淵，皆及第，叔開、叔璵奏名。其子孫諸族皆居城中，仕者尚多。

吳仁傑。字斗南。以詩文名一時。登淳熙進士第，仕至國子錄。自號蠹隱，所著書多行於世。

袁宗仁。字壽卿。父龘，紹興進士。宗仁登乾道進士第，仕至國子監書庫官。以文名於鄉。弟宗魯，嘉定奏名。姪惟寅，中鎖廳。應酉，捧鄉書。逢午，由太學奏名爲安吉主簿。

衛　涇。字清叔。祖閬，政和進士，終太傅。涇，淳熙大魁。當韓侂胄用事，時不爲怵，罷歸，十年不調。後除御史中丞，與誅侂胄功，拜參知政事，後以金紫光祿大夫致仕。薨，贈太師，封秦國公，謚文穆，改謚文節。從兄沂，慶元進士，奉化主簿。從弟洙，弟洽，並嘉定進士。洙官至右司郎中。弟湜，屢中鎖廳。嘗編

《禮記集解》。後除太府寺丞、將作少監，皆不赴，終直寶謨閣。子樵，魁銓闈，又魁鎖廳，終知信州。樸，中鎖廳，終倉部郎官。樗，魁國子，終太社令。枅，魁銓闈，中鎖廳，婺州通判。諸孫仕者尚多，亦屢有中鎖廳者。

陳宗召。字景南。本福清人，因贅而居。登淳熙進士第，終禮部尚書。三子：貴謙，祕閣修撰；貴熙〔一四〕，尚左郎官；貴誼，慶元進士，端平間拜參知政事，垂將大拜，薨，謚文定。宗召、貴謙、貴誼俱中宏詞。

范之柔。字叔剛，文正公之五世孫。登乾道進士第，仕至禮部尚書，贈特進〔一五〕、端明殿學士，謚清憲。子克家、寧家，寧家官奉議郎。之柔弟良遂，字次卿，卜築江上，且耕且讀，自號墨莊。其子慶家，通判建康府。

劉過。字改之。自號龍洲。本廬陵人，客昆山，依妻家而居。過爲人尚氣，喜飲酒，爲詞章豪放，《斗酒彘肩》、《風雨渡江》、《豈不快哉》等詞皆行於世。叩閽一書，請光宗過宮，言極剴切，尤諸公所稱許。死，葬馬鞍山東齋之西岡佛殿後〔一六〕，陳止安誌其墓。其後詩人即東齋爲祠，每暮春，縣官率士友酹祠下，貳卿湯□□中嘗作文遺祭，及詩人弔詠，俱留祠壁。邑人呂大中裒諸詩作《楚些餘音》流行。

呂伯奮。字忠甫。登淳熙進士第。幼與其弟仲堪、叔獻皆中童科，名公賦者甚衆。

趙監。字孺文。丞相忠簡公之孫。來贅范端明之女兄，因家焉。終於知興國軍。子絉，字君善。嘉泰進士，歷官宗正丞、都官郎官。理宗欲用爲諫官，有阻之者，出知吉州。不止，賦祠官祿六年，遂挂冠。除直祕閣，進直寶章，以朝散大夫終，年七十八。自號頓菴，又號如舟。清修寡欲，室無媵妾。家乏於財，惟藏書萬卷。死後，有人夢其旌旗簫樂，導從甚都，疑爲仙班中人也。子序，孫懃，俱世其賞。

王邁。字德遠。本安吉人，因贅而家焉。登乾道第，終通判太平州。子圭，字君玉。嘉定進士。主松陽簿，就爲令，行經界，爲天下式。後知常州，入爲司封郎官，終朝散大夫。自號靜觀。其居官廉，家無餘貲。子敏學、彊學，俱受父蔭，歷官廉謹。

陳振。字震亨。其先古靈之後。父遵，來贅李樂菴女，因家焉。遵死，家貧，或不謀葬地於圓明，術者云：「不利長子。」長子，即振也。振曰：「使親藏得寧，利於某，二弟尚可主祭。」遂葬焉。後振登紹熙進士第，歷太府寺丞，知永、瑞州，以朝議大夫致仕，自號止安居士。弟拱，登端平科。人遂以此地爲邑之最吉。振雅好楷書，急義樂善，有文集五十卷行於世。子昌世，三中鎖廳。由太府丞知信州，以吏郎召見，理宗有「一廉可喜」之褒。後知瑞州，終朝散大夫。所至有遺愛，自奉極淡薄，故自號澹軒。其長子師尹，魁鄉薦。次子明復，魁銓闈，中鎖廳，歷鹽官簿，辛象山。

敖陶孫。一作生。字器之。本長樂人，因贅而居。登慶元進士第，官奉議郎，僉判泉州。自號臞菴，以詩名於時，而復以詩得罪於朝，然詩益高，名益重。

鄭 準。字器先。本開封人，華原郡王之諸孫，祖父皆寓居崑山。準由蔭補魁銓闈，登慶元進士第，歷知袁州，終於中奉大夫。薄於功名，厚於道義，輕財好士，又買田以贍婣族〔一七〕，人以是稱之。子竑、竢、竬。竬歷淮東提刑、知高郵，歸附時知江陰。姪端竦、端中，鎖廳。竦，歷知泰、邵、韶三州，以奉直大夫奉祠。

劉必成。字與謀。居邑之溢浦，其先福安人。必成少遊京庠，即馳儁聲。嘉熙丁酉，七士同叩閽言時事，必成實爲之倡。是年，七士俱與計偕，而必成爲武舉解奎，戊戌遂魁天下，己酉中鎖廳，蓋文武全才自負也。嘗兩入閤輪對言邊事，援古證今，玉音褒獎。次日，宣諭宰執曰：「劉某所言極好。」歷守清、潯，終於湖南副郎。自號愛閑翁。

【校勘記】

〔一〕抗：原作「枉」，據宛委別藏本改。
〔二〕周浚：原作「周俊」，據宛委別藏本及《吳郡志》卷二〇改。
〔三〕仕：原作「任」，據宛委別藏本改。
〔四〕以公：宛委別藏本作「問向」。
〔五〕璉：原作「連」，據宛委別藏本及《中吳紀聞》卷六、《冷齋夜話》卷六、《武林梵志》卷四改。
〔六〕按「聞」字下宛委別藏本有「今嘉定」三字。
〔七〕原百：原作「唐有」，據宛委別藏本及《中吳紀聞》卷六、《宋詩紀事》卷四八改。
〔八〕政：原作「書」，據宛委別藏本改。
〔九〕年餘：原作「餘□」，據《中吳紀聞》卷六改。
〔一〇〕「年」字上宛委別藏本有「故」字。
〔一一〕手書：原本無，據宛委別藏本及《姑蘇志》卷五〇補。

〔一二〕金：宛委別藏本作「北」。下同。

〔一三〕壽櫟堂：原作「壽樂堂」，據宛委別藏本及《石湖詩集》卷二四、卷二九、卷三二改。

〔一四〕貴熙：原作「康熙」，據宛委別藏本改。

〔一五〕贈特進：原作「特恩進贈」，據宛委別藏本及《姑蘇志》卷四八改。

〔一六〕「葬」字下宛委別藏本有「於」字。

〔一七〕又：宛委別藏本作「及」。

至正崑山郡志卷五

人物下

本朝朱　清。字澄叔，揚州崇明西沙人。性剛果。至元乙亥，大兵狥西沙，遂降焉。丞相伯顔器之，署爲管軍千戸。繼運宋帑藏赴北，復從征甌閩，真授千戸武略將軍，佩金符。己卯，從征日本。壬午，創開海運，實預奇謀。丁亥，累遷至昭武大將軍，授江東道宣慰使〔一〕，行海道運糧萬戸府事，遷居太倉。戊子，授鎮國上將軍，其授江東道宣慰使兼領漕事〔二〕。庚寅，運高麗遼陽糧，樞密院奏功，進驃騎衛上將軍，餘如故。設立漕府保用虎符萬戸一十二員，金符千戸六十四員，銀符百戸六十員，特頒銀印以寵之，至今循用。公於建康奏蠲淘金役，免溧陽歲貢珠米，以蘇民瘼。討平涇縣反叛趙良繪，功績著聞。元貞丙申，授資善大夫、河南行省參知政事。大德己亥，就任陞資德大夫、大司農。庚子，就陞左丞，賜以玉帶。癸卯，忌者擠之，憤卒，年六十七。子五人：顯祖，號東山，忠顯校尉，海運千戶。虎，字堯臣，號中山，嘗從征交趾，累官至昭勇大將軍、都水。旭，字子陽，號次山，自稱希古道人，忠顯校尉、海運千戶、完者都。自娱，孜孜爲善，日延文士舉觴賡酬，講論義理，老不知倦，人以是賢之。又搆二亭於府城，別墅曰寒碧、香晚，趙文敏公子昂書扁，翰林滕玉霄、提舉白湛淵當代名賢，俱有記述、題詠。

朱日新。號中齋，本楊氏。幼爲左丞朱清所鞠，故姓朱。未冠，已歷仕，三授海運千戶，繼入爲舍里八赤，奏賜全副只孫。元貞乙未，授宣武將軍、婺州路總管，居官廉慎，賦役公平，政刑不濫。嘗平反冤獄數起，上下愜服。官宇修葺，水旱禱祈，悉用己貲，不費公帑。歉歲，出己粟平糶，旋行賑卹。民感其惠，爲立碑頌德。秩滿，自帥府憲司以及州縣儒醫僧道鎮戍軍民各狀挽留，前政所未有也。改授江州路總管，已而坐義父朱清事解官，居嘉定之楊巷，日延賓燕談，以樂其暮年云。

徐興祖。號敬齋，世居崇明。祖文明，韜光不顯。興祖顯，贈懷遠大將軍、平江十字路萬戶。父貴，仕宋爲統制，歸附後累官海漕，終於武德將軍、上副萬戶。卒，贈昭勇大將軍、亳州萬戶，與文明並追封東海郡侯。興祖隨父歸附，屬元帥張宏範，平宋崖山，復從右丞范文虎征日本，俱有戰功。後遷居太倉，從海漕累官至昭勇大將軍，運糧副萬戶，歲涉風濤，不憚勞苦。泰定丙寅，督運赴北，卒於京師。都堂以公勤勞王事，命有司遣公車舁櫬歸葬，所過郡縣祭奠如法。明年三月，追封東海郡侯，謚曰宣惠。弟興仁，字義之。不以門閥自矜，謙沖尚義，雖淹家食，人皆謂將試用矣。子起賢，字思顔。襲忠翊校尉、松江嘉定所海運千戶。

劉必顯。號玉溪，世居崇明。至元乙亥歸附王招討，從哈剌歹元帥收溫、台、福建，授武略將軍。復從張宏範征崖山。辛巳，從李元帥征日本，授從事，餽餉，遷居太倉，累官至信武將軍、海漕副萬戶。大德乙巳，卒於家。三子：居賢、居仁、居義。居仁，武略將軍，慶紹所海運千戶。

朱明達。字顯之。世居崇明。乙亥歸附王招討，帥師入閩，多所全活。丙戌，從征交趾，獨其舟無遺失，全軍而返。壬辰，遷居太倉，官海漕，至承信校尉，運糧上千戶。中年引疾，終於家。二子：文德，號菊巖，承務郎、太尉府長史。丁父艱，遂不仕，扁其西齋曰可閒，以見志。士英，號松巖，將仕郎，同知濟寧府事，亦中年引退。於是父子兄弟俱辭祿，人以是高之。且教子有義方，再世淳良，閨門雍肅，睦宗恤鄰，咸服其義，慶延於家。文德子子鈞，字可元，今承事郎、連州判官，以祖蔭讓士英子子銓。子銓，字可章，襲忠翊校尉，溫、台等處海運千戶。皆福祿未艾，傳家詩禮，美譽繩繩，爲鄉閭表法云。

顧德。號可軒，本維揚崇明人。世以明經取科第者蟬聯櫛比。德生十三歲而孤，哀毁骨立，人稱其孝。及冠，特立不羣。至元辛卯，遷居太倉，以課耕節用，生計頗豐。事母極甘旨，周恤親鄰，靡所不至，延師教子，應接賓客，皆盡禮意。喜藏書，不樂仕進，每戒子孫宜以儒術致仕版。晚年，二子既宦〔三〕，遂優游以享榮養，廣微天師因其號命之曰可軒處士。延祐丁巳，終於家，文敏公趙子昂爲銘其墓。歿後十年，以子官，應得恩例，贈從仕郎、崑山州判官。長子新，字純甫。性慈仁，敏於政治，善與人交，累官至承事郎、龍興路錄事。後至元丙子，卒於官。次子信，字善夫。少好學，通經史，素性雅淡，志趣高潔，尤工於書翰，與趙文敏公游，文敏嘗題其書曰：「崑山顧善夫從吾游甚久，於事頗信實，而又好學書，時時求吾書持歸刻石，故吾亦樂爲之書。」其見重如此。信累官金玉局使，陞杭州軍器司提舉。以母宜人陳氏年踰八袠，兄從宦遠方，言諸有司，解印歸侍。母歿，服闋，閉戶讀書，不求聞達。至正辛巳〔四〕，郡守以信諳知水科，薦之都水司，力辭不就。晚年自號玉峰樂善處士云。

楊茂春。字子東。崇明西沙人，遷太倉。父俊傑，以茂春貴，贈松江嘉定所副千戶。茂春素負剛毅，處身謙抑。歸附初，省檄充掌管海船總把。從征甌閩，招討諸山寨及防護珍貨赴北有功。至元丁丑，檄充管船千戶。辛卯，漕府奏授進義副尉、海道運糧百戶，佩銀符。秩滿，進階忠顯，陞千戶，改金符。累官至武略將軍、松江嘉定所副千戶。公年踰六十，即欲求閑，不聽。至治壬戌，得請，以武德將軍致仕。卒，年八十五。生五子：應龍，蚤卒。應鳳，寶慶等處田賦提舉。應辰、應雷、天祐及諸孫並未仕。應龍子元正，以廕世賞。

范文富。字潤甫。崇明西沙人。歸附後，尋探水脈，創開海運，以實預焉。至元戊子，以功授保義校尉、運糧副千戶。遷居太倉。歿後，公之正，配以節約慈儉，家道益昌，而樂施無倦。元統甲戌，年九十六，蒙恩賜帛二縑。有司以高年耆德表其門。明年卒，年九十八。次子應禮，進義副尉、運糧百戶，歷五考，以恬退職不遷。大德甲辰，併三漕府爲一，以例閑退。然歲事海運，親涉風濤，不憚勞苦。嘗餽運高麗及交趾出征軍糧，洎皇慶壬子承漕檄探水指引，免致淺澁，俱有勞績。各省咨保，方擬陞用，而公無意於祿仕矣，竟令終於牖下。子孫甚衆，將有膺世賞者焉。

蘖良輔。號南山，世居揚州崇明西沙。至元壬午，來贅玉溪劉萬戶，因居太倉。公爲人警敏，儀觀奇偉，頗有籌略。侍玉溪公，服懃起家，備嘗勞苦，艱險不避，事上撫下，咸得其歡心。濟惠賙卹，隱德及人者衆，如舍膏腴於琳宮梵刹，歲時修供，以報罔極，亦其一事也。辛卯歲，初官海漕，授進義副尉，佩銀符，運糧百戶〔五〕。大德庚子，換金符，轉忠翊，爲千夫長。再兩遷至忠顯校尉、松江等處運糧千戶，歲押綱運赴北，累受錫賚，宗黨以爲榮。方期進用，至大庚戌年，方四十，遽罹末疾，終於家，所藴不盡施，人共惜之。二子：世堅，世基。世堅，字仲節。材質兼茂，克荷舊業，今襲忠翊校尉、松江嘉定所海運千戶，世濟厥美云。

黄成。字君美，崇明西沙人，遷居太倉。母朱氏，即左丞清之妹也。爲人剛毅，體貌瓌奇。以諳練海道，至元辛巳，左丞范文虎征日本迤南，辟置麾下，多委力焉。戊子，漕府奏授保義校尉、運糧副千戶，佩銀符。辛卯，遷忠顯校尉，陞千戶，換金符。大德癸卯，丁母憂，即謝事。至大辛亥卒。子元亨、元德，未仕。女妙吉，有賢行。壻章，蒙古臺名良輔，前陝西省宣使，辭閑家食，殆將試用矣。

吳　貴。字和卿。本淮西安豐人，以忠武校尉、宜興奕管軍上百戶，因鎮戍居此，遂爲郡人。性勁直，抑強扶弱，□姦貪以嚴毅，有過，輒面折之。然好善，樂於爲義。至順辛未歲荒疫，遺棄滿道，殍死者盈途塞河，貴悉收錄存養，且捐貲募人撈攎浮屍數千軀，就西關外積薪焚化，祭而瘞其骨焉。其功及存歿類此。今辭官就閑。長子彥深，襲軍職。次子彥博，從事省府，入仕。餘子皆成長。貴雖年漸高，而尤強健，人謂陰德之報云。

施文勝。字文質，揚州崇明人也。父宗慶，字善甫。性質朴，不事外飾，善於治生。大德間，遷居太倉，積勤起家，以高貲聞於鄉里。文勝謙抑好禮，壯歲入京師，當路貴游皆願納交，共相延譽，爲之薦引，直事相府。後至元己卯二月，中書奏授從仕郎、太保府長史，推榮其父，封承直郎、平江路總管府判官，母周氏、妻王氏皆封恭人，宗族稱其孝義。明年四月，擢徵事郎、集賢院都事。至正癸未春，以材選授承事郎、利用監經歷。繼丁父憂，歸。自筮仕凡三授官，俱係京秩，皆有陞轉，人以是榮羨焉。今雖居制，方當盛年，殆將揚歷要途，□進未已。

俞君登。字泰卿。三山長樂人。早孤，母黄氏親授以書。長游公卿間。丁國艱，不及試用。歸附後，當路累招不起，自號知止翁。晚年居太倉，延祐甲寅卒，故友謚曰貞節先生。子焯，字玄明，登丁卯進士第。

許必進。字宗尹。福清人。太學生。歸附後，依同舍生王賡居於胡川鄉，自號西坡。子子升、子同修舉子業。

杭仁。字仁甫。紹興上虞人。以從事海漕，遷居太倉。性好善樂義，捐貲施櫬，以周貧乏，凡力所可及者，無不爲也。其子禮，字和卿。恪承父志，且又色養不違。女妙壽，芳年喪夫，誓不再適。節義一門，鄉閭共美。至元六年，仁年八十有五，有司表其門曰高年耆德，仍復其家。先是，大司徒以壽山居士號之，至是集賢院復授以永真處士之號。仁今年垂九十，夫婦尤康健云。

釋老

梁吳興沙門惠嚮。姓懷氏。久居内寺，一旦歸省，至馬鞍山，放錫禪坐於山脇石室間，二虎爲侍，思欲立精舍，忽有神人見於前曰：「請助千工，用佐成事。」是夜，風雹暴作，撲斲之聲聞於遠近。翌日，殿基成，奇石矗疊，非人力所能，遂建寺焉。嚮後駐錫揚子江心蝦蟇山，於此入寂。山上僧院有碑刻，載崑山創寺本末頗詳。

唐僧法欽。圓明人。本姓朱，母管氏夢蓮生戶樞，因孕生欽。年廿二，以文學充職。道經丹徒鶴林寺，見素禪師，一言默契，遂投出家，久之辭去。素曰：「乘流而行，逢徑即止。」至杭之徑山，遂占龍湫居焉，翦荆榛而興蘭若。永泰初，天目巾子山人投欽出家，訓名崇慧。慧善誦俱胝呪，大有神驗。大曆三年入京，與道士史華角法，勝之。問□，爲欽之弟子，因詔入内，賜號國一。貞元八年示寂於杭州龍興寺〔六〕，謚曰貞元大覺禪師。《塔銘》。

漢清化師全付。崑山人。隨父賈販，之豫章，聞禪師之盛〔七〕，求出家。學成，自仰山還故國，錢忠獻王賜以紫方袍，不受，改賜衲衣，號純一禪師。師曰：「吾非飾詞，恐後人倣吾而逞欲耳。」開運中坐亡，有大風震林木焉。《傳燈録》

宋僧德聰。本張潭仰氏。七歲出家於杭州慈光院。太平興國三年，抵華亭佘山，二虎自隨。天禧元年，示寂佘山。沙門擇汀偕道侶三十二人建塔七級，遷聰葬於西峰，今普昭寺。道侶相次焚身供養，汀亦說偈舍身。

僧良玉。字蘊之。慧聚寺僧也。行業精高，旁通文史，善書札，工琴碁。因遊京師，梅聖俞見而嘉之，以名聞於朝，賜以紫衣。及東歸，復以詩送之。玉後潛遁故山，專以講經爲務，號所居曰雨花堂。

僧道川。本弓手翟超也，以勇力名。被差捕賊，□土山卜將軍廟下，忽有所悟，徑投東齋爲僧，遍遊江湖間。道遇虎，馴伏不動。有《注頌金剛經》行於世。

僧法全。本姓陳。棄家從道川爲僧，參請勤至。一日行惠應廟，偶撞其首於柱間，忽然大悟。觀者見其光彩飛動，而不自知也。自此遍走叢林，道價日增。後主湖州道場山，自號無菴。

僧子元。本姓茅。母柴氏，夢僧自稱華光，生元。幼孤，投延祥通講主，出家爲僧。後聞鵶聲悟道，追紹晉遠法師白蓮宗教，勸修浄業。淳興丁酉，得罪，編置江州，久之得釋。州爲具聞，召入德壽宫講説，稱旨，賜金襴□〔八〕，號慈照導師。辛丑，示寂於泙川鄉倪普建家。荼毘後，華亭金吾里吳覺昌以骨建塔，賜名最勝。

道士易知剛。字仁甫。饒州安仁人。幼孤，入龍虎山爲道士。後主茅山玉晨觀，移主崇禧。慶元初，以符法召住三茅壽寧觀，授太一宫高士，遷左右街道錄。後爲靈應普照觀開山住持〔九〕，寧宗御書觀額及止堂扁賜之。嘉定六年，賜號通妙先生。十四年，又加葆真。紹定辛卯二月六日羽化。本朝延祐三年七月〔一〇〕，加封通妙葆真文教真人。

楊二官。居湖川塘，遇至人，傳以道術，能於冬間投蓮實於水，頃刻發葉開花，與夏池無異；嘗於茶肆啜茶，索水一椀咒之，遂成銅錢，以酬茶直；又嘗翦紙爲鶴，便能飛舞；能於青天倏起風雲，奇異不可悉舉。一日約葉月堂、陳西山往山中尋□，葉泄其謀，遂不果行，既而葉死。

本朝王惟一。自號景陽子。本括蒼人，以從父官華亭，遂家焉。嘗以儒飾吏事。

已而棄吏，從方外遊，遇至人授以還丹九轉，心領其要，乃著《景陽明道篇》、《金丹樞要》、《先天易贊》、《祈禱問答》、《行雷心傳》、《道法精玅》，凡六書。晚年寓樊涇嶽祠。泰定丙寅正月三日，自筆其遺事及偈畢，端坐而逝，顔貌如生。火龕之際，雙鶴盤旋於上，久之而去。龕既灰，而靈骨挺然。

殷震亨。字元震，號在山，淮東崇明人也。其族皆海漕顯宦，公獨以儒爲簪褐。初居蘇城，大德初，來爲嶽宫開山住持，乃於嶽樓之右築室治圃，藏書史，蒔花木，爲宴息之所，廣微天師扁曰在山吟墅，日與騷人墨客觴詠於其間。公性嗜書，經史外尤好岐黄術，諸所撰錄有《在山吟藁》、《簡驗方傳》、《釋感應篇》，皆鋟梓以行。閲世八十五，以至順壬申七月十八日趺坐長逝。及殯，龕燼而靈骨巋然。

神靈

本朝金應龍，其先居府城草橋，今居郡之泙川鄉。自高祖錡以英偉剛烈歿而爲神，世顯靈異，廟食甚盛。至應龍，靈蹟尤著。書降附託死生禍福，昭答如響。自浙江被於淮甸，家祀戶奉，廟貌像設無處無之，近代神靈鮮有其比。

茅氏者〔一一〕，崇明西沙人。及笄，歸於都水朱虎，生二子。大德癸卯，虎父左丞清以盈滿得罪，官籍其家。茅氏年方三十二歲，沒屬官醫師提點，茅氏與二子衣裾連結，號泣不從。師提點以勢淩逼者數日，莫奪其志。虎故舊王大卿、劉萬戶、張院判、拙菴長老等哀而嘉之，相與出鈔回贖，遂獲從便，於大都左警巡院昭回坊永安一作明。尼寺僑寓。明年四月，卒於寺。歿後三十七年，虎兄子謙言其節行於有司，省部體勘得實。後至元己卯五月，移咨行省，旌表門墓，錄付史館。

【校勘記】

〔一〕「授」字上宛委别藏本有「遙」字。

〔二〕其：原本空闕，據宛委别藏本補。

〔三〕宦：原作「官」，據宛委别藏本改。

〔四〕至正：原作「至今」，據宛委别藏本改。

〔五〕運糧：原作「運漕」，據宛委别藏本改。

〔六〕於：原本空闕，據宛委别藏本改。

〔七〕師：原本空闕，據宛委别藏本補。

〔八〕按此空闕字宛委别藏本作「師」字。

〔九〕住：原作「主」，據宛委别藏本改。

〔一〇〕延祐：原作「建祐」，據觀自得齋叢書本、宛委别藏本改。

〔一一〕「茅氏」前觀自得齋叢書本、宛委别藏本有「本朝」二字。

至正崑山郡志卷六

土貢

《唐六典》及宋《元豐》土貢有蛇床子，見於《吳郡志》，而《玉峰志》以蛇床與苧布皆在歲貢，清遠香、黄草布亦或貢焉，今皆不見，唯歲有拘牧皮貨、翎毛爾。

貉皮二十九張。

羖羊皮二百四十尺。

羊皮八尺。

翎毛叁阡七百根。

土産

按《隋志》川澤沃衍，有海陸之饒，故今高下悉田稻色，多種食物，所出水陸畢備，而海錯魚鮮爲尤盛也。

巧石。出馬鞍山。後石工探穴得巧者，斲取玲瓏，植菖蒲、芭蕉置水中，好事者甚貴之。它處名曰崑山石，亦爭來售。然恐傷山脈，鑿者有禁，止安陳先生立碑，在縣廳。今間亦私取而得者〔一〕，益奇之〔二〕，其名益重。

苧布。

黄草布。

藥班布。

雜記

晉蘇峻之亂，吴郡顧衆爲揚威將軍、義興太守。還吴，潛圖義舉。時吴國内史庾冰奔會稽，峻以蔡謨代之。將軍張悊爲峻收兵於吳，衆遣人諭悊，悊從之，衆遣告謨曰：「衆已潛合家兵，待時而奮。」謨乃檄衆爲本國督護，衆從弟護軍參軍颺爲前軍督護，吳中人士同日響應。峻遣將宏徽鼓行而前，衆與颺、悊要戰於高莋，大破之。謨以庾冰還任，便去郡，衆遣颺率諸軍屯無錫，恐賊從海虞道入，衆自往備之。賊帥張健、馬流攻無錫，颺等大敗，冰亦失守，健等據吳城。衆自海虞由婁縣東倉與賊戰，破之，義軍又集，進屯烏苞。

蘇峻反，遣其徒管商等攻吳郡，焚吳縣、海鹽、嘉興，敗諸義軍。峻敗後，其將劉徵又率衆數千浮海入婁縣，詔以郗鑒都督諸軍事討平之。

宋蒯恩，字道恩，蘭陵承人〔三〕。從武帝征孫恩，戰於婁縣，箭中右目。

隋大業九年，劉元進舉兵應楊玄感，將渡江，而玄感敗。吳郡朱燮、晉陵管崇亦舉兵，共迎元進，據吳郡，衆至十萬。燮還俗道人〔四〕，長不滿七尺，涉獵經史，微知兵略。時爲崑山博士，知天下將亂，謀於學而起兵，從者如歸，自東陽至京口千餘里並受燮節度。崇隱居常熟〔五〕，美姿容，少不藉〔六〕，長七尺三寸，推崇爲主。煬帝將吐萬緒進軍逼之，相持百餘日，爲緒所敗，保於黃山，緒復破之，燮戰死，帝令江都郡丞王世充發淮南兵擊之〔七〕。世充既渡江，元進與崇俱爲世充所殺。唐武德三年，李子通渡江，攻沈法興。法興走吴郡，賊帥聞人遂安遣其將葉孝辯迎之。法興中塗悔，欲殺孝辯，更向會稽。孝辯覺之，法興窘迫，赴江溺死。杜伏威將王雄誕擊子通，子通降。聞人遂安據崑山，無所屬，伏威使雄誕擊之，以崑山險隘，難以力勝，乃單騎造城下，陳國威靈，語以禍福，遂安感悦，率諸將出降，於是伏威盡有淮南、江東之地。

光啓初，劇賊剽崑山，招討使周寶遣將張郁戍海上。郁叛，刺史王藴謂將兵還休，不設備禦，郁遂大掠，藴嬰城守。寶遣兵討郁，郁保常熟，遂走海陵。

淮南將楊行密寇姑蘇，别將秦裴屯崑山。吴越將顧全武擊裴，圍之於崑山，裴援絶不降，頗殺傷士卒，全武爲長檄諭之，裴乃納款。

宋嘉祐中，崑山縣海上有一船，桅折，風飄泊岸。船中三十餘人，衣冠如唐人，見人皆慟哭，語言書事皆不可曉，行則相綴如雁行。久之，自出一書示人，乃唐天祐中授屯羅島首領陪戎尉告。又有一書，乃上高麗表，蓋東夷之臣屬高麗者。時贊善大夫韓正彦爲令，召其人，犒以酒食，且爲治其桅，教以起倒之法，各以手捧首而去。船中有麻子，大如蓮的，蘇人求種之，初歲亦如蓮的，次年漸小〔八〕，後只如中國麻子。

建炎四年二月二十五日，金騎犯姑蘇，宣撫使周望移軍退保崑山，泊舟馬鞍山下湖邊。吏方用印，忽旋風入舟，印與文書盡墮水，相視駭愕。即使水工探之，不獲。望懼金兵之來襲，欲急走通惠鎮，而失印爲撓。留吏求之，吏禱於山神靜濟侯曰：「苟不獲，且將得罪，必焚廟而行。」縣令亦懼，乃作堰趕水，踏車涸之，畚臿如雲，鑿數尺得印，已淪泥中矣。《夷堅己志》。

無相禪院，今寺在沺川鄉，地名石浦，乃邑人衛涇所居。嘗有相者惜其院名無相，恐不至登庸。後衛公果止於參知政事。

異事

古之神降於莘，石言於宋，穿井得羊，具見於《春秋内外傳》，又若史之五行志所載者，不可勝計，皆有事應，詎可謂未必皆實而略之也！

晉元康中，吳郡婁縣懷瑤家忽聞地中有犬聲，視聲所自，發有小穿，大如螾穴。以杖刺之，入數尺，覺有物。掘視，得犬子，雌雄各一，目猶未開，形大於常犬。宿昔長老或云，此名犀犬，得之者富昌，當養。以目未開，還置穿中，覆以磨礱。宿昔發視，失所在矣。瑤家亦無它。大興中，吳郡府舍中又得二枚物，如其初。其後太守張茂爲吳興兵所害。尸子曰：「地中有犬，名曰地狼。」夏鼎志曰：「掘地得狗，名曰賈。」蓋此類也。出《法苑珠林》、《搜神記》。

梁鬼築慧聚寺殿基。見寺院條。

慧聚寺大殿二柱有天書，如今之大篆，非刊刻者。一「勳溪火」三字〔九〕，一蜿蜒蟠結若符篆，而不可考。在柱裏，向人所不見，大小近二尺許，好事者或模印之。《通鑑本末》。

後唐時，慧聚寺紹明律師居半山彌勒閣，一夕夢神人曰：「簷前古桐下有石天王像與銅鐘，師宜知之。」明日掘地，果獲此二物，形製極古。前輩嘗有詩云：「一旦石像欲發見，先垂景像鳴高岡。」

宋咸平元年夏四月，崑山縣漁婦李氏張罾河上，得白龜，如錢大，其色玉瑩，黿眸朱尾，宫晝粲然。婦取歸，授兒爲戲，又恐傷人，縱於河。頃之，黿復在網。如是者三。婦怪之，復棄去。中夜，岸有火熒熒，往觀之，黿在焉，因取以歸。近村王道榮留黿置神像前，失之。道榮私念此或靈物，若虔禱，當復見，則必獻諸官。禱之，忽自鼠竇中出，精熒愈於前，乃獻於縣令李維，維上之郡。陳省華守蘇州之二歲也，異而神之，即具表以聞。時張君房客於蘇，省華以白黿事訪之，君房曰：「按《孫氏瑞應圖》云：黿千歲，巢蓮葉之上，是黿之質固可巢於蓮葉，而其出也，又將以應於千歲之運乎？且其色白，白，西方也，豈其應在西戎乎？黿者，歸也，西方其有逆命不廷之虜〔一〇〕，畏威懷德歸我乎？」明年，朔方叛帥李繼遷貢馬請命，遂有銀、夏、綏、宥四鎮之拜，君房嘗爲之頌。省華尋徙漳州。明年秋賦，試進士《崑山進白黿》詩。《集異記》。

元豐四年夏，夏駕里民羅滿獲一鯉，長可二尺，歸將治之，則化爲石佛，羣觀嗟異。一老父曰：「近年水濱有赤光如日，殆其祥也。」因迎於家。時慧聚寺僧守齊夜艤舟於此，夢白衣女子託宿曰：「我舟俄覆，父與夫皆溺死，師幸容我。」齊拒不可，女曰：「假一篋宿我，何傷乎？」齊恍然從之。開篋，則遂以入。遂驚寤，詰旦，至羅氏家，見石像初出，身猶沮洳，叩之，知爲魚化也。齊默念與夢合，因乞以歸，酬以貲，羅氏卻不受。齊奉像至舟，僕懼穢觸，開篋納之，益符昨夢矣。像今在妙智院，陳明復作記，以識其事。

崑山雖去松江不遠，舊無潮汐，紹興中方有之，猶不及二十里外。淳熙中，有一道人誦讖云：「潮過夷亭出狀元。」李樂菴以語知縣葉子強，遂建問潮館於駟馬橋下。後潮果過夷亭，衛涇遂魁天下。

紹定中，張廣年權縣事，譙樓有巢，鸛中弋，帶箭造廷，哀若有所訴。廣年視箭首字得弋人姓名，追懲之，鸛乃去。

本朝石浦真如觀真武殿前新甃石池，一夕大風雨雷電，翌日滿地皆大金魚，莫知所從來。

崇明觀創造既完，而大殿供臺未備。延祐二年八月十八日早，忽有樟木浮至觀門東溝內，長丈餘，廣四尺，溝水淺狹，莫究所來，取以充用，多寡適足。

考辯

崑山，古之婁縣。或云婁在漢爲瞟，後避錢武肅王諱，改今名。按自吳張昭、陸遜封婁侯，婁縣之名屢見史傳，此言非也。《漢書》云改於王莽時。

《三江舊蹟》謂東北入海曰婁江。按今府城東關曰婁門，其下七十里即古婁縣，皆以婁江得名。自是而下，乃出海之孔道，並無迂曲，實有吞湖吐海之勢，婁江舊蹟昭然可尋，而先儒所辯三江皆不及此。今糧艘屯聚，又訛曰劉家港。

今州遷治所，地名太倉，或曰春秋吳王之倉，或曰漢吳王濞之倉，或曰五代吳越王之倉。按濞都廣陵，不應太倉遠在七百里之外。枚乘説濞所指太倉，乃在海陵，今泰州也。若曰錢氏之倉，不唯去其國都太遠，且屢爲淮南所陷，殆其邊境，不可儲蓄，亦不宜曰太倉。據此春秋吳王之倉，今又曰東倉，地居吳東，益可信矣。又按《晉書·顧衆傳》，蘇峻反，賊帥張健據吳城，衆自海虞由婁縣東倉與賊別帥交戰。則東倉之名，其來亦甚遠也。

《郡國志》載婁縣山下有巫咸故宅，止言婁縣，而不言何山。按《琴川志》引《越絕書》云：「虞山，巫咸所居。」則咸蓋常熟人。常熟非婁縣所分，疑《郡國志》誤。

《中吳紀聞》云：舊圖經云外岡、青岡、五家岡、蒲岡、菘岡、徘徊岡、福山岡並作吳縣界。今次第而數之，其上之四屬崑山，下之三屬常熟。言地之遠近，與吳縣大相遼絕。《玉峰志》云今外岡、蒲家岡分屬嘉定，崑山所餘唯青岡、五家岡而已，又云青岡在縣東北四十二里。今按青岡亦屬嘉定，即中岡身也。其及崑山者，唯地脈相連耳。

慧聚寺開山僧乃慧嚮，今有古石像，在靈山院小洞中，俗人扣之，鏗然有聲，遂呼爲嚮大師，甚可笑也。

山寺右上方有孟郊、張祜留題詩。或云郊隨父任崑山尉，因有篇什。按韓文公郊墓志云：「父庭玢，娶裴氏女，選而爲崑山尉。生郊及二季酆、郢而卒。」考此語，是郊時方幼稚，能詩，上方留題。或者疑其乃父庭玢所作，不可知。或又云郊後長大，問其母身所生之地，母云父任崑山尉，時郊遂遊吳，乃留題。事無攷證，無何，二人言語喧爭於席上，由是二人俱不得解頭而去，祜之留題必是樂天守蘇時也。不可信。《摭言》載白樂天出守蘇州，科場將開，方干來求解頭，而張祜適至。

舊州鼈峰橋，橋東即縣倉。時宰以民樂然輸致，故曰樂輸橋。今土人謬謂山神之佐曰朱國公者落書於此，今俗曰落書橋，其實非也。

【校勘記】

〔一〕者：觀自得齋叢書本無。

〔二〕「益」字下觀自得齋叢書本、宛委別藏本有「可」字，無「之」字。

〔三〕承：原本空闕，據宛委別藏本及《宋書》卷四九本傳補。

〔四〕道人：原本空闕，據宛委別藏本及《吳郡志》卷五〇補。

〔五〕崇：原本空闕，據《吳郡志》卷五〇補。

〔六〕藉：原本空闕，據宛委別藏本及《吳郡志》卷五〇補。

〔七〕令：原作「命」，據觀自得齋叢書本、宛委別藏本及《吳郡志》卷五〇改。

〔八〕小：原作「少」，據宛委別藏本及《夢溪筆談》卷二四、《事實類苑》卷六〇、《吳郡志》卷四六、《姑蘇志》卷五九改。

〔九〕勤：原作「訓」，據宛委別藏本及《齊東野語》卷一二、《吳郡志》卷四六、《姑蘇志》卷五九改。

〔一〇〕虜：宛委別藏本作「事」。

參考書目

《三國志》（晉）陳壽撰（劉宋）裴松之注　中華書局一九五九年點校本

《宋書》（梁）沈約撰　中華書局一九九三年整理本

《吴郡志》（宋）范成大纂修　民國十五年吴興張氏擇是居叢書景宋刻本　影印文淵閣四庫全書本

《姑蘇志》（明）王鏊撰　影印文淵閣四庫全書本

《武林梵志》（明）吳之鯨撰　影印文淵閣四庫全書本

《中吴紀聞》（宋）龔明之撰　影印文淵閣四庫全書本

《夢溪筆談》（宋）沈括撰　中華書局一九五七年校點本

《事實類苑》（宋）江少虞撰　影印文淵閣四庫全書本

《冷齋夜話》（宋）僧惠洪撰　影印文淵閣四庫全書本

《齊東野語》（宋）周密撰　影印文淵閣四庫全書本
《石湖詩集》（宋）范成大撰　影印文淵閣四庫全書本
《宋詩紀事》（清）厲鶚撰　上海古籍出版社一九八三年校點本